# 국역(國譯)

# 송은(松隱) 박익(朴翊)선생 문집

# 국역(國譯) 송은(松隱) 박익(朴翊)선생 문집



1판 1쇄 인쇄_2025년 11월 20일
1판 1쇄 발행_2025년 11월 28일

엮은이_박현문(송은선생 21세손)
감 수_신계재(新溪齋)
펴낸이_홍정표

펴낸곳_글로벌콘텐츠
등록_제25100-2008-000024호

공급처_(주)글로벌콘텐츠출판그룹
대표_홍정표 이사_김미미 편집_백찬미 강민욱 남혜인 홍명지 권군오
디자인_가보경 기획·마케팅_홍민지
주소_서울특별시 강동구 풍성로 87-6 전화_02-488-3280 팩스_02-488-3281
홈페이지_www.gcbook.co.kr 메일_edit@gcbook.co.kr

값 28,000원
ISBN 979-11-5852-616-0 93910

# 국역(國譯)

# 송은(松隱) 박익(朴翊)선생 문집

박현문 엮음
문학박사 이은상·이우성 국역

1977년 9월 간행(刊行)
2025년 11월 중간(重刊)

1977년 9월 초간(初刊)
- 편집인: 박순기, 박석기, 박호기
- 인쇄원본 필사: 박장규

2025년 11월 중간(重刊)

모선사 전경

# 송은선생 영정(影幀)을 읊은 시

## 포은 정몽주(圃隱 鄭夢周)

긴 수염 십척 장신 잘도 그렸네 (畵出長髯十尺身)
볼수록 두 모습 같기도 하이 (看來尤得兩容眞)
인생무상 자취 없다 이르지 말게 (莫言空道無形跡)
사후에도 안 죽는 사람 그냥 있겠네 (死後猶存不死人)

## 춘정 변계량(春亭 卞季良)

후한 얼굴 어진 덕이 몸에 배었네 (豊厚形容德有身)
볼수록 타고난 모습 잘도 그렸군 (看看優得出天眞)
눈 덮은 긴 눈썹 무릎 찬 수염 (眉長過目髯垂膝)
그림 안팎 두 사람 분간 못하네 (兩對難分影外人)

## 야은 길재(冶隱 吉再)

봉의 눈 범의 눈썹 십척 장신에 (鳳目虎眉十尺身)
홍안 반백 두 얼굴 같기도 하이 (淡紅半白兩相眞)
그림으로 선생 모습 살펴보자니 (畵圖省識先生面)
죽지 않는 정신도 그 속에 있네 (不死精神影裏人)

# 송은선생 영정(松隱先生 影幀)

밀양 덕남사, 청도 여충사, 산청 정충사, 창원 경현사에
각각 봉안(奉安)되어 있다.

## 송은선생 묘 서쪽면 벽화【인물풍속도】

국가문화재사적 제459호, 경남 밀양시 청도면 고법리 소재(所在)

## 송은선생 묘 장벽의 벽화【매죽도】

# 송은선생 밀양 고분 벽화

2000년 8월 태풍 '사오마이'가 지나간 후 2000년 9월 밀양시 청도면 고법리 황악산 기슭에서 고분의 봉분이 태풍으로 허물어져 고분에서 화강암 석관이 발견되었는데 이것이 고려 말 송은 박익선생의 분묘였다. 발굴 때 이미 두 차례나 도굴된 흔적이 있었으며, 석관 안쪽에는 회벽을 칠하고 동서남북 벽면에 벽화가 그려져 있었다. 고구려 벽화는 종종 볼 수 있지만 고려 말, 이조 초의 고분 벽화는 흔치 않다. 한강 이남에서는 유일한 벽화이다.

벽화 속의 인물풍속도 중 동벽과 서벽의 남녀는 주인공이 그려져 있을 북쪽 방향으로 향하고 있어 제례행렬도로 보인다. 여자가 정성스레 들고 가는 공양포(빨간 사각), 남자가 들고 가는 당(긴 막대기), 그리고 여인들의 머리장식이나 남자의 단령(긴 장화) 등은 불교의식인 공양도와 흡사하다. 북쪽면은 완전 훼손되었는데, 아마도 주인공인 선생 초상화가 그려졌을 것으로 추측된다. 그리고 남벽에는 묘주가 타고 갈 두 필의 말과 두 명의 마부가 대기하고 있는 형상으로 묘사되어 있다.

태조왕건 고분 벽화에서는 충절을 의미하는 세한삼우(소나무, 매화나무, 대나무)를 볼 수 있는데, 송은선생의 고분 벽화에서도 매화와 대나무(매죽도)를 볼 수 있다. 벽화와 함께 지석(誌石 죽은 사람의 간단한 이력과 무덤의 소재지 등을 새긴 돌), 연꽃과 만(卍)자 문양 등이 새겨진 화문석, 은제 수저 1벌, 중국 동전인 황송통보(皇宋通寶) 1개, 홍무통보(洪武通寶) 9개, 분청사기 사발 1점과 녹유토기 1점 등이 출토되었다. 두 차례의 도굴로 어떤 귀중한 유물이 없어졌는지 알 수 없다. 이 유물은 동아대박물관에서 발굴한 후 보관하고 있다가 2022년 문중의 요청으로 밀양시립박물관에 전시되어 있다.

## 송은선생 묘 동쪽면 벽화【인물행렬도】

## 송은선생 묘 남쪽면 벽화

# 송은선생 고분 벽화(古墳 壁畵) 묘

국가문화재사적 제459호, 경남 밀양시 청도면 고법리 산136번지 소재

# 송은선생 묘지석(左 묘지석, 右 탁본)

고분벽화묘에서 발굴

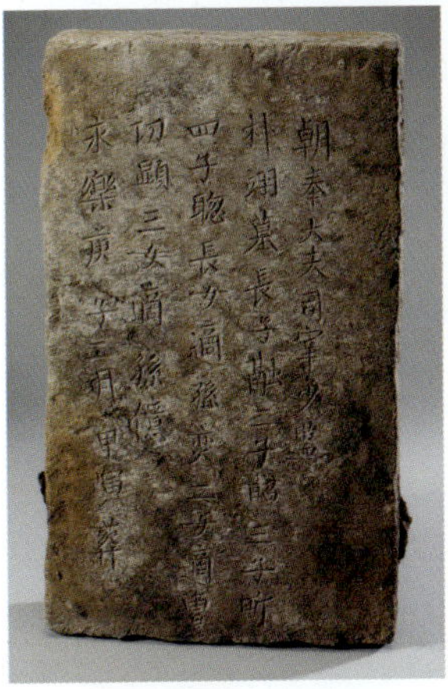

묘지석은 지대석 밑에서 발굴되었다. 묘지석에는 송은선생 생존시 벼슬, 4명의 아들과 3명의 사위 이름, 장례시기 등이 적혀 있다. 문집에는 돌아가신 해가 1398년으로 기록되어 있으나, 묘지석에는 1420년(세종2년)으로 새겨져 있다. 이는 사망 후 22년이 지난 후 무덤을 완성한 것으로 추측된다. 송은 박익선생은 고려말 문신이고 학자이며, 고려왕조 예부시랑, 중서령, 세자이사, 사재소감 등 벼슬을 지냈고, 여러 번 왜구와 여진을 토벌해 전공을 세웠다. 사재소감은 지금으로 치면 행정부 차관(궁중에 물품을 공급하는 조달청에 해당)임.

# 송은선생 신도비각(神道碑閣)

경남 밀양시 청도면 고법리 보본재 입구 소재

# 송은선생 신도비

# 송은선생 문집

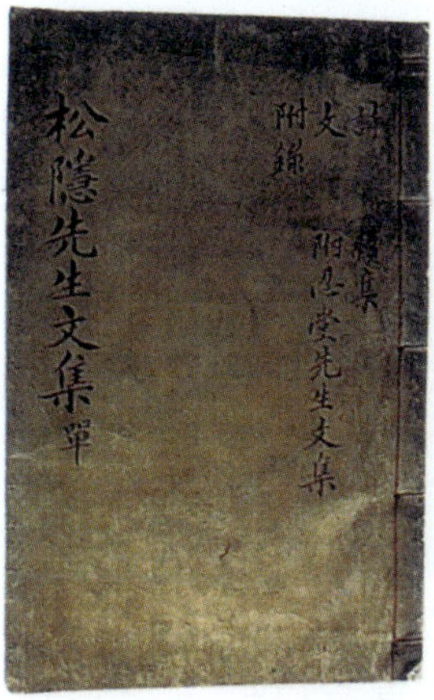

덕남서원 발간본[1837년]
(밀양)

선암서원 발간본[1935년]
(청도)

신계서원 발간본
(산청)

국역 필사본
(밀양, 1977년)

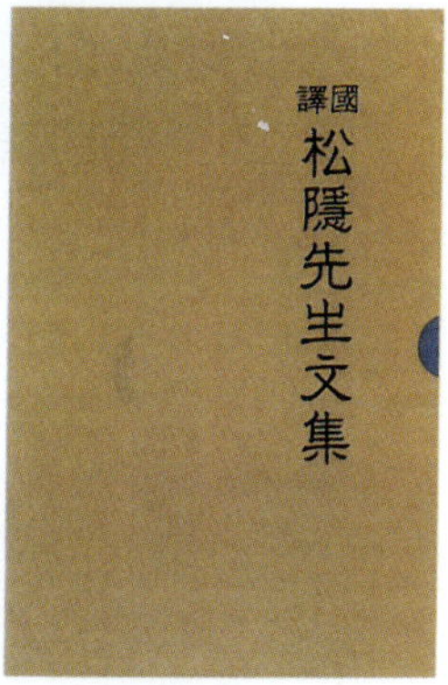


국역 송은선생 문집
(보본재, 1999년)

# 송은선생 문집 덕남서원 발간본

(경상남도 유형문화유산)

# 우당선생 문집 책판

# 인당선생 문집 책판

※ 발간본과 책판이 밀양시립박물관 2층 자료관에 유네스코 세계기록유산으로 등재되어 있음.

# 송은선생 영정각 소재지

송은선생의 장염십척신을 그린 영정각이 경남 밀양군 초동면 모선정, 경북 청도군 이서면 용강서원, 경남 산청군 신안면 신계서원, 경남 창원시 사화동 운암서원 경내에 있음.

## 모선정(慕先亭) 전경(全景)

경상남도 지정문화재자료 제285호, 경남 밀양시 초동면 신호리 소재

인당의 둘째 아들 중번의 손자 수견(守堅)은 점필재(김종직)의 문인이다. 모친이 돌아가시자 집을 지어서 3년간 시묘(侍墓)했고 후세 사람들이 그의 효성에 감복하여 그곳 산천과 동리를 모두 모선이라 불렀다.

## 덕남사(德南祠)

경남 밀양시 초동면 신호리 모선정 경내 소재

## 용강서원 전경(全景)

경북 청도군 이서면 모산 소재

## 여충사(麗忠祠)

경북 청도군 이서면 모산 용강서원 경내 소재

## 신계서원(新溪書院) 전경(全景)

경남 산청군 신안면 진태리 소재

## 정충사(貞忠祠)

경남 산청군 신안면 진태리 신계서원 경내 소재

## 운암서원(雲巖書院) 전경(全景)

경남 창원시 사화동 303번지

송령사에 있던 송은선생 영정을 2008년 1월 30일자로 운암서원으로 이안하였음.

## 경현사(敬賢祠)

경남 창원시 사화동 운암서원 경내 소재

## 시조왕릉(始祖王陵)

경상북도 경주시 탑동 소재

## 숭덕전(崇德殿) 전경(全景)

경상북도 경주시 탑동 소재

## 밀성대군단(密城大君壇)

경남 밀양시 내일동 영남루 경내 소재

## 밀성재(密城齋) 전경(全景)

경남 밀양시 내일동 331번지 소재

## 익성사(翊聖祠)

경남 밀양시 내일동 밀성재 경내 소재

## 추원재(追遠齋)

경남 창녕군 계성면 광계리 소재

## 보본재(報本齋) 전경(全景)

경남 밀양시 청도면 고법리 398번지 소재

## 물언재(勿言齋): 아당공 재각(啞堂公 齋閣)

경남 진주시 금산면 속사리 소재

# 졸당(拙堂)의 봉양재(奉養齋)

합천군 옹주면 봉기리 소재

# 선암서원(仙巖書院)

청도군 금천면 명포길 294-5

## 14의사 비각(十四義士 碑閣)

청도군 이서면 모산길 45-6

## 은산부원군 휘(諱) 영균 묘

경남 창녕군 계성면 광계리 산 82번지 소재

## 우당선생 단비(壇碑(좌)) 인당선생 단비(壇碑(우))

경남 밀양시 청도면 고법리(송은선생묘 동편) 소재

## 인당선생 유허 비각(遺墟 碑閣)

경남 밀양시 초동면 신호리 모선정 입구 소재

## 아당(啞堂)의 단비(壇碑)

경남 진주시 금산면 속사리 소재

## 졸당(拙堂)의 유허비(遺墟碑)

경남 합천군 대병면 성리 소재

# 새터와 신계재(新溪齋)

경남 밀양군 초동면 신호2길 5-9

박익(朴翊) 송은선생께서 벼슬을 버리고 개경에서 밀양으로 내려오면서 둘째 아들 박소(朴昭) 인당(忍堂)공이 변계량, 변중량 형제들과 함께 덕대산(622m)에서 뻗어 내려 온 능선 아랫마을 구령동에서 구령동약(龜齡洞約)을 만들어 유교적 이상향을 꿈꾸었으며, 새로운 터전을 마련하였다는 의미에서 본인의 세거지를 '신촌(모선동), 새터'라고 명명하였던 것으로 이해된다. 맏 아들인 감찰공 맹번이 창원 사촌으로 옮기고 둘째 아들 별시위공 중번이 새터를 이어 받았다.

서기 1598년 임란 막바지에 증 가선대부 휘 이눌이 큰집의 장조카 휘 범(範)을 위하여 새터에 종택을 마련한 이후 지금까지 증 공조참의공 이겸(以謙) 후손의 세거지가 되었으며, 가선대부 이눌(以訥)은 아들 안분당 지(篪)와 함께 이웃에 있는 새월로 옮겨갔다. 새터에 덕계공 휘 증엽과 종제 휘 증욱이 합심하여 조선 영조 연간에 참의공 이하 4대(참의공 휘 이겸, 휘 범, 휘 문경, 휘 의중)의 묘제를 모시는 체천별묘(遞遷別廟)와 재숙소(齋宿所)를 창건하였으니 이것이 신계재의 모태다.

그 후 대원군의 서원철폐령에 의하여 서기 1868년(고종5년) 송은 선조를 향사(享祀)하던 덕남서원이 훼철되자, 덕남서원의 강당 5칸과 영정각 3칸을 그대로 옮겨 구 신계재를 철거하고 그 자리에 이건(移建)하였으니 이것이 현재의 신계재이다. 송은 선조 향사는 다시 모선정 내의 덕남사로 이관되었다. 모선정(慕先亭)를 향해 사모의 정을 품은 신계재가 참의공(參議公) 후손들의 마음의 요람이다.

# 송은선생 문집 서
# 송은선생 유고 서

## 송은선생 문집 서 원문 (효정 홍명주)

松隱先生文集序

不佞嘗閱麗季遺史有以知

松隱朴公爲八隱之一而率代

緬邈文獻散逸固無以得

其詳矯仰高風抗懷曠

感今因其裔孫世臣將穫

覩遺藁一卷爲詩者十六
編識誦二則遺書三數行
噫嘻珠玉之流落人間者特
不過丘山之毫芒然而先生
之立身大節於此焉悉備文
豈必多乎哉其人可敬則

其言猶重其言無多則其傳愈貴雖使先生之文傳於世者充衍棟宇百世之下矣考先生之為人者要不外乎此而已吁其盛矣欲讀其詩則所與酬和者即園牧治睆

諸先生而先天榮辱歟心內
之莫言古道行懷淫寬魂之
已老憂傷感憤之意自現於
言外之旨而松濤萬木無淚
虛溪月落花殘天地徵其
貞忠苦心矢死靡他之節皆

人猶得於漢唐百刼之後嗚
呼先生之在勝國居躋正卿
功著北藩位望固已赫赫矣
庶政失紀世運告訖　聖祖
龍興人神咸歸高明睿智
之士識天而知時其於興衰

存亡之機察之亦已審矣深夜寒燈風雨如晦先生與圃牧諸公把酒慷慨其於死生進退之際講之亦已熟矣廼以七尺血肉之身擔着萬世之綱常同條之義深堅操

薇之志不渝超出嶺表鷗鷺
爲盟黄閣　恩綸五徵不起則
是從與貧卑之間指星而取
義者同日論鄴麗朝五百
年無真儒之學至圃源先
生指倡明斯道闡示後人

學者古今賴之而今觀先生
立志持身二儀論人性之純
善指氣質之清濁言忠行
篤求之本源九容九思鍳于
聖謨儼哉是程朱家法
蓋先之與圃隱先生平居

麗澤者不但出處之義而
已凡於性命之極致所與切
磨而資益者有可以想見則
聊此二箴不槩於天壤之間
而亦惠後學之功於斯宇大
矣若其遺書之告誡四字

也勉之以先天後天又子異時
既爲人臣忠則竭力其辭甚
正其理甚愼爲排中節之君
子其體要是乎哉則先生
之本末始終一覽斯卷可以
盡得之矣其被以褒襃于

載殘膏剩馥而少之乎先生
四子以夏堂恐豐啞堂擢爲
受學於圃隱先生之門今其詩
文旨不亦皆附錄于茲歟其
應箴戒辭慎言慎心等篇
無非修己之大方爲學之良

雖其得於門庭之薰襲者
亦不假欽羨而起敬也右侯之
先祖郎將公當革命之際與
從父子晩隱公同時棄官而
晩隱公逾嶺之草溪爲其洞
回杜門郎將公遯居于高陽

之高峰戒後人曰吾子孫落
席於　王氏朝者勿赴擧從
宦晚涇先生亦八隱之一也今
於弁先生之文也不勝稱感
遂席連而書以歸之
資憲大夫刑曹判書知中

樞府事兼同知 經筵知義
禁府事五衛都摠府都摠
管洪命周謹序

## 송은선생 유고 서 원문 (양주 조두순)

松隱先生遺稿敘

麗之論圃牧所成就固已焯乎

日月之光而士生是時或皎厲

而張之或沉寘而全之以自靖

於先王者又惡可量哉此其人

苦心毅魄必絢爲列星奎爲烈
風舒而爲卿雲結而爲瑞露貫
太淸迴六合無所往而不在也
特東方無文獻如鄭氏勝國史
尤其體要凡孤臣遺老一行獨

操所以扶樹倫常敎詔萬世者
十不一二操焉豈鼎革之際事
有難言自附於春秋志晦之義
而然歟嗚呼此非
聖人意也今松隱朴公之事始

出於垂五百年之後幽光懿蹟
闇然幾熄而復章終不與草亡
木卒者同歸其澌壞湯滅殆天
所以相之也詩言張仲孝友所
以稱吉甫之賢而夫子亦曰因

不失其親亦可宗也觀公所與
生平爲驩不出於圃牧諸老今
婦孺能知圃牧則公之賢亦可
知也嗟乎恒疾不死非盧扁可
毉大厦既傾非匠石可拄而諸

公所以潛欷寤歎相與歌謼輸寫於風噫雨泣之中者何其悲也卒之各全所尚以守夫天地大經不負其輔仁之誼者又何其烈也率是道以求公史之列

不列不足以軒輊公而以圃牧
諸公庸詎友不如己者歟公諱
天翊松隱其號也官前朝禮部
侍郎我
恭定大王贈左揆謚忠肅蓋褒

之也公有四子攻文章爲能世
其家卷端四友稿是也不佞於
此抑又有感焉東漢陳荀二氏
號稱名門而彼或與紀輩所自
立爲何如也紫陽夫子所謂當

時父兄子弟之間自有一種議
論者非無謂而發也余讀公誠
四子先天後天之文門庭之內
自有釘鐵界限凛乎其莫可踰
越使四子而名在前朝吾知公

必有以處之也茲又太丘朗陵
之所未可能也頤不佞哉並書
之以俟能言之士
聖上三年丁酉暮春嘉善大夫
龍驤衛護軍同知 經筵事

奎章閣檢校待教楊州趙斗淳

敍

# 간행사(刊行辭)

송은 박익선생은 신라 시조 박혁거세 이후 신라 밀성대군의 주손(胄孫)이자 뛰어난 후손으로 고려 공민왕 때부터 삼조(三朝)를 내리 섬겨 벼슬은 사제소감, 예부시랑, 중서령에 이르렀으며, 남으로는 왜구를 북으로는 호적을 평정하여 매번 큰 공을 세우셨기에 '장상(將相)의 재목'으로 불리셨습니다.

선생은 고려 왕조의 운명이 다해가고 있음을 예견하시고 관직을 내려놓은 뒤, 아우 밀성군 천경과 함께 고향 밀양으로 돌아가 은거하면서 포은, 목은, 야은, 도은 등 여러 현자들과 시로 화답하셨습니다. 조선 태조 이성계가 공(工)·형(刑)·예(禮)·이(吏) 네 조의 판서 및 좌의정으로 다섯번 불렀으나(五徵) 응하지 않으시고 고려 왕실에 대한 충성과 절개를 지키신 일은 길이 후세에 전할 빛나는 행적이며 훌륭한 문장과 도덕을 잘 보여주는 일입니다.

특히 선생은 정국의 흐름을 꿰뚫어 보는 통찰이 남달랐고, 네 아들에게는 '선천(先天)과 후천(後天)은 다르고, 부자지간이라 해도 시대가 다르니 이씨 왕조에 충성을 다하라'는 유서를 남기셨는데 매우 현명하신 처사였습니다.

네 아드님 또한 모두 훌륭하셔서 우당(憂堂), 인당(忍堂), 아당(啞堂), 졸당(拙堂) 네 형제를 세상에서는 '한 가문의 네 봉황'이라 불렀습니다. 우당의 거가장(居家章), 인당의 계사장(戒辭章), 아당의 양춘시(陽春詩), 졸당의 신심편(愼心篇)은 몸을 닦고 학문을 하는 요결(要訣)이었습니다. 이분들은 선생의 분묘에 벽화를 남겼고, 후손들은 덕남서원, 용강서원, 신계서원, 운암서원, 선암서원 등을 세워 가문이 크게 번창했습니다. 특히 소요당 하담과 모선재 수견의 행의(行誼)가 두드러졌으며, 임진왜란 당시 열네 분 의사가 의병운동에 참여하였습니다. 그리고 안분당(安分堂) 지(篪)는 밀양향교(密楊鄕校), 예림서원(禮林書院), 신산서원(新山書院) 등 교육시설 정비에 큰 업적을 남겼습니다.

임진왜란, 병자호란 등 전쟁과 환란을 거치며 대부분의 문헌이 소실된 것으로 추정되나, 산청 단성에 사는 어느 분이 불에 탄 책에서 『팔은록(八隱錄)』을 찾아냈고, 1832년 경산 자인현의 어느 후손댁 상자 속에서 선생의 시와 기문 일부가 발견되었습니다. 또한 1835년 청도 북지에 거주하던 박이홍(朴履洪 우당 14세손)의 집에서 선생의 초상화와 시첩(諡牒), 비표(碑表) 등 여러 유품이 나와, 선생의 아름다운 사적이 마치 신명(神明)의 보호를 받아 다시 세상에 환하게 드러난 듯합니다. 이로써 『송은선생 문집(松隱先生 文集)』의 초간은 1837년 밀양 덕남서원에서 간행되었고, 중간(重刊)은 1935년 청도 선암서원에서 이루어졌습니다.

『국역 송은선생 문집』은 후손들이 조상의 문헌을 읽고 싶어도 오늘날 한문 교육이 거의 사라진 현실에서 그 뜻을 제대로 이해하기 어려웠습니다. 이를 고려해 1977년 9월 송은선생의 20세손인 순기(淳基), 석기(碩基), 호기(浩基) 세 분의 요청으로 노산 이은상 시인과 성균관대학교 이우성 교수가 처음으로 국역을 진행하였습니다.

초간이 발간된 지 48년이 지난 지금 다시 중간(重刊)을 하게 된 이유는, 당시 책의 글씨 배열이 세로쓰기로 되어 있어 현대인들이 읽고 이해하기 불편했기에 글씨 배열을 가로쓰기 형식으로 바꾸었습니다. 그리고 문장의 표현도 현대어로 손질하였으며, 철자와 띄어쓰기도 현행 문법에 맞게 수정하였습니다. 또한 한문 문장에도 띄어쓰기를 적용하고 한글 토를 달아 독자들이 보다 쉽게 읽을 수 있도록 하였습니다.

책의 구성 또한 내용을 기준으로 재배열하였습니다. 서문은 이은상, 홍명주, 조두순, 이가순 순으로 배치하였고, 유고는 시편과 문편으로 구분하였으며, 그 외 장덕문(狀德文), 비문(碑文), 사실척록(事實摭錄), 상량문(上樑文), 봉안문(奉安文) 등으로 나누었습니다.

이 책 내용의 구성과 문장 표현이 어려운 부분은 경북대학교 인문과학연구소 발간본(1999년 보본재 간행)을 참조하여 수정하였습니다. 아울러 각 글이 누가 쓴 것인지도 쉽게 파악할 수 있도록 하였습니다. 책 표지 다음에는 선생의 초상화를 실었고, 그 옆에 포은 정몽주선생이 지은 원시와 이에 차운한 춘정 변계량, 야은 길재의 시도 함께 게재하였습니다. 또한 태풍으로 인해 봉분이 무너져 발굴된 선생의 밀양 청도면 고법리 분묘사진도 게재하였습니다. 이는 1420년에 조성된 조선 초기의 무덤으로 고려 말·조선 초의 고분 벽화로는 매우 드문 사례로 역사적 가치가 큽니다. 벽화 속 인물풍속도 북벽에는 묘주인 송은선생의 초상화가 그려져 있었을 것으로 추정되고,

동벽과 서벽의 남녀는 북쪽 묘주를 향하여 걸어가고 있는 제례행렬도(祭禮行列圖)로 보이며, 남벽에는 묘주가 타고 갈 두 필의 말과 두 명의 마부가 대기하고 있는 형상으로 묘사되어 있습니다. 그리고 매죽도(매화와 대나무)는 충절을 상징한다고 합니다.

1977년 선친께서 교육청 서기관으로 계실 당시, 새벽마다 붓글씨로 송은선생 문집의 인쇄 원고를 쓰시던 모습이 지금도 눈에 생생하게 떠오릅니다. 선친의 글씨체에는 정성과 충심이 담겨 있었으며, 이는 송은 선조님으로부터 대대로 흐르는 DNA와 선생의 유풍(遺風)으로 생각됩니다. 그리고 선생께서 지으신 입지잠(立志箴)과 지신잠(持身箴)에서 강조되고 있는 '아홉가지 바른 용모(容貌)와 아홉가지 바른 생각'을 지키려는 가풍의 영향이라고 생각됩니다. 선친의 정성이 담긴 필사본을 두고 새로운 책을 출간하는 것이 혹시 선친에 누가 되지 않을까 고민도 했으나, 지금 60대 이하 세대는 이 책을 소장하고 있지 않거나, 물려받았다 해도 읽고 이해하기 어려운 면이 많았습니다. 이에 선조의 훌륭한 시문(詩文)을 보다 쉽게 접할 수 있도록 중간(重刊)을 결심하게 되었습니다.

이번 책을 발간하는 데 아낌없는 조언과 교정을 도와 준 밀양 새터 신계재의 박진 종회장(宗會長)을 비롯한 건석 및 용건 족형(族兄)과 지홍 족질(族姪)에게 깊은 감사를 드립니다. 특히, 용건 족형은 드론으로 촬영한 사진과 자료 등을 지원하였습니다. 그리고 고등학교 친구로 한학자(漢學者)인 관봉 이창걸(冠峰 李昌杰) 교수가 마지막 교열을 해 주어서 고마움을 표합니다. 한자의 띄어쓰기와 한글 토를 다는 데 도움을 준 대학 동기 故 권영훈 변호사와 원고정리와 숱한 교정을 보아 준 TSA 이정옥 부장과 디자인, 기획, 수정을 맡아 준 MAM 가보경 대표에게 감사드리며, 4년 전 저의 갑작스러운 뇌출혈 이후 건강회복을 위해 오랜 시간 함께 노력해 준 내자(內子)에게도 깊이 감사드립니다.

2025년 11월
재경 밀성박씨 신기 화수회장
송은선생 21세손 현문(鉉文) 근지(謹識)

# 문집목록(文集目錄)

간행사(刊行辭) 54

제1편 서문(序文)

1. 국역 송은선생 문집 서문 이은상(李殷相) 69
2. 송은선생 문집 서(松隱先生 文集 序) 홍명주(洪命周) 74
3. 송은선생 유고 서(松隱先生 遺稿 敍) 조두순(趙斗淳) 82
4. 문집구본 서(文集舊本 序) 이가순(李家淳) 88
5. 해제(解題) 문경현(文暻鉉) 99

제2편 유고(遺稿)

1. 시(詩)
   - 포은 정몽주에게 드림(贈鄭圃隱夢周) 송은(松隱) 117
   - 차운(次韻)을 붙임(附次) 포은(圃隱) 117
   - 포은의 자연(紫硯)시에 화답함(和圃隱紫硯韻) 송은(松隱) 118
   - 원시(原韻) 포은(圃隱) 118
   - 차운(次韻) 목은(牧隱) 118
   - 감회(感懷) 송은(松隱) 119
   - 정재 박의중의 시에 화답함(和貞齋朴宜中韻) 송은(松隱) 119
   - 원시(附原) 정재(貞齋) 120
   - 차운(附次) 길재(吉再) 120
   - 눈 속에 선 소나무(詠雪裏松) 송은(松隱) 121
   - 포은에게 드림(贈圃隱) 송은(松隱) 121

| | | |
|---|---|---|
| 차운(附次) | 포은(圃隱) | 121 |
| 포은에게 화답함(和圃隱) | 송은(松隱) | 122 |
| 원시(附原) | 포은(圃隱) | 122 |
| 차운(附次) | 목은(牧隱) | 122 |
| 취하여 읊음(醉詠) | 송은(松隱) | 122 |
| 차운(附次) | 목은(牧隱) | 123 |
| 두견새를 읊음(詠杜鵑) | 송은(松隱) | 123 |
| 화상운(畵像韻)<br>(포은이 선생의 화상을 보고 지은 시에 화답함) | 송은(松隱) | 123 |
| 원시(附原) | 포은(圃隱) | 123 |
| 차운(次) | 춘정(春亭) | 124 |
| 차운(次) | 야은(冶隱) | 124 |
| 상인에게 드림(贈上人) | 송은(松隱) | 124 |
| 포은이 한신의 묘에 관하여 읊은 시에 화답함<br>(和圃隱題韓信墓韻) | 송은(松隱) | 125 |
| 원시(附原) | 포은(圃隱) | 125 |
| 포은이 표모의 무덤에 관하여 읊은 시에 화답<br>(和圃隱漂母塚韻) | 송은(松隱) | 126 |
| 원시(附原) | 포은(圃隱) | 126 |
| 벼슬을 사임하고 고향으로 돌아옴<br>(解官還鄕) | 송은(松隱) | 126 |
| 회포를 읊음(詠懷) | 송은(松隱) | 127 |
| 스스로 위로함(自寬) | 송은(松隱) | 127 |
| 이우당이 갈림길에서 지은 시에 화답함<br>(和二憂堂李瓊分路韻) | 송은(松隱) | 128 |
| 원시(附原) | 이우당(二憂堂) | 128 |
| 동은 이재홍의 시에 화답함(和桐隱) | 송은(松隱) | 129 |
| 도흠에게 줌(贈道欽) | 송은(松隱) | 129 |

| | | |
|---|---|---|
| 또(又) | 송은(松隱) | 129 |
| 밀양(密陽) 두 박선생을 방문함 | 목은(牧隱) | 130 |
| 두 박령공(朴令公)이 간단한 술자리를 베풀음 | 목은(牧隱) | 131 |
| 선생께서 귀양살이하면서 황새[鸛 한] 놓아 보냈음을 듣고 | 춘당(春堂) | 131 |
| 박송은의 시에 차운(次朴松隱詩) | 용헌(容軒) | 132 |
| 송은에게 드림(贈松隱) | 이지란(李之蘭) | 132 |
| 밀양 박중서에게 줌(贈密陽朴中書) | 포은(圃隱) | 133 |
| 박송은 약속한 날에 오지 않음 | 이우당(二憂堂) | 133 |
| 헤어진 뒤 편지와 함께 보낸 시 (別後簡寄朴松隱韻) | 이우당(二憂堂) | 134 |

2. 문(文)

1) 잠(箴)

| | | |
|---|---|---|
| 입지잠(立志箴) | 송은(松隱) | 135 |
| 지신잠(持身箴) | 송은(松隱) | 137 |
| 2) 전(箋) (예기집설을 중간할 적에 올린 전문(箋文)의 개략) | 송은(松隱) | 139 |
| 3) 제문(祭圃隱文 포은께 드리는 제문) | 송은(松隱) | 140 |
| 4) 유서(遺書) | 송은(松隱) | 140 |
| 5) 만장(輓章) | 김맹성(金孟誠) | 141 |
| 6) 화상찬(畵像贊) | 야은(冶隱) | 142 |
| 7) 또(又) | 춘정(春亭) | 143 |
| 8) 묘소에 고유한 글(酹墓所文) | 춘정(春亭) | 144 |
| 9) 시호를 청한 글(請諡書狀) | 춘정(春亭) | 144 |
| 10) 시호 삼망(諡號 三望) | 춘정(春亭) | 146 |

11) 강시(降諡) 정종(定宗) 147
12) 사제문(賜祭文) 정종(定宗) 147
13) 묘소에 고유한 글(墓所告由文) 아들 융(融) 147
14) 분황할 때에 고유한 글(焚黃告由文) 아들 융(融) 148
15) 묘표(墓表) 황희(黃喜) 149
16) 신도비를 세울 때 고유한 글(立碑告由文) 춘정(春亭) 153
17) 유허신도비에 잇달아서 기록함 (遺墟神道碑續識) 황보인(皇甫仁) 157
18) 유사 끝에 적음(書遺事後) 김대유(金大有) 160
19) 사액(賜額) 하기를 청한 상언(請額上言) 박시증(朴時增) 163

## 제3편 장덕문(狀德文), 비문(碑文) 등

1. 행장(行狀) 류태좌(柳台佐) 173
2. 실적(實蹟) 이화(李鏵) 197
3. 유사(遺事) 이병원(李秉遠) 208
4. 묘갈명 병서(墓碣銘 竝序) 이휘령(李彙寧) 216
5. 신도비명 병서(神道碑銘 竝序) (1) 이병관(李炳觀) 232
6. 신도비명 병서(神道碑銘 竝序) (2) 김영한(金寧漢) 250

## 제4편 사실척록(事實摭錄)

1. 송경지 팔은사적(松京志 八隱事蹟) 261

2. 화해사전(華海師全) (1) 263
3. 화해사전(華海師全) (2) 265
4. 동경통지(東京通志) 273
5. 밀양읍지(密陽邑志) 274
6. 두문동서원 합향 축문 (杜門洞書院 合享 祝文) 276
7. 장성 경현사 합향 축문 (長城 景賢祠 合享 祝文) 277

## 제5편 상량문(上樑文), 봉안문(奉安文) 등

1. 덕남서원 상량문(德南書院 上樑文) 이가순(李家淳) 281
2. 덕남서원 입향 봉안문 (德南書院 入享 奉安文) 류심춘(柳尋春) 290
3. 덕남서원 상향 축문(德南書院 常享 祝文) 류심춘(柳尋春) 294
4. 덕남서원 영정 봉안문 (德南書院 影幀 奉安文) 이화(李鏵) 295
5. 용강사 영정 봉안문 (龍岡祠 影幀 奉安文) 박초수(朴楚壽) 298
6. 용강사 상향 축문(龍岡祠 常享 祝文) 류태좌(柳台佐) 301
7. 신계서원 영건실기(新溪書院 營建實記) 류의한(柳宜漢) 302
8. 신계서원 상량문(新溪書院 上樑文) 박민한(朴民翰) 310
9. 신계서원 봉안문(新溪書院 奉安文) 이정하(李正夏) 317
10. 신계서원 상향문(新溪書院 常享文) 채신영(蔡臣永) 319

11. 신계서원 영정 봉안문 (新溪書院 影幀 奉安文) 김인섭(金麟燮) 321
12. 신계사 영당 천향시 고유문 (新溪祠 影堂 薦享時 告由文) 박상태(朴尙台) 326
13. 신계사 영각 창건시 봉안문 (新溪祠 影閣 創建時 奉安文) 박상태(朴尙台) 329
14. 신계서원 복원기(新溪書院 復元記) 이헌주(李憲柱) 332
15. 보본재 기문(報本齋 記文) 이가원(李家源) 339
16. 보본재 중수기(報本齋 重修記) 박철현(朴轍鉉) 341
17. 새 영정 봉안문(新影幀 奉安文) 박철현(朴轍鉉) 345
18. 육백주기 추모대제 고유문 (六百周忌 追慕大祭 告由文) 박재동(朴在東) 349

## 제6편 발문(跋文) 및 편집후기(編輯後記)

1. 1935년 선암서원 발간본 발문(야성 송준필) 355
2. 1977년 국역 송은선생 문집 국역필사본 발문 및 편집후기 363
1) 발문(후손 순탁, 희병, 광진, 래찬) 363
2) 발문(송와선생 주손 박동홍, 송재선생 주손 박종락) 366
3) 편집후기(후손 순기, 석기, 호기) 368
3. 2025년 국역 송은선생 문집 중간본 발문 (前 재경 신기 화수회장 21세손 종성, 종일, 종윤) 370

# 제1편

# 서문(序文)

# 1

# 국역 송은선생 문집 서문

노산 이은상(鷺山 李殷相)

우리 역사(歷史)에서 충절(忠節)이라 하면 누구나 얼른 여말(麗末)을 생각하게 되고, 여말(麗末)이라 하면 또 얼른 삼은(三隱)을 헤아린다. 목은(牧隱), 포은(圃隱), 야은(冶隱) 등 삼은(三隱)은 그만큼 널리 알려진 인물(人物)이거니와 그들에 못지않게 충절(忠節)로써 일생(一生)을 마친 분들을 같이 헤아려 팔은(八隱)으로 일컫는 중(中)의 한 분으로 송은 박익선생(松隱 朴翊先生)이 계시다.

일찍 정조(正朝) 때 예조참판(禮曹參判)을 지낸 사람이요, 서애(西厓) 류성룡(柳成龍)선생의 팔세손(八世孫)이 되는 류태좌(柳台佐)가 지은 송은선생 행장(松隱先生 行狀)을 중심(中心)으로 실적유사(實蹟遺事), 묘표(墓表) 等 여러 기록(記錄)을 종합(綜合)하여 선생(先生)의 행적(行蹟)을 상고해 보면,

선생(先生)의 초명(初名)은 천익(天翊)이요, 자(字)는 태시(太始)이며, 신라 밀성대군(新羅 密城大君)의 후예(後裔)로서 부친(父親)은 문헌공 은산부원군(文憲公 銀山府院君) 영균(永均)이요, 모친(母親)은

능성구씨 문정공 좌정승(綾城具氏 文貞公 左政丞) 위(褘)의 따님인데 선생(先生)은 충숙왕(忠肅王) 후원년(後元年) 임신(壬申 西紀 1332년) 칠월 이십칠일(7月 27日)에 밀성 삽포리(密城 鍤浦里) 본가(本家)에서 태어났다. 공민왕(恭愍王) 때 등제(登第)하여 소감(小監)을 거쳐 예부시랑(禮部侍郞), 세자이부(世子貳傅)에 임명(任命)되고 중서령(中書令)을 겸(兼)하였더니 한림문학(翰林文學)에 천거(薦擧)되었고, 공양왕(恭讓王) 때에 이르기까지 진충보국(盡忠報國)한 분이었다. 이같이 여러 왕대(王代)를 지나오며 남(南)으로 왜구(倭寇), 북(北)으로 호적(胡狄)을 평정(平定)하여 매양 공로를 세웠기 때문에 모든 사람들이 그를 장상(將相)의 재목을 갖춘 자라고 지칭(指稱)했었다. 그러다 선생(先生)은 고려(高麗)의 국운(國運)이 차츰 기울어지고 정국(政局)이 날마다 그릇되어 가는 것을 보고 강개(慷慨)한 뜻을 품고서 마침내 벼슬을 버리고 친제(親弟) 밀성군 천경(密城君 天卿)과 함께 밀성(密城) 고향으로 내려가 삽포(鍤浦)의 시냇가에 솔을 심고 내의 이름을 송계(松溪)라 부르며, 스스로 송은(松隱)이라 호(號)하니 그것은 모두 구도(舊都)의 송악산(松岳山)을 잊지 못하는 데서 지어진 이름이었다.

이태조(李太祖)가 고려(高麗)를 엎지르고 새 정권(政權)을 세운 임신년(壬申年 西紀 1392년)은 선생(先生)과 가장 친교(親交)를 가졌던 포은(圃隱)이 순절(殉節)한 해요, 선생(先生)은 회갑(回甲)을 맞이한 해였다. 이태조(李太祖) 삼년(三年)에 도읍(都邑)을 한양(漢陽)으로 옮긴 뒤 선생(先生)을 공조판서(工曹判書)로 부르고, 또 이어 형판(刑判), 예판(禮判), 이판(吏判) 등으로 불렀으나 선생(先生)은 일어나지 않고 산수간(山水間)을 소요(逍遙)하며 소영(嘯詠)하는 것으로써 날을 보냈다. 다시 이년 후(2年後)에 좌의정(左議政)으로 부르기까지 했으나 선생(先生)은 역시 일어나지 아니하고 마침내 이태조(李太祖) 칠년(七年 西紀 1398년) 무인 십일월 이십칠일(戊寅 11月 27日)에 삽포 송계리(鍤浦 松溪里)에서 세상을 여의니 향년(享年) 육십칠세(67歲)였다.

세상을 여의던 전일(前日) 저녁 선생(先生)은 목욕전조(沐浴剪爪)하고 네 아들 융, 소, 조, 총(融, 昭, 調, 聰)을 불러 앉히고서 「나는 왕씨조정(王氏 朝廷)에서 벼슬했던 몸으로 마치지마는 너희들은 이씨세대(李氏世代) 사람이 되었으니 충성을 다하라」는 유언(遺言)을 남겼다.

선생(先生)의 부인(夫人)은 성산배씨 이상 현보(星山裵氏 貳相 賢輔)의 따님이요, 다음 부인(夫人)은 창원박씨 보승랑장(昌原朴氏 保勝郎將) 충민(忠敏)의 따님이요, 또 다음 부인(夫人)은 고흥류씨 판결사(高興柳氏 判決事) 인기(仁杞)의 따님이었다.

이듬해 정종원년(定宗元年 西紀 1399년)에 춘정 변계량(春亭 卞季良)선생의 청(請)에 의(依)하여 충숙(忠肅)이란 시호(諡號)를 내려 오늘에 이르도록 자손(子孫) 번창한 큰 문중(門中)을 이룬 것이다.

그래서 경북 청도군 이서면 용강재 경내
(慶北 淸道郡 伊西面 龍岡齋 境內)

경남 밀양군 초동면 모선정 경내
(慶南 密陽郡 初同面 慕先亭 境內)

경남 산청군 신안면 신계재 경내
(慶南 山淸郡 新安面 新溪齋 境內)

경남 거제군 동부면 송령각 경내 에
(慶南 巨濟郡 東部面 松嶺閣 境內)

송은선생(松隱先生)의 장염십척신(長髥十尺身)을 그려 모신 영정각(影幀閣)이 있다. 이 모두가 선생(先生)의 육신적(肉身的) 혈통(血統)과 함께 그의 정신적(精神的) 전통(傳統)을 지켜 내려온 후손(後孫)들의 건실(健實)한 가풍(家風)에 힘입은 것이 아닐 수 없다.

지금 전(傳)해오는 송은선생 문집(松隱先生 文集) 일책(一冊)에는 순조(純祖) 때에 형조판서 홍명주(刑曹判書 洪命周)와 규장각 검교전교 조두순(奎章閣 檢校傳校 趙斗淳)의 서문(序文)과 함께 선생(先生)의 시문(詩文)으로 시 십육수(詩十六首), 잠송 이칙(箴誦二則), 유서 수삼행(遺書數三行)이 실려 있을 뿐 많은 문품(文品)이 전(傳)하지 못하는 것이 얼마나 유감(遺憾)스런 일인지 모른다. 그러나 다시 생각해 보면 선생(先生)의 쓰신 글 속에서 찾고자 하는 것은 그의 푸른 뜻과 높은 기개(氣槪)와 굳은 지절(志節)일 뿐 다른 것이 아니거늘 어찌 구태여 문품(文品)의 수량(數量)이 많기를 탐(貪)할 것이랴.

선생(先生)은 목은(牧隱)보다 사년(四年) 아래요, 이태조(李太祖)보다 삼년(三年) 위, 포은(圃隱)보다는 오년(五年) 위, 야은(冶隱)보다는 이십일년(二十一年) 위로서 그의 시(詩)도 거의 목포제로(牧圃諸老)와 수창(酬唱)했던 것이다. 여향(餘香)이 천년(千年)에 풍기고 있음을 볼 따름이다. 그런 위에 본인(本人)과 성균관대학 이우성 교수(成均館大學 李佑成教授)[1]의 손에 의(依)하여 전권(全卷)이 국역(國譯)되어 많은 사람들이 쉽게 읽을 수 있게 된 것은 참으로 경하(慶賀)할 일이 아닐 수 없다. 이로써 나는 우리들이 선생(先生)의 높은 이름을 기억

1 이우성(李佑成): 1925~2017. 호(號)는 벽사(碧史). 본관은 여주(驪州). 밀양 출생. 성균관대학교 교수 및 대학원 원장. 연세대 석좌교수. 대한민국 학술원 회원. 퇴계학 연구원 원장. 추사 김정희선생 기념사업회 이사. 한국실학연구회 회장. 민족문화추진회 회장. 단재 신채호선생 기념사업회 회장 등 역임.

(記憶)할 수 있고, 또 선생(先生)의 귀(貴)한 시품(詩品)들을 읽을 수 있고, 또 거기에 실린 선생(先生)의 굳은 지절(志節)을 이어 받을 수 있게 됨을 기뻐할 따름이다.

선생(先生)의 이십세손(二十世孫)인 순기, 석기, 호기 제군(淳基, 碩基, 浩基 諸君)은 나와는 일제시대(日帝時代)부터 두터운 친교(親交)가 있는 분들인데, 그들이 나를 찾아와 이 국역(國譯)과 서(序)를 청(請)하므로, 나는 선생(先生)의 지절(志節)을 앙모(仰慕)하는 마음과 아울러 제군(諸君)의 따뜻한 정의(情誼)에 감사(感謝)하면서 여기 간략(簡略)한 일문(一文)으로써 서(序)를 대(代)한다.

西紀 1977年 8月 日

노산 이은상(鷺山 李殷相)[2]

2 이은상(李殷相): 1903~1982. 호(號)는 노산(鷺山). 본관은 전주(全州). 필명은 남천(南川), 강산유인(江山遊人), 두우성(斗牛星). 마산출신. 시조작가 및 사학자.

# 2

# 송은선생 문집 서(松隱先生 文集 序)

효정 홍명주(孝貞 洪命周)

내[不佞 불녕][1]가 일찍이 고려 말기의 일사(逸史)[2]를 열람(閱覽)하다가 송은 박공(松隱 朴公)이 팔은(八隱)[3]중의 한 분임을 알게 되었다. 그러나 연대(年代)가 아득하고 문헌(文獻)이 없어져서 그 자세함을 알지 못했다. 그분의 고상한 풍절(風節)을 추앙(推仰)하나 한갓 끝없는 감회(感懷)만을 품을 뿐이었다. 이번에 그의 후손(後孫)인 박세신(朴世臣)[4]을 인연하여 비로소 그의 유고(遺稿) 한 권을 얻어보니 시(詩)가 16편(編)이고 잠송(箴誦)이 두 조목이며 유서(遺書)가 두세 줄이었다.

인간(人間)에 전해오는 그의 주옥 같은 말씀[咳唾 해타]은 특히 구산(丘山)같이 많은 중에 한 털끝과 가시랭이처럼 적은 것이다. 그러

1 불녕(不佞): 재주가 없다는 뜻. 자기를 겸사해서 일컫는 말.

2 일사(逸史): 정사(正史)에 누락(漏落)된 사실을 기록한 사서(史書).

3 팔은(八隱): 포은 정몽주(圃隱 鄭夢周), 목은 이색(牧隱 李穡), 야은 길재(冶隱 吉再), 송은 박천익(松隱 朴天翊), 동은 이재홍(桐隱 李在弘), 만은 홍재(晩隱 洪載), 휴은 이석주(休隱 李錫周), 성은 김대윤(成隱 金大尹).

4 박세신(朴世臣): 인당의 14世孫.

나 선생의 입신(立身)하신 큰 절조(節操)가 여기에 갖추어져 있으니 글을 어찌 많기만 바랄 것이랴. 그 사람을 공경할 만하면 그의 말이 비로소 무게가 있고 그의 말이 많지 않으면 그 전해오는 것이 더욱 귀중해진다. 선생의 글로서 세상에 전해오는 것이 비록 집채만큼 가득하더라도 백대 후(百代 後)에 선생의 사람됨을 상고하는 데에는 반드시 여기를 벗어나지 않는다. 아아 훌륭하여라.

그의 시를 공경히 읽어보니 더불어 수화(酬和)[5]한 분은 곧 포은(圃隱), 목은(牧隱), 야은(冶隱), 만은(晩隱) 여러 선생이었다. 그는 「선천(先天)[6]의 영욕(榮辱)은 마음속 말을 못함이 탄식되고 옛길의 행장(行裝)을 차리니 원통한 심혼(心魂)이 벌써 늙었음에 운다」하여, 마음 아파하고 분하게 여기는 뜻이 말 너머의 뜻에 제대로 나타난다. 그리고 「송계(松溪) 높은 나무에 피눈물이 속절없이 흐르고, 달 지고 꽃 떨어져서 천지가 아득하다」했으니 그의 곧고 충성된 마음으로 죽기를 맹세코 딴 사람을 붙좇지 않는 절조는 상전벽해(桑田碧海)를 백겁(百劫)[7]이나 지난 후에도 사람에게 눈물 지우게 한다.

아마 선생께서는 고려 때에 벼슬이 정경(政卿)[8]에 올랐고, 공적(功績)이 북방(北方)에 현저(顯著)했으니 지위(地位)와 명망(名望)이 진실로 혁혁(赫赫)하였다. 그런데 고려 정사(政事)에 기강(紀綱)이 없고 국운(國運)이 끝나서 성조(聖租 이성계(李成桂)를 가리킨 말)께서 용흥(龍

---

5 수화(酬和): 시문(詩文)을 지어서 서로 주고받음.

6 선천(先天): 일반적으로 타고난 운명(運命) 또는 성품(性品)을 말하는 것이나 여기에서는 고려조(高麗朝)를 의미한다. 후천(後天)은 조선왕조(朝鮮王朝)를 가리킨 것임.

7 백겁(百劫): 겁은 하늘과 땅이 한번 개벽(開闢)한 때로부터 다음 개벽할 때까지를 일컫는 불가(佛家)의 용어(用語). 백겁은 천지개벽을 백번이나 겪는 긴 세월이라는 뜻.

8 정경(正卿): 정2품(正二品)이상의 벼슬을 일컫는 말.

興)[9]하시자 인민(人民)의 마음과 귀신(鬼神)의 뜻도 다 붙좇았다. 식견(識見)이 높고 지혜가 밝은 슬기 있는 사람은 천리(天理)를 알고 시운(時運)을 짐작하여 그 일어나고 쓰러짐과 남고 없어지는 기미(機微)를 살피는 데에 또한 자세히 한다. 깊은 밤 쓸쓸한 등잔불 밑에 바람 비 몰아쳐서 그믐 같은데 선생께서는 포은(圃隱), 목은(牧隱) 여러 분과 술잔을 잡고 북받치는 마음을 못내 겨워하면서 그 죽고 삶과 진출(進出)하고 퇴각(退却)하는 즈음을 강론(講論)함도 또한 익숙하게 했을 것이다. 이에 일곱 자 육신(肉身)으로써 만세(萬世)의 강상(綱常)[10]을 담착(擔着)하여 종[僕 복]으로 되지 않겠다는 의기(義氣)가 더욱 굳었고 고비[薇 미]라도 캐려는 뜻[11]이 변하지 않았다.

영남(嶺南)으로 훌쩍 떠나 갈매기와 친구하며 황각(黃閣)[12]에 윤음(綸音)[13]을 내려서 다섯 차례나 불렀으나 일어나지 않았다. 그런즉 이것이 어찌 창졸간에 생명을 버려서 의리를 지키는 자와 함께 논할 것이겠는가. 고려 오백 년 동안에 참 선비의 학문이 없었다. 포은선생께서 비로소 이 도(道 성인(聖人)의 도)를 밝혀서 후인(後人)을 인도하시니 배우는 자가 지금도 힘 입는다. 그런데 지금 선생께서 지으신 입지잠(立志箴), 지신잠(持身箴) 두 편을 보니 인성(人性)의 순수(純

---

9 용흥(龍興): 새로운 임금이 일어나는 것을 이르는 말. 용은 임금을 상징(象徵)한다. 임금의 낯을 용안(龍顔)이라 하는 따위.

10 강상(綱常): 사람이 지켜야 할 도리로서, 三강 즉 군신(君臣)·부자(父子)·부부(夫婦)이고, 五상(常)은 인(仁)·의(義)·예(禮)·지(智)·신(信).

11 고비[薇 미]라도 캐려는 뜻: 고대 중국(古代 中國)에 은(殷)나라가 망하자 은나라의 제후(諸侯)인 고죽국(孤竹國)의 왕자 백이(伯夷)와 숙제(叔齊)는 새로 일어난 주(周)나라의 곡식을 먹지 않고 수양산(首陽山)에 들어가서 고비를 캐서 먹다가 끝내 굶어 죽었다는 고사(古事)에서 따온 것.

12 황각(黃閣): 의정부(議政府)의 딴 명칭(名稱). 의정부 청사의 기둥을 누런 빛으로 칠한 데에서 나온 말.

13 윤음(綸音): 임금의 말씀. 조칙(詔勅). 임금의 말씀이 푸른 실로 된 끈 같다. [王言如綸 왕언여륜]이라는 『예기(禮記)』, 「치의편(緇衣篇)」에서 나온 말.

粹)함과 착함을 논하고 기질(氣質)의 맑고 흐림을 지적(指摘)하였다. 말이 참되고 행실이 도타움은 근본 되는 근원에 찾고 아홉 가지 용모(容貌)와 아홉 가지 생각[14]은 성인(聖人)의 가르침을 받은 뜻이니 이것은 엄연한 정씨(程氏) 주씨(朱氏)[15]의 가법(家法)이었다.

대개 공이 포은선생과 더불어 평소(平素)에 서로 공부한 것은 다만 출처(出處 거취(去就) 또는 진퇴(進退))에 대한 의리뿐이 아니었다. 무릇 인성과 천명(天命)의 극치(極致)와 더불어 수양(修養 절마(切磨))하고 자익(資益)[16]한 바를 상상(想像)해 볼 수 있는 즉 이 두 가지 잠(箴)이 천양(天壤) 사이에 없어지지 않고 후학(後學)에게 선물[嘉惠 가혜]한 공이 이에서 크다. 그 유서(遺書)로써 네 분 아드님을 경계한 것 같음은 「선천(先天) 후천(後天)과 부자(父子)의 시대(時代)가 다르다」는 것으로써 권면(勸勉)하였다. 그 말이 매우 바르고 그 논리(論理)가 매우 순하였다. 진실로 중정(中正)하게 행세(行世)하는 군자(君子)가 아니면 어찌 능히 이와 같았겠는가. 그런즉 선생 일생의 처음과 끝, 시작과 마침은 이 책을 한 번만 보면 다 알 수가 있다. 완전하지 않은 초고(草稿)와 없어지다 남은 향기가 천 년 동안이나 쓸쓸했다는 것으로써 어찌 감히 작게 여길 것이랴.

선생의 네 아드님은 곧 우당(憂堂), 인당(忍堂), 아당(啞堂), 졸당(拙堂)이다. 포은선생의 문하(門下)에서 수학(修學)했는데 그분들의 시문(詩文) 약간을 또한 이 책에 붙여 기록하였다. 그의 관잠계사(官箴戒辭)로서 신관(愼官), 신심(愼心) 등 글을 보니 몸을 닦는 큰 방법과

---

14 아홉 가지 용모(容貌)와 아홉 가지 생각: p137~138 참조.

15 정씨(程氏)·주씨(朱氏): 정씨는 송(宋)나라의 정호(程顥)와 정이(程頤)의 형제. 그들의 학문은 성(誠)에 근본 했음. 주씨는 역시 송의 대학자 주희(朱熹). 그의 학문은 경(敬)이 주였음.

16 자익(資益): 서로 도와서 학문에 보탬이 있게 하는 것.

학문하는 좋은 법으로서 그 문정(門庭)에서 학습(學習)하지 않은 것이 없으니 더구나 옷깃을 여미며 공경함을 일으킴을 견디지 못한다.

나의 선조(先祖) 낭장공(郎將公)도 혁명(革命)의 시기를 만나 종부자(從父子) 만은공(晩隱公)과 더불어 동시에 벼슬을 버리셨다. 만은공은 영(嶺) 너머 초계(草溪)에 가서 그 골[洞 동] 이름을 두문(杜門)이라 하였다. 낭장공(郎將公)은 고양(高陽)고을 고봉(高峰)에 살면서 후손을 경계하기를 「나의 자손으로서 왕씨 조정(王氏 朝廷)에 낙석(落席 벼슬하다)한 자는 과거(科擧)에 나아가서 벼슬하지 말라」하였다. 만은선생도 팔은(八隱)중의 한 분이시다. 지금 선생의 글에 서문(序文)하면서 사사로운 감모(感慕)를 견디지 못하고 아울러 달아 적어서 이 책 임자에게 돌려준다.

자헌대부 형조판서 지중추부사 겸 동지경연 지의금부사 오위도총부 도총관(資憲大夫 刑曹判書 知中樞府事 兼 同知經筵 知義禁府事 五衛都摠府 都摠管) 홍명주(洪命周)[17] 삼가 서문한다.

## 松隱先生 文集 序(송은선생 문집 서)

不佞 嘗閱麗季逸史 有以知松隱朴公爲八隱之一 而年代緬邈文獻散墜
불녕 상열려계일사 유이지송은박공위팔은지일 이년대면막문헌산추

17 홍명주(洪命周): 1770년(庚寅)~?. 자는 자천(自天). 본관은 풍산(豊山). 부사 홍희영(府使 洪喜榮)의 아들. 1794년 문과급제. 정언(1805). 동부승지·병조판서(1806). 시호 정간공(靖簡公).

固無以得其詳 矯仰高風徒懷曠感 今因其裔孫世臣 始獲覩遺藁一卷 爲
고무이득기상 교앙고풍도회광감 금인기예손세신 시획도유고일권 위

詩者十六篇 箴誦二則 遺書三數行 咳唾珠玉之流落人間者 特不過丘山之毫
시자십육편 잠송이칙 유서삼수행 해타주옥지류락인간자 특불과구산지호

芒 然而先生之立身大節 於此焉悉備文 豈求多乎哉 其人可敬 則其言始
망 연이선생지입신대절 어차언실비문 기구다호재 기인가경 즉기언시

重 其言無多 則其傳愈貴 雖使先生之文傳於世者 充衍棟宇 百世之下
중 기언무다 즉기전유귀 수사선생지문전어세자 충연동우 백세지하

夷考先生之爲人者 要不外乎此而已 吁其盛矣 敬讀其詩 則所與酬和者
이고선생지위인자 요불외호차이이 우기성의 경독기시 즉소여수화자

卽圃牧冶晩諸先生 而先天榮辱欲心內之莫言 古道行裝泣寃魂之已老 憂
즉포목야만제선생 이선천영욕욕심내지막언 고도행장읍원혼지이로 우

傷感憤之意 自現於言外之旨 而松溪喬木血淚虛流 月落花殘天地微茫
상감분지의 자현어언외지지 이송계교목혈루허류 월락화잔천지미망

其貞忠苦心矢死靡他之節 令人釀涕於滄桑百劫之後 嗚呼 先生之在勝
기정충고심시사미타지절 령인양체어창상백겁지후 오호 선생지재승

國 官躋正卿 功著北藩 位望固已赫赫矣 麗政失紀 世運告訖 聖祖龍興 人
국 관제정경 공저북번 위망고이혁혁의 려정실기 세운고흘 성조룡흥 인

神咸歸 高明賢智之士 識天而知時其於興衰 存亡之機 察之亦已審矣 深
신함귀 고명현지지사 식천이지시기어흥쇠 존망지기 찰지역이심의 심

夜寒燈 風雨如晦 先生與圃牧諸公 把酒慷慨 其於死生進退之際 講之亦
야한등 풍우여회 선생여포목제공 파주강개 기어사생진퇴지제 강지역

已熟矣 迺以七尺血肉之身 擔着萬世之綱常 罔僕之義采堅 採薇之志不渝
이숙의 내이칠척혈육지신 담착만세지강상 망복지의미견 채미지지불유

超然嶺表 鷗鷺爲盟 黃閣恩綸 五徵不起 則是豈與倉卒之間 損生而取義
초연령표 구로위맹 황각은륜 오징불기 즉시기여창졸지간 손생이취의

者同日論歟 麗朝五百年 無眞儒之學 至圃隱先生 始倡明斯道 開示後人
자동목론여 려조오백년 무진유지학 지포은선생 시창명사도 개시후인

學者 至今賴之 而今觀先生 立志持身二箴 論人性之純善 指氣質之清濁
학자 지금뢰지 이금관선생 입지지신이잠 논인성지순선 지기질지청탁

言忠行篤求之本源 九容九思鑑于聖謨 儼然是程朱家法 蓋公之與圃隱先
언충행독구지본원구용구사감우성모 엄연시정주가법 개공지여포은선

生 平居麗澤者 不但出處之義而已 凡於性命之極致 所與切磨而資益者
생 평거려택자 불단출처지의이이 범어성명지극치 소여절마이자익자

有可以想見則 卽此二箴不弊於天壤之間 而嘉惠後學之功 於斯乎大矣
유가이상견즉 즉차이잠불폐어천양지간 이가혜후학지공 어사호대의

若其遺書之告誡四子也 勉之以先天後天 父子異時 旣爲人臣 忠則竭力
약기유서지고계사자야 면지이선천후천 부자이시 기위인신 충즉갈력

其辭甚正 其理甚順 苟非中行之君子 其能若是乎 然則先生之本末始終
기사심정 기리심순 구비중행지군자 기능약시호 연즉선생지본말시종

一覽斯卷 可以盡得之矣 其敢以寥寥千載 殘藁剩馥而少之乎 先生四子
일람사권 가이진득지의 기감이요료천재 잔고잉복이소지호 선생사자

卽憂堂 忍堂 啞堂 拙堂 而受學於圃隱先生之門 今其詩文若干 亦皆附錄
즉우당 인당 아당 졸당 이수학어포은선생지문 금기시문약간 역개부록

于玆 觀其官箴戒辭 愼官愼心等篇 無非行己之大方 爲學之良矩 其得於門
우자관기관잠계사신관신심등편무비행기지대방 위학지량구 기득어문

庭之薰襲者 尤不勝欲袵而起敬也 不佞之先祖郎將公 當革命之際 與從
정지훈습자 우불승욕임이기경야 불녕지선조낭장공 당혁명지제 여종

父子晩隱公 同時棄官 而晩隱公踰嶺之草溪 名其洞曰杜門 郎將公遯居
부자만은공 동시기관 이만은공유령지초계 명기동왈두문 낭장공둔거

于高陽之高峯 戒後人曰 吾子孫落席於王氏朝者 勿赴擧從官 晩隱先生
우고양지고봉 계후인왈 오자손락석어왕씨조자 물부거종관 만은선생

亦八隱之一也 今於弁先生之文也 不勝私感 並牽連而書以歸之
역팔은지일야 금어변선생지문야 불승사감 병견련이서이귀지

資憲大夫 刑曹判書 知中樞府事 兼 同知經筵 知義禁府事 五衛都摠府者
자헌대부 형조판서 지중추부사 겸 동지경연 지의금부사 오위도총부자

摠管 洪命周 謹序
총관 홍명주 근서

# 3

# 송은선생 유고 서(松隱先生 遺稿 敍)

양주 조두순(楊州 趙斗淳)

고려가 망할 때에 포은과 목은이 성취(成就)한 바는 진실로 해와 달의 광채처럼 밝게 빛났다. 그때에 살던 인사(人士)로서 혹은 위태하게 버티고, 혹은 침묵(沈默)함으로써 절조를 온전하게 하여 선왕(先王)에게 충성을 다한 자를 또 어찌 헤아릴 수 있으랴. 그 사람들의 애쓰던 마음, 굳세던 넋은 반드시 눈부시게 많은 별로 되고, 달려 가서 맹렬한 바람으로 되며, 또한 한가하게 서기(瑞氣)로운 구름으로 되고, 맺혀서 상서로운 이슬로도 되었다. 태청(太清)[1]을 꿰뚫고 육합(六合)[2]을 돌아서 어디를 가도 없는 데가 없었다. 그러나 동국(東國)에는 특히 문헌이 없었고 정인지(鄭麟趾)[3]가 지은 승국사(勝國史 고려사(高麗史)) 같은 것은 더구나 체재(體裁)의 요점(要點)을 잘못

1 태청(太淸): 하늘의 딴 이름. 도가(道家)에서는 40리 상층(上層)의 공간(空間)을 태청이라 한다.

2 육합(六合): 천지와 동·서·남·북 四방을 합쳐서 일컸는 말.

3 정인지(鄭麟趾): 1396~1478. 호(號)는 학역재(學易齋). 주부, 좌랑, 정랑, 직제학(1425). 역법개정, 예문관제학, 이조참판(1431), 형조판서(1439), 우참찬·계유정란 일등공신(1445), 영의정(1455). 세종대왕 명에 의해 김종서와 함께 『고려사』를 편찬했다.

하였다. 그리하여 외로운 신하와 살아 남은 늙은이(옛 신하) 중에 순일(純一)한 행실과 독특(獨特)한 절조로서 윤상(倫常 인간의 떳떳한 도리)을 붙들고 만세(萬歲)토록 가르침이 될만한 바도 열에 한 둘밖에 채록(採錄)되지 않았다. 국운(國運)이 변혁(變革)되는 즈음에 말하기 어려운 일이 있어서 춘추(春秋)에 기록(記錄)을 숨기던 뜻에 스스로 붙좇음으로 그렇게 했던 것인가.

아아 이것이 성인(聖人 세종대왕(世宗大王))의 뜻은 아니었다.

지금 송은 박공의 일은 오백 년이 지난 뒤에 비로소 출현되었다.

그윽한 빛남과 아름답던 사적(事蹟)이 어슴푸레하게 거의 사그라질 뻔하다가 다시 드러난 것으로 대부분 초목(草木)이 없어지듯, 함께 괴멸(壞滅)되는 데로 돌려지지 않는 것에 비하면 이것은 거의 하늘이 도운 것이었다. 『시경(詩經)』[4]에 「장중(張仲)의 효우(孝友)를 말함으로써 길보(吉甫)의 어짐을 일컬었고」, 공부자(孔夫子)[5]께서도 「그 부모를 섬기는 도리를 잃지 않으면 가히 존경하고 모실 수 있다」 하시었다. 공(公)이 평생에 더불어 즐거워한 바를 보면 포은, 목은 여러 분에 지나지 않고 지금 부녀자와 아이들도 포은, 목은을 능히 알고 있는 것인즉 공의 어짐도 또한 알 수가 있다.

아아, 항상 앓으면서도 죽지 않는 자는 노편(盧扁)[6]이라도 고칠 수 없고, 큰 집이 이미 기울어지면 장석(匠石 훌륭한 목수)이 버틸 수 없다. 그런데 여러 분들이 남모르게 한숨 쉬고 잠 깨면 탄식하였다. 서로 더불어 노래하며 부르짖어서 답답함을 바람 비 구슬피 우는 속에

---

4 『시경(詩經)』, 「소아(小雅)·유월(六月)」에 내용이 있음.

5 『논어(論語)』, 「태백편(泰伯篇)」에 내용이 있음. (子日: 張中也 文之 不失其親 亦可宗也)

6 노편(盧扁): 춘추시대(春秋時代) 노(盧)지방에서 살았다는 명의(名醫) 편작(扁鵲)을 일컫는 말. 이것이 변해서 명의를 이르는 말로 되었음.

쏟았으니 어찌 그리 슬프던가. 마침내는 각자 숭상하던 바를 온전하게 하여 천지간 큰 법을 지켰으며, 그 착함을 돕는 친의(親誼)를 저버리지 않았으니 또 어찌 그리 아름답던가. 이 도(道)를 따라서 공의 행적(行蹟)을 찾아본다면 사서(史書)에 기록되고 기록되지 않았음이 족히 공을 높게 하거나 낮게 하지 못한다. 그리고 포은, 목은 등 여러 분이 어찌 자기만 같지 못한 자를 벗했겠는가.

공의 휘(諱 죽은 사람의 이름을 높여서 이르는 말)는 천익(天翊)이고 송은은 그의 호(號)이다. 벼슬은 전조(前朝 고려) 예부시랑(禮部侍郎)이었는데 우리 공정대왕(恭定大王[7] 조선조 태종)께서 좌의정(左議政)으로 증직(贈職 죽은 사람에게 직첩(職牒)을 내림)하시고 시호(諡號)[8]를 충숙(忠肅)이라 하셨음은 대개 표창(表彰 세상에 드러내어 밝힘)한 것이었다.

공에게 네 분 아드님이 있었고 문장(文章)을 공부하여 그 가성(家聲)[9]을 능히 이었는데 이 책 끝에 있는 넷 우고(四友稿)가 이것이다.

나는 여기에 또 감탄(感歎)됨이 있었다. 동한(東漢)적에 진(陳)·순(荀) 양 성씨를 명문(名門)이라 호칭했으나, 저 순욱(荀彧)[10]과 진기(陳紀)[11]들의 스스로 입신(立身)한 바가 과연 어떠했던가. 자양부자(紫陽夫子 주희(朱熹)의 별호)께서 이른 바 「당시에 부형(父兄)과 자제

7 공정대왕(恭定大王): 정종대왕[恭靖大王]의 착오임. 춘정 변계량의 주청에 의하여 정종이 시호를 내림.

8 시호(諡號): 행실이 훌륭했던 사람이 죽은 후에 임금이 내려주는 칭호(稱號).

9 가성(家聲): 그 집안의 명망(名望).

10 순욱(荀彧): 후한(後漢) 사람. 효렴(孝廉)으로 천거(薦擧) 되었고, 조조(曹操)를 섬겨 군공(軍功)을 세웠고, 만세정후(萬歲亭候)로 봉함을 받았다. 동소(董昭) 등이 조조를 위공(魏公)으로 승진(昇進)토록 하자는 논의(論議)에 반대하다가 조조의 미움을 샀음.

11 진기(陳紀): 후한 진식(陳寔)의 아들. 당(黨)으로 인해서 금고(禁錮)를 당하자 분기(忿氣)를 내어 수만언(數萬言) 글을 지었다. 그 후 금고가 해제(解除)되어 四부(府) 벼슬로 불렀으나 모두 취임하지 않았는데 동탁(董卓)의 집에 갔다가 오관중랑장(五官中郎將)으로 제수(除授)되어 부득이 서울에 올라왔다.

(子弟)간에도 제대로 한 종류의 논란이 있었다」하셨음도 까닭 없이 말씀한 것이 아니었다.

공께서 네 분 자제를 훈계(訓誡)하신 말 중에 「선천(先天) 후천(後天)」이라는 문장을 내가 읽어보니 문정(門庭)안에 제대로 쇠못[釘鐵 정철]같은 한계(限界)가 있어서 무섭게도 그것을 넘어날 수가 없었다. 가령 그의 네 분 자제의 이름이 고려 조정에 올라 있었더라면 공께서 다르게 처리함이 있었을 줄을 나는 안다. 이것은 또 태구(太丘)[12]와 낭릉(朗陵)[13]이 능히 하지 못한 바였으니 어찌 거룩하지 않은가. 아울러 기록하여서 말 잘하는 선비를 기다린다.

성상(聖上 헌종) 3년 정유(丁酉 1837년) 늦은 봄에 가선대부 용양위 호군 동지경연사 규장각 검교대교(嘉善大夫 龍驤衛護軍 同知經筵事 奎章閣 檢校待敎) 양주 조두순(楊州 趙斗淳)[14] 서문하다.

---

12 태구(太丘): 후한 진식(陳寔)이 태구지방의 장(長)으로 제배되었는데 드디어 진식의 호칭(呼稱)으로 되었음. 진식은 향리에 있으면서도 쟁송이 있어 판결을 구하면 모든 사람에게 공정한 판결을 내렸다고 하며 진식이 죽었을 때 장례식에 모인 사람이 3만 명에 이르렀다 함.

13 낭릉(朗陵): 진대(晋代)의 하증(何曾)이 낭릉공(朗陵公)으로 봉함을 받았다. 위(魏)에 벼슬해서 사도(司徒)에 이르고 낭릉후로 되었다가 진무제(晋武帝) 때에 태위(太尉)로 승진(昇進), 작위(爵位)도 공(公)으로 올랐다.

14 조두순(趙斗淳): 1796~1870. 본관은 양주(楊州). 호 심암(心庵). 1827년 문과급제. 규장각 대교(1827), 대사성(1834), 이조참판(1840), 공조·형조판서(1841), 예문관 대제학(1849), 이조판서(1851), 우의정(1853), 좌의정(1858), 영의정(1865). 시호 문헌공(文獻公).

## 松隱先生 遺稿 敍(송은선생 유고 서)

麗之淪 圃牧所成就 固已焯乎日月之光 而士生是時 或皎厲而張之 或沈
려지륜 포목소성취 고이작호일월지광 이사생시시 혹교려이장지 혹침

冥而全之 以自靖於先王者 又惡可量哉 此其人苦心毅魄 必絢爲列星 奔
명이전지 이자정어선왕자 우오가량재 차기인고심의백 필현위열성 분

爲烈風 舒而爲卿雲 結而爲瑞露 貫太淸廻六合 無所往而不在也 特東方
위열풍 서이위경운 결이위서로 관태청회육합 무소왕이부재야 특동방

無文獻 如鄭氏勝國史尤失體要 凡孤臣遺老 一行獨操 所以扶樹倫常 敎
무문헌 여정씨승국사우실체요 범고신유로 일행독조 소이부수윤상 교

詔萬世者 十不一二採焉 豈鼎革之際 事有難言 自附於春秋志晦之義而
조만세자 십불일이채언 기정혁지제 사유난언 자부어춘추지회지의이

然歟 嗚呼 此非聖人意也 今松隱朴公之事 始出於垂五百年之後 幽光懿
연여 오호 차비성인의야 금송은박공지사 시출어수오백년지후 유광의

蹟 闇然幾熄而復章 終不與草亡木卒者 同歸其澌壞漫滅 殆天所以相之
적 암연기식이부장 종불여초망목졸자 동귀기시괴만멸 태천소이상지

也 詩言張仲孝友 所以稱吉甫之賢 而夫子亦曰 因不失其親 亦可宗也
야 시언장중효우 소이칭길보지현 이부자역왈 인불실기친 역가종야

觀公所與生平爲驩 不出於圃牧諸老 今婦孺能知圃牧 則公之賢亦可知也
관공소여생평위환 불출어포목제로 금부유능지포목 즉공지현역가지야

嗟乎 恒疾不死 非盧扁可醫 大厦旣傾 非匠石可拄 而諸公所以潛欷竊歎
차호 항질불사 비노편가의 대하기경 비장석가주 이제공소이잠희오탄

相與歌謼 輸寫於風噫 雨泣之中者 何其悲也 卒之各全所尙以守 夫天地
상여가호 수사어풍희 우읍지중자 하기비야 졸지각전소상이수 부천지

大經 不負其輔仁之誼者 又何其烈也 率是道以求公 史之列不列 不足以
대경 불부기보인지의자 우하기렬야 솔시도이구공 사지열불렬 부족이

軒輊公 而以圃牧諸公 庸詎友不如己者歟 公諱天翊 松隱其號也 官前
헌지공 이이포목제공 용거우불여기자여 공휘천익 송은기호야 관전

朝禮部侍郎 我恭定大王 贈左揆 諡忠肅 盖褒之也 公有四子 攻文章爲
조예부시랑 아공정대왕 증좌규 시충숙 개포지야 공유사자 공문장위

能世其家 卷端四友稿是也 不佞 於此 抑又有感焉 東漢陳荀二氏 號稱
능세기가 권단사우고시야 불녕 어차 억우유감언 동한진순이씨 호칭

名門 而彼或與紀輩 所自立爲何如也 紫陽夫子 所謂當時父兄子弟之間
명문 이피욱여기배 소자립위하여야 자양부자 소위당시부형자제지간

自有一種議論者 非無謂而發也 余讀公誡四子 先天後天之文 門庭之內
자유일종의론자 비무위이발야 여독공계사자 선천후천지문 문정지내

自有釘鐵界限 凛乎 其莫可踰越 使四子而名在前朝 吾知公必有以處之
자유정철계한 늠호 기막가유월 사사자이명재전조 오지공필유이처지

也 玆又太丘朗陵之所未可能也 顧不偉哉 並書之以俟能言之士
야 자우태구낭능지소미가능야 고불위재 병서지이사능언지사

聖上三年丁酉暮春 嘉善大夫 龍驤衛護軍 同知經筵事 奎章閣 檢校待教
성상삼년정유모춘 가선대부 용양위호군 동지경연사 규장각 검교대교

楊州 趙斗淳 敍
양주 조두순 서

# 4

# 문집구본 서(文集舊本 序)

진성 이가순(眞城 李家淳)

대저 해내(海內 중국)가 순(舜)을 추대(推戴)하는데 기산(箕山)에 귀 씻는 은사가 있었고[1] 천하가 주(周)를 받들었으나 묵태씨(墨胎氏)[2]는 고비 캐는 절개가 있었다. 승국(勝國 고려)의 두문동(杜門洞) 여러 현인(賢人)들이 성조(聖祖)를 섬기지 않고 홀로 왕씨의 조랍(祖臘 책력)을 보존하면서 죽어간 것도 대개 이 뜻이었다. 삼가 상고하건대 고려말에 예부시랑·중서령·충숙공 박송은 선생은 신라 시조 박혁거세 이후 밀성대군의 주손(胄孫)으로서 이름난 후손이었다. 대대로 경상(卿相) 벼슬을 이어서 문학과 충훈(忠勳)이 혁혁하게 빛났다. 이태조께서 선양(禪讓)을 받으시게 되자 선생은 여러 현인과 함께 송경(松京) 두문동에 들어갔다. 그 후 밀성 옛 마을에 돌아가서 집 뒤 산을

1 요임금 때 허유와 소부라는 두 고사가 있었는데, 요임금이 허유에게 천하를 선양하려고 하니 허유는 이를 거절하고 기산에 숨었으며, 그 뒤 구주의 장으로 삼으려 했더니 허유는 더러운 말을 들어서 내 귀가 더러워 졌다며 영수물에 귀를 씻고 있었다. 때마침 소부가 소를 몰고 오다가 그것을 보고 까닭을 물었더니, 소부는 그런 말에 더러워진 귀를 씻은 영수 더러운 물은 나의 소에게 먹일 수 없다 하고 소를 몰고 가버렸다는 함.

2 묵태씨(墨胎氏): 백이(伯夷)와 숙제(叔齊)의 성(姓).

송악(松岳)이라 이름하고 마을은 송계(松溪)라 부르며 서재(書齋)는 송암(松庵)이라 하였다.

대개 날씨가 추워져도 송백은 딴 초목(草木)들 보다 늦게 시들어 지는 뜻을 따서 스스로 표한 것이거니와 또한 송경을 잊지 못하는 생각을 붙인 것이어서 절의(節義)를 함께 한 여러 현인이 마을과 집 우물의 이름을 지으면서 의자(義字)를 많이 이용(利用)한 것과 같은 것이었다. 그가 교유(交遊)한 사람인즉 당시 팔은(八隱)인 정포은, 길야은 양(兩) 선생을 주로 하고 이목은, 홍만은과 더불어 서로 백중(伯仲)하였다. 수창(酬唱)한 시편(詩篇)을 보면 포은은 「이제는 푸른송죽과 벗을 삼아 청산(靑山)에서 백발로 늙어 가세나」라 했고, 야은은 「충렬(忠烈)의 선비를 논하지 말게. 의기란 사생(死生)결단에서 나오네」하였다. 목은은 「값없는 청풍명월 얻어 내어서, 백 년 생사를 같이 하고 싶구려」하였다. 춘정 변공이 찬하면서 「기개(氣槪)는 동강(桐江)[3]과 같고 청정(淸淨)한 절조(節操)는 심양(潯陽)[4]과 같다. 학문은 염·낙(濂洛)[5]을 따랐고 문도(門徒)는 추·로(鄒魯)[6]를 이루었다」했고, 황보 상공(皇甫 相公)은 신도비(神道碑)를 쓰면서 「포, 목, 야, 도(圃牧冶陶)와 마음 함께 해서 높은 절개였다. 일월(日月)과 빛을 다투어서 조촐한 기개가 무리에서 뛰어났다」하였다. 뜻을 세워서 본성(本性)에로 회복하려는 잠(箴)과 마음을 바루어서 몸을 가진다는 훈계는 옛 성현(聖賢)의 진정(眞正)한 논지(論旨)에 순화(純化)한 것인즉 포은, 야은

3 동강(桐江): 후한 엄광이 숨어 살면서 낚시질하던 강.

4 심양(潯陽): 진 도잠(晋陶潜 자는 연명)이 벼슬을 버리고 돌아와서 살던 곳.

5 염낙(濂洛): 송대(宋代)에 주돈이(周敦頤)는 염계(濂溪)에 살았고, 정호(程顥), 정이(程頤) 형제는 낙양(洛陽)에 살았는데 이들이 송대 이학(理學)의 조종(祖宗)이었음.

6 추로(鄒魯): 추국(鄒國)과 노국(魯國)은 원래 형제(兄弟)의 나라였으므로 문도(門徒)가 형제간이었음을 나타낸 말.

과 서로 도와서 공부하고 닦아 유익함을 얻은 것이 있었음을 가히 속일 수 없다. 돌아보건대 세대가 변혁(變革)된 이후로부터 세대마다 정헌(靖獻)[7]을 지키고 소대(昭代)[8]에 명망(名望)을 자랑코자 하지 않았음은 거의 옛 도읍에 남은 백성(百姓)이 창호(窓戶)를 높게 해서 해[日 일]를 보지 않던 일반적인 풍의(風儀)와 같은 것이었다. 그런데 문산(文山)[9]의 후손이 시시(柴市)에 남긴 신발[舃 석][10]을 보존하지 못했고 적씨(狄氏)[11] 집에 누가 양공(梁公)의 화첩(畵帖)[12]을 전했던가.

세대가 멀어질수록 자취가 더욱 숨겨져서 오직 세상에서 알지 못할 뿐 아니라 흩어져 사는 후손도 또한 계파(系派)의 내력을 분별하지 못한 지가 벌써 오래였다. 지난 날에 단성에 사는 후손 모씨(某氏)가 불타다가 남은 책에서 비로소 팔은록(八隱錄)을 찾아 내었으나 공이 스스로 조출케 한(망한 나라의 신하가 새나라의 신하되기를 거부하고 숨어서 스스로 정절을 지키는 것) 때의 일은 오히려 자세하지 못했다. 그 후 잇따라 자인현의 과붓집 상자 속에서 우연히 한 권 옛 종이를 발견하여 공의 시(詩)와 기문(記文) 약간 편을 찾았고 근래에는 청도 북지(淸道 北旨) 박이홍(朴履洪 우당의 14대손)의 가장(家藏)에서 선생의 진영(眞影)과 시첩(詩牒), 비표(碑表) 등 여러 작품(作品)을 찾아내었다.

---

7 정헌(靖獻): 선왕의 영에 성의를 다하는 것.

8 소대(昭代): 태평(太平)한 세상. 잘 다스려진 세상을 일컫는 말.

9 문산(文山): 송(宋) 문천상(文天祥)의 호. 도독(都督)으로서 군사를 이끌고 원군(元軍)과 항전(抗戰)하다가 패하고 잡혀서 죽임을 당했는데, 원 세조(元世祖)는 참 남자(男子)이다 하여 감탄(感歎)하였다.

10 시시(柴市)에 남긴 신발: 시시는 북경(北京 중국의 베이징)의 서북쪽에 있는 땅이름. 여기에서 문천상이 원 세조에게 죽임을 당하고 남긴 신발.

11 적씨(狄氏): 적씨는 적인걸(狄仁傑)로서 당(唐)나라 태종(太宗) 때의 사람. 효성이 지극한 명재상으로 이름이 높았다. 적인걸의 그림을 적인걸에게 전했다는 뜻으로, 세월이 오래되니 화가(畵家)의 집인지를 알지 못하고 그림을 선물로 보냈다는 뜻으로 해석됨.

12 양공(梁公)의 화첩(畵帖): 양공은 당대(唐代) 적인걸(狄仁傑)의 봉호(封號). 양공이 그린 화첩.

몇 백년을 내려왔건만 미목(眉目)과 정신(精神)이 늠연(凜然)하게 살아 있는 것 같으니 또한 기이하지 않은가. 옛적에 들으니 영양(永陽 지금 영천)에 있는 오천 정씨(烏川 鄭氏)집이 실화(失火)해서 서적(書籍)이 온통 잿속에 들어가 버렸다. 이웃사람이 가서 구원하다가 문득 보니 불타다 남은 한 조각 종이가 나무가지에 걸려서 일렁거리며 떨어지려는 것이었다. 집사람이 시험삼아 걷어서 보니 이것은 포은 선생의 진영(眞影)을 한 장 종이에 모사해 새겨서 본집(本集) 책머리에 박아 넣어둔 것이었다. 후세 사람이 그 사실을 기이하게 여기고 표지(標識)를 만들어서 가전(家傳)으로 삼았다고 하니 기이한 소문이었다. 아아! 선생의 우뚝한 절개와 거룩한 행적은 바로 천양(天壤)[13]에 닿아서 썩지 않을 것이건만 오히려 지금까지 쓸쓸[泯泯 민민]하게 지내왔다. 만약에 이와 같이 쓸쓸하게 지내고 말 뿐이라면 이것이 어찌 천리(天理)의 떳떳한 도리라 할 수 있겠는가.

종이에 박힌 포은의 유영(遺影)도 오히려 하늘이 아끼고 귀신이 보호해서 사문(斯文)의 기적으로 만들어졌는데 하물며 이 후손에 남긴 진영과 전기(傳記)가 이목(耳目)이 미치는 곳에 함께 나와서 소박(素樸)하고 옛스러운 것이 털끝만큼 인위(人爲)를 용납하지 않음이 있는 것이겠는가. 혹자(或者)는 지금 이 유문(遺文)이 늦게 나왔고 책 속에 기재(記載)된 것이 현재 유포(流布)되는 여러 현인의 문자(文字)와 서로 어긋나는 곳이 있다고 한다. 대개 문자는 전해 들음에 따라서 같기도 하고 다르기도 함은 옛부터 벌써 그러했다.

오직 안목(眼目)있는 자가 분변해서 밝힐 뿐이다. 문체(文體)의 천

---

13 천양(天壤): 양(壤)은 땅. 즉 천지와 같은 말임.

박(淺薄)함이 태서(泰誓)[14] 같음을 마씨(馬氏)[15]가 의심하였고 일월(日月)의 착오(差誤)가 무성(武成)[16] 같은즉 주자(朱子)가 비로소 고증(考證)을 더했다. 그러므로 문자(文字)가 순수(純粹)한가 박잡(駁雜)한가와 체재(體裁)가 정당(正當)한가 와오(訛誤)인가를 보아서 공안(公案)[17]으로 결정(決定)함이 마땅하다. 어찌 다만 유포되는 문자의 오래됨과 가까움으로써 논단(論斷)할 것이랴.

선생은 네 분 아들을 두어서 맏이 융(融)은 호가 우당이며 세 아우와 더불어 포은의 문하(門下)에 나아가서 스승의 전수(傳受)를 이었는데 야은이「해동 현인이고 여말(麗末) 충신」이라 하였으며, 선생이 임종(臨終) 때에 선천후천이라는 훈계가 있었고 그 후 10년을 지나 비로소 본조(本朝)에 벼슬하여 이조정랑(吏曹正郞)으로 되었다. 중씨(仲氏) 소(昭)는 호가 인당이며 생원시(生員試)에 합격했고 현감을 지냈다. 조(調)는 호가 아당이고 예조정랑을 했으며 총(聰)은 호가 졸당인데 호조정랑이었다. 四堂 이하로는 7~8대를 이 책 끝에 붙여서 기록했다. 그리고 소요당 하담(河淡), 성와 하청(河清), 병재 하징(河澄)은 성청송(成聽松)[18], 조남명

---

14 태서(泰誓): 서경 주서(書經周書)의 편명(篇名). 주 무왕(周武王)이 은(殷)을 정벌하면서 군중(群衆)과 맹세한 말을 기록한 것인데 가짜 고문(古文)이라는 말이 있음.

15 마씨(馬氏): 후한 사람. 마융(馬融) 랑중(郎中) 벼슬로서 동관(東館)에 있으면서 서경(書經)을 교정(敎正)했음.

16 무성(武成): 서경 주서의 편명. 무왕이 은을 정벌하고 그 무공을 기록한 내용. 매이(梅頤)가 지은 가짜 고문이라는 말이 있음.

17 공안(公案): 공론(公論)에 의해서 결정된 안건(案件).

18 성청송(成聽松): 성수침(成守琛). 1493~1564. 학자. 조광조의 문인. 1519년 기묘사화로 스승 조광조가 처형되고 많은 선비들이 화를 당하자 벼슬길을 단념하고 두문불출 했다. 후릉참봉, 내좌시주부, 예산현감 등에 임명되었으나 모두 사퇴함. 문하에 많은 석학들이 나왔다. 좌의정으로 추증됨.

(曺南冥)[19], 김삼족(金三足)[20], 이탄수(李灘叟)[21], 곽경재(郭警齋)[22]와 더불어 스승과 벗으로 되어 서로 도와 유익했음은 뚜렷한 행적이었다. 모선재 수견은 점필재(佔畢齋)[23]의 문하에서 수학(受學)했고 효행(孝行)으로 천거되어 참봉으로 되었다.

이와 같이 밀성 박씨는 세대마다 명망(名望)있는 사람이 있었으니 이것은 하늘이 선생에게 후하게 보답한 것이었다. 그리고 선생의 그윽했던 광채와 숨겨졌던 행적이 오랜 후에 비로소 드러나니 한 도(道)의 많은 선비가 일제히 의논하였다. 「근래 밀성 덕남사에 이미 선생의 신위(神位)를 편하게 모시어서 흠모(欽慕)하는 뜻을 붙였고 청도 용강사에는 열네 분의 의사(義士)를 제향하는데 모두 선생의 후손들이다. 그러므로 유진(遺眞 영정) 두 벌을 모사(模寫)해서 두 곳 사당에 아울러 봉안하였다. 선생의 사적(事蹟)이 오늘날에 이미 8~9분(80~90%)은 분명해졌지마는 이것보다 또 큰 일이 있으니 일국(一國)의 공변된 논의에 붙임이 마땅하다. 하물며 열성조(列聖朝)에서 어진이를 높히고 절의(節義)를 권장하는 의전(儀典)은 승국[高麗 고려] 때 일

19 조남명(曺南冥): 조식(曺植). 1501~1572. 학자. 삼가(三嘉) 출신. 성리학 연구. 전생서주부, 사도시부주부, 탄성현감, 판관 등 여러번 벼슬에 임명되었으나 모두 사퇴. 영의정으로 추증됨. 경상 좌도(左道)에 이황(李滉), 경상 우도(右道)에 조식(曺植)으로 당시 유학자로서 쌍벽(雙璧)이었음.

20 김삼족(金三足): 김대유(金大有). 1479~1552. 문신. 호 삼족당(三足堂). 1497년 무오사화에 아버지(김준손(金俊孫))와 함께 호남에 유배. 전적, 호조좌랑, 칠원현감. 기묘사화로 사직하고 청도 산 속에서 은거.

21 이탄수(李灘叟): 이연경(李延慶). 1484~1548. 문신. 선릉참봉, 공조·형조좌랑, 지평, 교리 등 역임했으나 기묘사화에 연루되어 파직되고 이후 벼슬하지 않음.

22 곽경재(郭警齋): 곽순(郭珣). 1502~1545. 문신. 1528년 급제. 시절이 어지러워지자 벼슬(사간(司諫))을 버리고 운문산에서 은거. 1545년 을사사화에 연루되어 장살(杖殺) 당하였으나 선조때 관직이 회복됨.

23 점필재(佔畢齋): 김종직(金宗直). 1431~1492. 밀양사람. 이조참판, 동지경연사, 한성부윤, 공조참판, 형조판서, 지중추부사 등 역임. 영남학파의 종조(宗祖). 무오사화의 원인인 조의제문(弔義帝文)의 필자로 1498년 부관참시(剖棺斬屍) 당함. 야은선생과 아버지의 학통을 이어받아 많은 석학을 배출함.

에 더욱 정중(鄭重)하였다. 정묘(正庙) 때에 송경 두문동 조[曹 조의생], 임[林 임선미], 맹[孟 맹효성] 세 현인을 표절사(表節祠)에 제향(祭享)하라는 왕명이 특히 내렸고 선조(先朝 순조의 오기(誤記)) 무진년(戊辰年 1808년)에는 성직학선생(成直學先生 성사재[24])을 같은 사당에 추향(追享)하도록 특히 허가하시어 많은 선비가 지금까지 찬탄(贊歎)하고 흠송(欽頌)함을 마지 않는다. 세상에는 옛 도(道)를 좋아하고 유술(儒術)을 높히는 군자(君子)가 선생의 도학과 절의의 실덕(實德)에 감모(感慕)함이 있어 소원(踈遠)한 사람이 한 말을 기다리지 않고 조정에서 공론한 다음 四聰(사총)[25]에 전달(傳達)하여 풍교(風教)를 수립(樹立)하고 세상을 면려(勉勵)하는 계획으로 하는 자가 없을 것인가」하였다. 아아 거룩한지고.

숭정(崇禎) 넷째 병신(丙申)[26] 七월 상완(上浣)[27]

통훈대부 전행 홍문관 부응교 지제교 겸 경연 시강관 춘추관 편수관(通訓大夫 前行 弘文館 副應教 知製教 兼 經筵 侍講官 春秋館 編修官) 진성 이가순(眞城 李家淳)[28] 삼가 서문함.

---

24 성사재(成思齋): 고려시대 보문각(寶文閣) 직제학(直提學), 두문동(杜門洞) 72현의 한 사람.

25 四聰(사총): 널리 四방 민중(民衆)의 말을 들어서 막힘 없이 한다는 것인데 임금의 들음이라는 뜻으로 쓰임.

26 숭정(崇禎) 병신(丙申): 헌종 2년(1836)

27 상완(上浣): 상순(上旬)과 같음.

28 이가순(李家淳): 1768~1844. 문신. 학자. 본관은 진성(眞城). 문과에 급제(1813년). 사헌부 지평에 임명(1823년)되었으나 불취(不就). 수찬, 장령, 응교, 교리 등을 거침.

## 文集舊本 序(문집구본 서)

夫 海內戴舜 而箕山有洗耳之隱 天下宗周 而墨胎堅 採薇之操 勝國之
부 해내대순 이기산유세이지은 천하종주 이묵태견 채미지조 승국지

杜門諸賢 不事聖朝 獨保王氏祖臘 以沒世者 蓋此義也 謹按麗季 禮部
두문제현 불사성조 독보왕씨조랍 이몰세자 개차의야 근안려계 예부

侍郎 中書令 忠肅公 松隱朴先生 以羅祖 赫居世聞孫 世世襲卿相 文學
시랑 중서령 충숙공 송은박선생 이라조 혁거세문손 세세습경상 문학

忠勛 爲赫適旃耀 及聖祖受禪 先生與諸賢 偕入松京之 杜門洞 終焉歸
충훈 석혁적정요 급성조수선 선생여제현 해입송경지 두문동 종언귀

密城故里 命屋後山曰松嶽 村曰松溪 齋曰松庵 蓋取歲寒後凋 以自旌
밀성고리 명옥후산왈송악 촌왈송계 재왈송암 개취세한후조 이자정

而亦以寓 不忘松京之思 如同節諸賢之 命名坊里廬井 多用義字者類也
이역이우 불망송경지사 여동절제현지 명명방리려정 다용의자자류야

以交遊則 當日八隱 主之以 鄭圃隱 吉冶隱 兩先生 而李牧隱 洪晩隱
이교유즉 당일팔은 주지이 정포은 길야은 양선생 이이목은 홍만은

相伯仲 觀於唱酬詩篇 圃隱以爲「蒼松同碧竹 白髮老靑山」冶隱以爲
상백중 관어창수시편 포은이위「창송동벽죽 백발노청산」야은이위

「莫問忠烈士 義出死生期」牧隱以爲「願得清風明月債 百年與爾死
「막문충열사 의출사생기」목은이위「원득청풍명월채 백년여이사

生期」春亭卞公 贊以爲「高尙桐江 清淨潯陽 學溯濂洛 門成鄒魯」皇
생기」춘정변공 찬이위「고상동강 청정심양 학소염낙 문성추로」황

甫相公 神道碑題 以爲「圃牧冶陶 同心卓節 日月爭光 淑氣拔萃」至若
보상공 신도비제 이위「포목야도 동심탁절 일월쟁광 숙기발췌」지약

立志復性之箴 正心持身之訓 純乎 其古聖賢 眞正旨訣 則其得於圃冶
립지복성지잠 정심지신지훈 순호 기고성현 진정지결 즉기독어포야

麗澤之益者 有不可誣 而顧自革代以後 世守靖獻 家契不欲 衒名於昭代
려택지익자 유불가무 이고자혁대이후 세수정헌 가계불욕 현명어소대

殆故都遺黎 高戶不見日之 一般風義 而文山之裔 莫保柴市之遺舃 狄氏
태고도유려 고호불견일지 일반풍의 이문산지예 막보시시지유석 적씨

之家 誰傳梁公之畵帖 世愈遠而跡愈晦 不唯世莫之知 雖以散居 孱裔
지가 수전양공지화첩 세유원이적유회 불유세막지지 수이산거 잔예

亦不辨源派來歷已久矣 往因丹城後孫某 始得八隱錄 於爛簡 猶未詳其
역불변원파래력이구의 왕인단성후손모 시득팔은록 어난간 유미상기

自靖時事 繼又於慈仁之孤嫠 篋藏中 偶見一局故紙 得詩記略干篇 近又
자정시사 계우어자인지고리 협장중 우견일국고지 득시기약간편 근우

於淸道之北旨 朴履洪家藏 得先生眞影 及諡牒碑表諸作 歷幾百載 眉目精
어청도지북지 박이홍가장 득선생진영 급시첩비표제작 력기백재 미목정

神 凜然如生 不亦寄哉 昔者竊聞之 永陽有烏川鄭氏家 失火書籍並入灰
신 늠연여생 불역기재 석자절문지 영양유오천정씨가 실화서적병입회

燼 隣人往救 忽見一燼餘片楮 掛在木杪 搖颺欲墜 家人試掇取奉翫 認
신 린인왕구 홀견일신여편저 괘재목초 요양욕추 가인시철취봉완 인

是圃隱先生 眞影模刻 一紙印幷 本集編首者 後人寄其事 爲之標識 以
시포은선생 진영모각 일지인병 본집편수자 후인기기사 위지표지 이

爲家傳異聞 嗚呼 以先生卓節偉蹟 直當天壤不朽 而尙至今 泯泯度了
위가전이문 오호 이선생탁절위적 직당천양불후 이상지금 민민도료

若只如此 泯泯而止 則是豈天理之常耶 圃老之印紙遺眞 猶爲天慳鬼護
약지여차 민민이지 즉시기천리지상야 포로지인지유진 유위천간귀호

留作斯文之寄蹟 况此遺裔眞傳 俱出耳目逮事之地 而樸直純古 有不容
류작사문지기적 황차유예진전 구출이목체사지지 이박직순고 유불용

一毫人爲者耶 或以爲今 此遺文晩出 與卷中諸賢 見行文字問 有相抵牾
일호인위자야 혹이위금 차유문만출 여권중제현 견행문자문 유상저오

處 蓋文字之有傳聞同異 從古已然 惟在具眼者辨明 而文體淺露如泰誓
처 개문자지유전문동이 종고이연 유재구안자변명 이문체천로여태서

則馬氏得以致疑 日月差誤 如武成 則朱子始加考 定當看文字純駁 體裁
즉마씨득이치의 일월차오 여무성 즉주자시가고 정당간문자순박 체재

正訛 以決公案 烏可但以見行久近爲斷哉 先生四子 伯融 憂堂 與三弟
정와 이결공안 오가단이견행구근위단재 선생사자 백융 우당 여삼제

俱登圃隱之門 嫡承師傳 冶隱許以「海東賢人 麗末忠良」先生臨終 有
구등포은지문 적승사전 야은허이「해동현인 려말충량」선생임종 유

先天後天之戒 後十年 始仕本朝 吏曹正郎 仲昭 忍堂 生員 縣監 調 啞
선천후천지계 후십년 시사본조 이조정랑 중소 인당 생원 현감 조 아

堂 禮曹正郎 聰 拙堂 戶曹正郎 四堂以下 七八世 附見於卷末 逍遙堂
당 예조정랑 총 졸당 호조정랑 사당이하 칠팔세 부견어권말 소요당

河淡 城窩 河淸 瓶齋 河澄 與 成聽松 曹南冥 金三足 李灘叟 郭警齋
하담 성와 하청 병재 하징 여 성청송 조남명 김삼족 이탄수 곽경재

師友資益 班班有信蹟 慕先齋 守堅 受學於畢齋之門 以孝行薦登參奉
사우자익 반반유신적 모선재 수견 수학어필재지문 이효행천등참봉

密城朴氏之世有聞人 此天所以厚報先生 而先生之幽光潛蹟 旣久始彰
밀성박씨지세유문인 차천소이후보선생 이선생지유광잠적 기구시창

一路多士齊議 以爲「近有 密之德南 旣妥侑先生 以寓慕 淸之龍岡 有
일로다사제의 이위「근유 밀지덕남 기타유선생 이우모 청지용강 유

十四義士腏享 皆先生之雲仍也 爲移模遺眞二本 並奉安于兩祠 先生事
십사의사체향 개선생지운잉야 위이모유진이본 병봉안우양사 선생사

行 今已八九分章章矣 而又有大於此者 當付之 一國公議 況列聖朝 尙
행 금이팔구분장장의 이우유대어차자 당부지 일국공의 황열성조 상

賢奬節之典 尤加鄭重 於勝國時事 正廟朝 特降松京杜門洞 曹 林 孟
현장절지전 우가정중 어승국시사 정묘조 특강송경두문동 조 임 맹

三賢 躋享表節祠之命 先祖戊辰 又特許 成直學先生 進享一祠 多士至
삼현 제향표절사지명 선조무진 우특허 성직학선생 진향일사 다사지

今 贊歎欽頌之不已 世或有好古 崇儒之君子 曠感於先生 道學節義之
금 찬탄흠송지불이 세혹유호고 숭유지군자 광감어선생 도학절의지

實 不待疎逖一言 公誦於朝 轉達四聰 以爲樹風 礪世之圖者否耶」嗚呼
실 불대소적일언 공송어조 전달사총 이위수풍 려세지도자부야」오호

偉矣
위의

崇禎四 丙申 七月上浣 通訓大夫 前行 弘文館 副應教 知製教 兼 經筵
숭정사 병신 칠월상완 통훈대부 전행 홍문관 부응교 지제교 겸 경연

侍講官 春秋館 編修官 眞城 李家淳 謹序
시강관 춘추관 편수관 진성 이가순 근서

# 5

# 해제(解題)

문경현 교수(文暻鉉 教授)

이 『송은선생 문집(松隱先生 文集)』은 고려말의 충절신(忠節臣)이요, 사문(斯文)의 종사(宗師)이던 송은(松隱) 박익선생의 유고(遺稿) 시문집이다. 이 책은 삼권, 일책, 칠십오장으로 되어 있다. 제1권은 선생이 여말의 명현들과 수창(酬唱)한 시(詩)와 전(箋), 잠(箴), 제문(祭文) 등으로 이루어졌고, 제2권은 부록으로 시(詩), 찬(贊), 묘표(墓表), 고유문(告由文) 등으로 이루어졌으며, 제3권은 부록으로 행장(行狀), 실적(實蹟), 신도비명(神道碑銘), 상량문(上梁文), 축문(祝文), 고유문(告由文) 등이 실려 있다.

이 책의 서문은 순조 때 형조판서 홍명주선생이 썼고, 유고서(遺稿敍)는 고종 때 영상 조두순(趙斗淳) 상국이 썼다. 간행연대는 을해중간(乙亥重刊) 때 송준필(宋浚弼)선생의 발문에 의하면, 초간은 헌묘(憲廟) 정유년(丁酉年) 서기 1837년에 밀양(密陽) 덕남서원(德南書院)에서 간행하였고, 중간(重刊)은 수문자(受文者) 박순병(朴淳炳)의 생졸(生卒)로 미루어 서기 1935년 을해년(乙亥年)에 청도(淸道) 선암서원(仙巖書院)에서 간행되었음을 알 수 있다. 이 책은 목판본(木版本)으로 판심(版心)은 상화문어미(上花紋魚尾)이고, 유계(有界), 10行, 18字이다.

삼가 선생의 문적을 추구해 보면, 선생의 세계(世系)는 신라 시조왕 박혁거세를 시조로 하는 신라 밀성대군의 후예로서, 중조(中祖)휘(諱) 언부(彦孚 고려 문종조 태사공)의 팔세(八世) 주손(胄孫)이다.

부친은 고려조 판도판서(版圖判書) 은산부원군(銀山府院君) 시호(諡號) 문헌공(文憲公) 휘(諱) 영균(永均)이고, 모친은 능성구씨(綾城具氏)로 문하좌시중(門下左侍中) 시호(諡號) 문정공(文貞公) 휘(諱) 구위(具褘)의 따님이다.

선생은 서기 1332년 임신년(壬申年 충숙왕 복위 1년) 7월 27일 지금의 밀양시 부북면 삽포리 향제(鄕第)에서 태어났다. 자(字)는 태시(太始), 휘(諱)는 익(翊)이나 초휘(初諱)는 천익(天翊)이며, 시호(諡號)는 충숙(忠肅)으로 호(號)는 송은(松隱)이다.

선생은 공민왕 2년(서기 1352년)에 지공거(知貢擧) 허백(許伯), 동지공거(同知貢擧) 이곡(李穀)의 밑에서 과거에 급제하니, 목은 이색과 성부(誠夫) 박상충(朴相衷)이 동방급제(同榜及第)로 장원(壯元)은 을과(乙科) 제1의 이색(李穡)이고, 방안(榜眼)은 을과(乙科) 제2의 박상충(朴尙衷)이며, 선생은 병과(丙科)로 급제하였다. 선생은 조산대부(朝散大夫) 소감, 중산대부(中散大夫) 예부시랑, 예문춘추관 한림원 학사 등을 거쳐, 공양왕 때 잠시나마 예조판서로 있었다. 외직으로 나가서는 동북면도지휘사(東北面都指揮使) 이성계 휘하에서 홍건적의 침략군과 북원의 나하추와 여진의 삼선삼개 등을 격퇴하는데 많은 전공을 세웠고, 우왕 때는 양광, 전라, 경상 등의 도순찰사

(都巡察使) 이성계의 막하에서 왜구를 토벌하여 전공을 세우기도 했다. 그리고 선생은 당대 명유(名儒) 목은 이색, 포은 정몽주, 성부 박상충, 도은 이숭인, 삼우당 문익점, 이우당 이경 등과 함께 도의지교(道義之交)를 하며 성리학을 깊이 연구한 고려말 명유군성(名儒群星)의 한 분이다.

그러나 고려의 운수가 다하여 시정이 날로 잘못되는 것을 보고 선생은 표연히 벼슬을 버리고 아우 천경(天卿)과 더불어 밀성 향리로 돌아와서, 마을 어귀에 솔을 심어 마을 이름을 송계(松溪)라 고치고, 휘(諱)를 익(翊)이라 바꾸며 스스로 송은(松隱)이라 자호(自號)하고, 시(詩)와 서(書)로 마음을 달래고, 술과 거문고로 세월을 보냈으니 이것은 난세에 정중(正中)의 도(道)를 지키는 군자행(君子行)으로 몸은 비록 향리로 돌아왔지마는 마음은 고려의 상징 송경(松京)과 송악(松嶽)을 잊지 않겠다는 뜻이었다.

선생은 공양왕 임신년(壬申年 서기 1392년) 포은선생이 화(禍)를 당하니 「대부이의(大夫以義 대부는 의기로서), 단침불이(丹枕不貳 일편단심 변하지 않았소), 반우고리(返于故里 죽어 옛마을로 돌아왔지만) 상재요일(桑梓耀日 고향은 충절이 햇빛처럼 빛났소)」이라는 제문(祭文)을 지어 제사했고, 동년 7월 이태조가 등극하자 선생은 스스로 눈멀고 귀먹은 「맹오(盲聱)」라 이르고 「맹세코 이씨(李氏 이태조)의 곡식은 먹지 않겠다」한 다음 두문불출(杜門不出)하며 자정(自靖)했다.

이태조(李太祖) 4년 을해년(乙亥年) 서기 1395년 태조(太祖) 이성계가 예폐(禮幣)를 갖추고 예관을 보내 공조판서, 형조판서, 예조판서, 이조판서에 이어 다섯번째는 좌의정의 벼슬로 초치(招致)하였으나, 선생은 「맹오(盲聱)」라 핑계하고 왕폐와 예관을 보지도 아니하며 죽음을 각오한 채 왕명(王命)을 모두 거절했다.

이 『송은선생 문집(松隱先生 文集)』에는 가장 소중한 선생의 연보(年譜)가 유실되고 없지만 선생이 남긴 시(詩) 20수, 잠(箴) 2칙, 전(箋) 몇 줄, 유서(遺書) 몇 줄, 제문(祭文) 몇 자가 있으며, 또 포은의 시(詩) 8수, 목은의 시(詩) 8수(목은선생 유고에서 2수를 찾아 이번에 실었음), 야은의 시(詩) 2수와 찬(贊) 1수, 이우당의 시(詩) 3수(이우당 실기에서 1수를 찾아 이번에 실었음) 등 당대 명현(名賢)들의 시(詩)와 찬(贊)이 있고, 비록 연세에 차이는 있으나 선생과 같은 조정에서 관복을 함께 입었고 뒷날 조선조(朝鮮朝)에서 명망(名望)이 높았던 춘정(春亭) 변계량(卞季良)의 시(詩), 찬(贊), 고유문(告由文), 방촌(厖村) 황희(黃喜)의 묘표문(墓表文), 지봉(芝峯) 황보인(皇甫仁)의 비문(碑文) 등이 있다. 그리고 시에 있어서는 명현들이 같은 운자(韻字)로 수창(酬唱)한 대련절구(對聯絶句)들이 많아서 이 시를 통하여 당시 현인들의 마음을 엿볼 수 있고, 그 때의 정황을 살필 수 있으니 글은 많지 않으나 대단히 귀중한 문헌이라 생각된다.

포은(圃隱)은 시(詩)에서 「동풍헐마문산가(東風歇馬問山家 봄바람에 말 멈추고 산집 물었더니) 화락조제석조다(花落鳥啼夕照多 꽃지고 새우는 석양빛 바른 곳이라네) 오우평생동계후(吾友平生同契厚 평생을 각별하게 지낸 나의 벗이라) 청담불각월서사(淸談不覺月西斜 청아한 이야기 속에 달지는 줄 몰랐네)」라 했으니 포은이 밀주까지 선생을 방문하였음을 알 수 있고, 목은(牧隱)은 시(詩)에서 「행심석경도송리(行尋石逕到松籬 돌담길 찾아 걸어 소나무 울타리에 이르니) 화락영의갱상치(花落盈衣更上巵 낙화는 옷섶에 쌓여 잔위에 듣는구나)」했고, 또 「당일동류기인재(當日同類幾人在 그날의 동지들 몇사람이나 살아있는고) 자련휴영갱고문(自憐携影更敲門 가엾는 이몸 그림자만 이끌고 다시 대문을 두드렸네)」이라 하였으니, 목은은 선생을 찾아 멀리 밀주까지 두 번이나 왔음을 알 수 있다.

야은(冶隱)은 시(詩)에서 「화도성식선생면(畵圖省識先生面 그림속 선생얼굴 살펴보니)」이라 하여 「선생(先生)」, 「성식(省識)」이라 높였고, 이우당(李憂堂) 이경(李瓊)은 시(詩)에서 「반구대상동간월(伴鷗臺上同看月 반구대 위에서 함께 달구경했는) 수결송계차야심(誰缺松溪此夜心 송계 이밤의 마음 뉘라서 생각지 않으리)」이라 했으니 이우당이 송계까지 선생을 방문했음을 알 수 있다. 춘정(春亭)은 고유문(告由文)에서 「함소취의(含笑取義 웃음을 머금고 의(義)를 취하여) 동명이제(同名夷齊 명절(名節)이 백이숙제 같았네)」하였고, 방촌(厖村)은 묘표문(墓表文)에서 「문장도덕(文章道德 문장과 도덕이) 개아동방(蓋我東方 우리나라를 덮었으니) 명현야재(名賢也哉 명현이라 할 수 있지 않겠는가)」했으며, 지봉(芝峯)은 비문(碑文)에서 「안려사(按麗史 고려사를 상고하면) 임신사월(壬申四月)에 선생시위예판(先生時爲禮判 선생은 그 때 예조판서가 되었다)」이라 했고, 삼족당(三足堂) 김대유(金大有)는 유사후서(遺事後書)에서 「근독 송경지 팔은집(謹讀松京誌八隱集 삼가 송경지 팔은집을 읽다가) 관지 송은 맹오편(觀至松隱盲聱篇 송은 맹오편에 이르러 보았더니) 기정충탁절(其貞忠卓節 그분의 정충과 탁절은) 여일월쟁광(與日月爭光 해와 달과 더불어 빛을 다툴만 하더라)」하였다.

이상의 시문(詩文)이 포은집(圃隱集), 목은집(牧隱集), 야은집(冶隱集), 이우당실기(李憂堂實記), 춘정집(春亭集), 방촌집(厖村集), 지봉실기(芝峯實記), 삼족당선생일고(三足堂先生逸稿) 등에 각각 확인되어서 주(註)로 밝혀 두었다.

차제에 『송은선생 문집』속의 산만(散漫)한 부분 몇 곳을 정리해 둔다.

一. 선생(先生)의 오징(五徵)에 관한 시기(時期)이다.

문집(文集) 제3권에는 선생의 오징시기(五徵時期)가 매우 산만하다. 예조참판 학서(鶴棲) 류태좌(柳台佐)는 행장(行狀)에서 「홍무갑술(洪武甲戌 서기 1394년)에 이도한양(移都漢陽 도읍을 한양으로 옮기고) 이공판소불기(以工判召不起 공조판서로 불렀으나 일어나지 않았고) 이형판, 예판, 이판, 소불기(以刑判禮判吏判召不起 형조판서, 예조판서, 이조판서로 불렀으나 일어나지 않았으며) 병자(丙子 서기 1396년)에 우좌의정소 우종불기(又左議政召 又終不起 또 좌의정으로 불렀으나 또 끝내 일어나지 않았다)」라 했고, 규장각 부제학 이병관(李炳觀)선생은 신도비명(神道碑銘)에서 「홍무을해(洪武乙亥 서기 1395년)에 태조정정한양(太祖定鼎漢陽 이태조가 한양에 도읍을 정하고) 공판소불기(工判召不起 공조판서로 불렀으나 일어나지 아니했고) 우이형, 예, 이, 삼조판 누징불취(又以刑禮吏三曹判屢徵不就 또 형, 예, 이 三曹의 판서로 불렀으나 나아가지 않았으며) 병자(丙子 서기 1396년)에 특간좌규 불응명(特簡左揆不應命 특별히 좌규로 간택했으나 왕명에 응하지 않았다)」이라 했는데, 이것은 필자들이 선생의 유고(遺稿)를 자세히 살피지 못한데 따른 오류이다. 선생의 「오징시기(五徵時期)」에 대해서는 방촌이 건문(建文) 2년에 쓴 묘표문에서 「태조을해(太祖乙亥 서기 1395년)에 초징공판불부(初徵工判不赴 처음은 공조판서로 불렀으나 부임하지 않았고) 오징좌태불부(五徵左台不赴 다섯번째는 좌태로 불렀으나 부임하지 않았다)」라 한 것이 유일한 증거이다. 따라서 선생은 홍무을해(洪武乙亥) 서기 1395년(이태조 4년)에 「오징불기(五徵不起)」하였다고 보아야 한다.

二. 선생(先生)의 행직(行職)에 관한 부분이다.

① 방촌(厖村)은 묘표문(墓表文)에서 「전조충신(前朝忠臣 고려충신) 예부시랑(禮部侍郎) 송은박공(松隱朴公)」이라 했고,

② 춘정(春亭)은 청시장(請諡狀)에서 「고예부시랑(故禮部侍郎) 박천익(朴天翊)」이라 했으며,

③ 지봉(芝峯)은 유허신도비속지(遺墟神道碑續識)에서 「임신사월(壬申四 서기 1392년 4월) 선생시위예판(先生時爲禮判 선생은 그때 예조판서가 되었다)」이라 했다. 이상의 세 분은 동시대 인물이며 선생과는 같은 조정에서 관복을 같이 입었던 분들이다. 그런데 앞의 두 분은 선생의 마지막 행직을 예부시랑(禮部侍郎)이라 했고, 지봉만은 예조판서(禮曹判書)라 했다. 진실로 선생의 연보 없음이 아쉬운 대목이다. 그러나 선생의 문집속에 있는 제현(諸賢)들의 시문과 고려사를 통해 진실을 규명해 본다.

먼저 선생은 유서(遺書)에서 「오생차세(吾生此世 내가 이 세상에 태어나서) 역사삼조(歷事三朝 세 조정을 두루 섬겼다)」라 했다. 그런데 선생은 공민조(恭愍朝)에서 벼슬길에 나갔으니 우왕, 창왕, 공양왕까지는 사조(四朝)가 된다. 여기서 선생이 섬긴 세 왕조를 찾는다면 선생의 행직도 찾을 수가 있을 것이다. 왜냐하면 공양왕 때 선생이 예조판서로 있었다는 지봉의 비문이 있으니 선생이 과연 공양왕까지 섬겼는가 섬기지 않았는가가 중요하고, 만약 공양왕조에 벼슬을 했다면 지봉의 비문이 사실이니 예조판서가 선생의 마지막 행직이 되기 때문이다. 그러나 앞에서 보았듯이 공민에서 공양까지는 사조(四朝)이니 만약 공양조에 벼슬을 했다면 우왕, 창왕 두 왕조 중에 어느 한 왕조는 섬기지 않았어야 「역사삼조(歷事三朝)」란 선생의 유서에 맞

으며, 그렇게 되려면 선생은 벼슬을 버리고 중간에 쉬었다가 공양조에 다시 복기(復起)해야만 한다.

선생이 포은에게 보낸 다음 시(詩)를 보면 「문견선천사(聞見先天事 선천의 일을 듣고 보니) 영명욕세간(榮名辱世間 영화롭던 이름이 세간에 욕이로구려) 막언심내사(莫言心內思 마음속 깊은 생각 말할것 없이) 불사조환산(不似早還山 일찍이 산으로 돌아감만 같지 못하리)」이라 하였는데, 여기서 선천(先天)은 포은이 살아 있었던 때의 시니 고려조에서 쓴 시이므로 지난날로 봐야하고, 영화롭던 이름이 세간의 욕이 되고 있다는 말은 우왕이 왕씨가 아니고 중 신돈(辛旽)의 자식이라면 가짜 임금 밑에 충성한 조정대신들이 된 꼴이라는 뜻이니, 우왕 말기에 이성계 일파에서 의도적으로 퍼뜨린 소문을 말하는 것으로 이 시는 우왕 말기의 시로 보이고, 이때까지는 선생은 관복을 입고 있었다. 즉 선생은 우왕까지는 섬겼다.

또 선생의 다음 시(詩)를 보면,

① 해관환향(解官還鄕 벼슬을 버리고 고향에 돌아오다) 「해불표연반고산(解紱飄然返故山 벼슬을 버리고 표연히 고향 산천 돌아오니) 송계대아수운간(松溪待我水雲間 송계는 물과 구름 사이에서 날 반겨주네)」

② 「단침기망운천리(丹忱幾望雲千里 일편단심으로 구름천리(송경) 그 얼마나 바라보았던가) 강호소식석심맹(江湖消息夕尋盟 저녁되면 동지를 찾아 강호 소식 듣는다) 방인막문흥망사(傍人莫問興亡事 곁에 있는 사람들아 이 나라 흥망사란 묻지 마소) 유산유수족일생(遊山遊水足一生 산수에 놀고 노니 한 세상 족하다오)」이라 했으니, 이 두 시는 고려가 망하기 전의 시가 분명하고, 선생은 고려멸망 전에 벼슬을 버리고 밀주 고향으로 돌아왔음을 알 수 있다.

이후 선생의 거취(去就)를 알기 위해서는 평소 선생과 가장 가깝게 지내온 포은과 목은의 행적을 살펴볼 필요가 있을 것이다. 고려사에 의하면 포은은 이성계와 함께 공양왕을 옹립하고, 서기 1390년(공양왕 2년) 11월에는 수문하시중(守門下侍中)으로 승차되고, 서기 1391년(공양왕 3년) 11월에는 인물추변도감(人物推辨都監)을 겸하며, 12월에는 안사공신(安社功臣)이 되고, 서기 1392년(공양왕 말년) 2월에는 신정률(新定律)을 제정하여 법질서(法秩序)의 확립을 기하여 국정을 개혁하고자 했다. 즉 포은은 기회만 있으면 불충의 무리들을 쓸어내고 스스로 고려를 다시 세우려는 일념에서 어떠한 경우도 조정을 떠나지 아니했다. 목은은 서기 1388년 6월 조민수(曺敏修)와 함께 창왕(昌王)을 옹립하여 서기 1389년(창왕 1년) 7월에는 판문하부사(判門下府事)가 되었으나, 12월(공양왕초)에는 아들 인재선생과 함께 파직당하고, 서기 1390년(공양왕 2년) 4월에는 1차 유배되었다가 5월에는 하옥(下獄)되며 11월에 풀려나고, 서기 1391년(공양왕 3년) 6월에는 2차 유배되었다가 12월에는 영예문춘추관사(領藝文春秋館事)가 되어 다시 벼슬길에 나아갔다.

그리고 공양왕은 ① 고려 제20대 신종(神宗)의 7대손으로 왕씨의 혈통에 관한 시비는 없어졌고 ② 이성계와 정몽주 등에 의해 즉위했으나, 초기에는 이성계의 위세에 눌려 자리만 지키는 왕이었다가 ③ 시간이 지나면서 이성계 일파의 음모를 알고 말년에는 주로 정몽주를 정신적으로 의지하게 되었다. 이상과 같은 역사의식(歷史意識)을 가지고 목은과 포은이 송계(松溪)에서 남긴 다음 시를 보면,

① 목은선생의 시(詩)

「자련휴영갱고문(自憐携影更敲門 가련한 이몸 그림자만 이끌고 다시 대

문을 두드렸네)」이라 했으니, 이 시는 목은이 야인(野人)으로 있으면서 송계로 찾아왔음을 알려준다. 즉 서기 1389년 12월(공양왕초)에서 다시 벼슬길에 나가는 서기 1391년 12월 그 사이에 쓴 시이고, 이 때 목은선생도 송계에 있었음이 입증된다.

② 포은선생의 시(詩)

포은이 송계(松溪)에서 원운(原韻)한 다음 시를 보면「문군하사서산귀(問君何事棲山歸 그대에게 듣노니 무슨일로 산에서 살고 있소) 독목잔화영아의(獨木殘花暎我衣 외로운 나무거늘 시든 꽃잎만 나의 옷을 물들이는데) 가사유명약유차(假使幽明若遊此 가령 저승서도 이승처럼 이렇게 놀 수 있다면) 천년불사고래희(千年不死古來稀 천년이나 죽지 않은 고래에 드문 일 되겠지)」라 했는데, 독목잔화(獨木殘花)란 구절에서 이 시는 봄에 쓴 시임을 알 수 있다.

그럼 어느 해 봄쯤이 될까? 시구(詩句) 속의「유명(幽明 저승과 이승), 천년불사(千年不死 천년동안 죽지 않는)」등은 포은과 같은 대인(大人)은 잘 쓰지 않는 자구(字句)일텐데, 하필이면 천리길를 찾아와서 친한 벗을 앞에 두고 왜 이런 시를 남겼을까 하는 의심은 이 시가 포은이 화(禍)를 당한 서기 1392년 바로 그 해 봄의 시가 아닐까 하는 생각이 든다. 왜냐하면 포은과 같이 정무에 영일(寧日)이 없던 분이 과연 단순히 친한 벗을 찾아서 천리길을 왔을까하는 의문을 가지고 다시 송계에서 두 선생이 남긴 시를 보면, 선생이 원운(原韻)한 시「준전문아유한의(樽前問我幽閒意 술두루미 앞에 두고 나의 깊은 마음 묻는가) 염외청산반면사(簾外青山半面斜 발 너머로 반쯤 보이는 저 청산이 내 마음이요)」라는 구절과 위 포은의 시「문군하사서산귀(問君何事棲山歸 그대에게 묻노니 무슨 일로 산에서 살고 있나)」라는 구절에서 두 분이 선생의 거취문제를 놓고 무엇인가 깊이 논의한 듯한 느낌이 들기 때문이다.

그렇다면 공양왕 말기에 포은은 왕으로부터 고려사직을 염려하는 간절한 부탁을 받았고, 포은은 그 일을 혼자서 감당하기가 어려우니 서기 1391년 12월 목은을 먼저 벼슬길에 나오도록 해놓고 다시 천리길 송계로 내려와서 선생에게 복기(復起)할 것을 강력히 권유했으며, 선생은 ① 공양왕이 왕씨가 분명하니 해관(解官) 당시의 명분은 없어졌고 ② 포은선생의 나라를 위한 지극한 정성과 ③ 한 평생의 도의(道義)를 차마 뿌리치지 못하여 서기 1392년 3월경에 다시 벼슬길에 나가신 것이 아닐까?

또 여기서 선생이 정재(貞齋) 박의중(朴宜中)선생의 시(詩)에 차운한 다음 시를 보면 「수열산애처(水咽山哀處 물도 목이 메어 울고 산도 슬퍼하는 이곳) 위편불인지(危鞭不忍之 채찍으로 위협하건만 차마 발길 못 떼네) 번원신이로(煩冤身已老 원통한 것은 몸이 이미 늙었음이요) 혈루빈성사(血淚鬢成絲 피눈물 흘리는 사이 귀밑머리만 흰실이 되었네) 낙백신소원(落魄新霄遠 낙백이 된다 해도 새 세상과는 길이 멀고) 행장고도지(行裝古都遲 떠날 행장 차렸지만 고도에서 머뭇거리네) 가련다소객(可憐多少客 불쌍한 저 많은 나그네들) 영욕각심기(榮辱各心期 영화냐 욕이냐는 각자의 마음에 달렸소)」라 하였는데, 여기서 낙백(落魄)은 시세를 만나지 못해 뜻을 다 펴지 못하고 영락(零落)하는 것을 말하고, 신소(新霄)는 새 세상, 새 왕조를 뜻하며, 시 전체의 느낌은 눈 앞에 역성혁명을 보는 듯하고, 그러면서도 송경(松京)을 떠나지 못하고 있음을 말하니, 서기 1392년 고려사직이 무너질 때 선생은 송경(松京)에 있었던 것이 아닐까 하는 생각이 들며, 선생이 왕에게 올렸던 「예기집설(禮記

集說) 중간(重刊) 전문(箋文)」을 보면 「전하(殿下) 복조종지통(復祖宗之統 조종의 혈통을 회복하셨고)」했으니, 바로 공양왕에게 올렸던 전문임을 알 수 있다.

그렇다면 「임신사월(壬申四月) 선생시위예판(先生時爲禮判 선생은 그 때 예조판서가 되었다)」이라는 지봉선생의 비문은 사실이고, 선생은 창왕(昌王)을 섬기지 않았던 것으로 된다. 따라서 「송은선생 문집」 제3권(행장, 유사, 실적, 비문 등)에서 선생이 공양왕 때 복기했다고 보면서 예부시랑이라 쓴 것은 필자의 착오로 봐야할 것이다. 선생이 얼마나 예조판서에 있었는가 하는 문제는 정확히 알 수 없으나, 공양왕조에 복귀하였던 것이 확실한 이상, 지봉선생의 글과 같이 예조판서로 있었다고 봐야한다. 사실이 이와 같다면 방촌선생과 춘정선생은 왜 예부시랑이라고 하였을까 하는 의심이 남는다. 그러나 이 문제에 관해서는 또 다음과 같은 사유가 있다.

『고려사』에 의하면 서기 1392년(공양왕 말년) 3월 명(明)나라에 갔던 세자 왕석(王奭)이 귀국하니 이성계 등이 환영마중을 나가고, 먼저 황해도에 도착한 이성계는 세자가 돌아오기를 기다리면서 사냥을 하다가 말에서 떨어져 중태에 빠져 황주(黃州)에서 눕게 된다. 이 소식을 접한 정몽주는 천재일우의 기회라 생각하고 사헌부의 간관(諫官)들을 앞세워 이성계의 핵심세력인 정도전(鄭道傳), 조준(趙浚), 남은(南誾), 윤소종(尹紹宗), 조박(趙璞) 등을 죽이라는 상소를 올리게 했다. 그러나 겁이 많았던 공양왕은 이들을 죽이지 못하고 유배를 보냈다. 포은은 기회를 놓치지 않기 위하여 연일 상소를 올리게 했으나 공양왕이 결심을 하지 못하고 머뭇거리는 사이에 이방원이 황주(黃州)에 달려가서 이성계에게 그 사실을 알리고 밤을 새워 송경(松京)으로 돌아오니, 이성계가 죽지 않고 돌아왔다는 소식을 듣게 된 공양왕은 더 이상의 조치를 취하지 못했고, 이성계의 상처를 확인하려고 이성계 집을 찾아갔던 포은이 돌아오는 길에서 화(禍)를 당하니 서기 1392년 임신년(壬申年) 4월 4일이다.

포은이 죽으니 이성계는 유배간 측근들을 모두 풀어주고 탄핵한 간관(諫官)들을 국문(鞫問)하여 내치며 그 해 7월에 왕위를 찬탈했다. 지봉(芝峯)은 이 때의 사실을 비문(碑文)에 소개하면서 이 때 선생이 예조판서(禮曹判書)가 되었다고 했다. 그러나 방촌과 춘정은 그 당시의 일은 이성계가 밖에 있었고, 또 이성계나 그의 아들들 앞에서는 말하기 매우 어려운 점이 있으니, 선생이 복기(復起)하기 전의 행직(行職)만 쓸 수도 있었지 않았겠는가?

생각하면 선생은 나의 선조(先祖) 충선공(忠宣公)과 동시대 인물이다. 충선공은 자(字)는 일신(日新), 호(號)는 삼우당(三憂堂), 휘(諱)는 익점(益漸)으로 서기 1329년(충숙왕 16년)에 탄생하시어 서기 1398년에 돌아가셨으니, 선생보다 3년이 위이나 졸년마저 같은 해이다. 그리고 충선공 또한 고려말의 충절신(忠節臣)으로 이태조가 여러번 불렀으나 나아가지 않았으며, 서기 1440년(세종 22년)에 영의정에 추증되었다.

지금 선생의 유문(遺文)을 대하니 선생에 대한 감모가 남다름을 느끼게 된다. 이것이 어찌 우연한 일이겠는가. 당시를 상고하면 밀양에는 송은(松隱), 진주(晋州)에는 문익점(文益漸), 영천(永川)에는 정몽주(鄭夢周), 영해(寧海)에는 이색(李穡), 성주(星州)에는 이숭인(李崇仁) 등이 연세도 비슷했고, 중앙정계에서 정치노선도 같았으며, 또한 학문도 같았었다. 이분들이 더불어 수창(酬唱)했던 빼어난 시문(詩文)은 진실로 거재두량(車載斗量)이요, 한우충동(汗牛充棟)이었을 것이다. 그러나 그 사이에 있었던 수많은 전란에 거의가 없어졌는데 후손들의 지극한 정성으로 수장해온 귀한 문적을 이렇게나마 대할 수 있으니 감개가 무량할 뿐이다. 선생의 유문(遺文) 중에서 시편(詩篇)을 보니 그 시는 천마(天馬)가 행공(行空)하듯 걸림이 없고, 천의무봉(天衣無縫)인 양 소박하면서도 미치지 않음이 없다. 석양에 길 읽고 갈 곳 몰라하는 망국유신(亡國遺臣)의 탄식(歎息)과 혈루(血淚)는 충절신(忠節臣)의 단충(丹忠)과 우상(憂傷)이 너무나 간절하여 천년이 지난 오늘도 선비의 심금(心琴)을 울려준다.

아! 선생은 팔은(八隱)의 한 분으로 절의신(節義臣)의 귀감이요, 성리학의 조종(祖宗)으로 홍유 석학(鴻儒 碩學)이었으니 천고(千古)에 길이 길이 빛나리.

西紀 1999년 端午節

慶北大學校 人文大學 史學科長 文學博士 文暻鉉 教授 삼가 씀

# 제2편

# 유고(遺稿)

# 1

# 시(詩)

**포은 정몽주[1]에게 드림(贈鄭圃隱夢周)** **송은(松隱)**

| | |
|---|---|
| 지난 날 일들을 헤아려보니 | 聞見先天事(문견선천사) |
| 영화론 이름이 욕이로구려. | 榮名辱世間(영명욕세간) |
| 가슴 속 품은 생각 말할 것 없이 | 莫言心內思(막언심내사) |
| 산으로 돌아감만 같지 못하네. | 不似早還山(불사조환산) |

• 선천(先天)은 전조(前朝)로 풀이할 수 있지만 포은이 이태조 등극 전에 순절한 것이므로 아직 전조라 할 수 없으므로 그저 지난 날 일들이라고 할 수밖에 없음. 선천(先天)은 전일(前日)과 같이 볼 것임.

**차운(次韻)을 붙임(附次)** **포은(圃隱)**

| | |
|---|---|
| 우리들 그 무슨 인연으론지 | 吾輩緣何得(오배연하득) |
| 공명으로 반생을 지내왔구려. | 功名半世間(공명반세간) |
| 이제는 푸른 송죽 벗을 삼아 | 蒼松同碧竹(창송동벽죽) |

1 포은 정몽주(圃隱 鄭夢周): 1337~1392. 이름 몽주(夢周). 본관은 연일(延日). 예조정랑, 문하찬성사, 성균관 대사성, 예문관 대제학, 수문하시중, 인물추변도감 제조관 등 역임. 일본 구주지방 사신(1377). 1380년 조원수로 이성계 휘하에서 왜구토벌. 1392년 공양왕을 보필하여 고려왕조를 재건하려고 했다가 피살되었다. 성리학의 조종(祖宗)으로 숭배되었고 문묘(文廟)에 배향되었다. 시호는 문충공(文忠公).

청산에서 백발로 늙어 가세나. 白髮老青山(백발노청산)

**포은의 자연(紫硯)시에 화답함(和圃隱紫硯韻) 송은(松隱)**

너 본시 다정한 물건이거니 本是多情物(본시다정물)

몸 둘 곳 가릴 생각 어찌 없으랴. 胡無擇處心(호무택처심)

깨끗하고 궂은 데를 응당 알리니 應知淸濁地(응지청탁지)

더러운 곳엘랑 가지 말아라. 莫作近汚沈(막작근오침)

**원시(原韻) 포은(圃隱)**

묻노니 어느 산 물건[2]이기에 問爾何山物(문이하산물)

네 능히 내 마음을 붉게 만드나. 能爲紫我心(능위자아심)

갈고 갈아 네 모습 달라졌거니 磨來形自變(마래형자변)

본 뜻이 흐려진 것 부끄러워라. 愧作意沈沈(괴작의침침)

**차운(次韻) 이색 목은(李穡 牧隱)[3]**

물을 이고서 글방에 누워 戴水文房臥(대수문방와)

열사의 마음을 흘려 주누나. 能流烈士心(능류열사심)

---

2 어느 산 물건(자석연 紫石硯): 고문헌에 나타난 우리나라 자석연에 대한 최초의 기록은 고려말 정몽주와 박익이 화답한 시에서 비롯된다. 그러나 자석연에 대한 보다 구체적인 기록은 조선 초기 1454년(단종 2년)에 완성된 『세종실록지리지』에 나타난 평창 자석연에 대한 기록이다. (최병규, 「고문헌을 통해 본 우리나라 자석연의 연구」, 2020년 12월, 『대동문화연구』 112집)

3 이색 목은(李穡 牧隱): 1328~1396. 이름 색(穡). 1354년 원나라 회시에 장원, 전시에 급제. 원나라에서 벼슬하다가 귀국하여 성균관 대사성이 되어 정몽주, 이숭인 등을 학관으로 기용하여 국학을 진흥하고 성리학을 크게 발전시켰다. 유배와 하옥을 반복. 1396년 여강으로 가다가 도중에서 의문사 함. 문하에 권근, 길재, 변계량 등 당대의 명유들을 배출하여 우리나라 성리학의 주류를 이룩함. 시호 문정공(文靖公).

※ 爾(너 이): 너, 그, 이. 愧(부끄러워할 괴).

천추에 붉은 기운 지녀 왔건만 千秋由紫氣(천추유자기)
뜻이 먼저 흐려질까 그게 두렵네. 或恐意先沈(혹공의선침)

## 감회(感懷) 송은(松隱)

임금의 큰 은혜라 살아 생전 못 갚을 건데 恩極生難報(은극생난보)
늙어지니 마음 더욱 불안하구나. 年深意不安(년심의불안)
난리를 만나서는 날쌔야 하고 當兵行似劍(당병행사검)
평시엔 차분히 일해야 하네. 臨事用如閑(임사용여한)
공도[4]란 곧은 데 있는 것이라 公道由於直(공도유어직)
사사로운 정이 그 사이에 어디 있으랴. 私情沒底間(사정몰저간)
인심이야 아침 저녁 변한다 해도 人心朝暮變(인심조모변)
의로운 넋이야 되돌아오길 잊어버리랴. 義魄豈忘還(의백기망환)

## 정재 박의중의 시에 화답함(和貞齋朴宜中韻) 송은(松隱)

물도 목메어 울고 산도 슬픈 곳 水咽山哀處(수열산애처)
채찍을 치건만 차마 못 가네. 危鞭忍不之(위편인불지)
원통함 속에서 몸이 늙었고 煩寃身已老(번원신이로)
피눈물에 귀밑머리 희어졌구나. 血淚鬢成絲(혈루빈성사)
낙오되어 새 세상과는 길이 멀고 落魄新霄遠(낙백신소원)
행장은 옛 길에서 머뭇거리네. 行裝古道遲(행장고도지)
가련할 손 세상에 많은 나그네들 可憐多少客(가련다소객)
영욕을 취하는 길 서로 다르네. 榮辱各心期(영욕각심기)

4 공도: 공평무사한 도리.
※ 鞭(채찍 편). 鬢(살짝 빈): 살짝, 귀밑머리. 霄(하늘 소).

**원시(附原)** **정재 박의중(貞齋 朴宜中)**[5]

시절은 이제 문득 저물었는데 節序忽云暮(절서홀운모)

나그네 길을 나서 어디로 가나. 客行何所之(객행하소지)

이 한 몸 장승처럼 되어버렸고 一身長作梗(일신장작경)

귀밑머리 어느덧 희어졌구나. 雙鬢已成絲(쌍빈이성사)

짧은 모자 밑에 찬 바람소리 短帽風聲急(단모풍성급)

쓸쓸한 등불 아래 밤이 더딘데 疎燈夜影遲(소등야영지)

어제 잘못 오늘에 와 깨달았거니 昨非今始覺(작비금시각)

모든 일 기약과는 같지 않네. 事事不如期(사사불여기)

**차운(附次)** **야은 길재(冶隱 吉再)**[6]

아침에 부조현[7]에서 작별한 뒤로 朝別不朝峴(조별부조현)

저 분들 모두 다 어디로 가나. 諸賢何所之(제현하소지)

붉은 정성은 불타오르고 丹忱由耿耿(단침유경경)

슬픈 원한이 맺혔구나. 哀怨結絲絲(애원결사사)

어두운 밤빛에 구름이 젖고 夜色歸雲濕(야색귀운습)

나그네 꿈길에 누수 소리만 漏聲旅夢遲(루성여몽지)

충렬의 선비를 논하지 말게. 莫論忠烈士(막론충열사)

---

5 정재 박의중(貞齋 朴宜中): 본관 밀양. 1388년 명나라에 사신으로 들어가 철영위의 철폐를 교섭하고 창왕 때 공신이 된 후 예문관 제학 겸 대사성이 되었다.

6 야은 길재(冶隱 吉再): 1353(공민2년)~1419(세종1년). 공양왕이 들어서고 우왕, 창왕이 폐위되는 것을 보고는 벼슬을 버리고 고향 선산으로 돌아왔다. 1386년 문과급제, 성균학정(1387), 성균박사(1388), 문하주서(1389)에 임명되었다. 1400년(정종2년) 이방원의 추천으로 태상박사(太常博士)가 되었으나 두 왕조를 섬길 수 없다하고 선산 금오산에 숨어 살았다. 오직 교육에 전념하여 김숙자, 김종직, 김굉필, 조광조로 학통이 이어지는 도통연원(道統淵源)을 만들었다. 시호는 충절공(忠節公).

7 부조현(不朝峴): 송경의 경덕궁 앞에 있는 고개.

※ 梗(막힐 경): 대개, 가시나무, 곧다. 忱(정성 침). 耿(빛날 경): 빛나다, 환함, 명백함.

의기란 사생 결단에서 나오네. 義出死生期(의출사생기)

### 눈 속에 선 소나무(詠雪裏松) 송은(松隱)

찬 하늘 낙엽이 온 산을 덮고 寒天落木滿千峯(한천락목만천봉)
눈 쌓여 그 모습 분간 못하네. 雪裏依稀不辨容(설리의희불변용)
그 속에 봄빛 홀로 어디 있는고 獨也春光何處在(독야춘광하처재)
봉머리 우뚝선 소나무 하나. 高山特立一株松(고산특립일주송)

### 포은에게 드림(贈圃隱) 송은(松隱)

송계(松溪)의 은사집을 찾아 오시나 來訪松溪隱士家(래방송계은사가)
석양에 문 닫혀 있고 꽃잎 지는데. 夕陽門掩落花多(석양문엄낙화다)
술동이 앞에 두고 그윽한 내 심정 물어 보는가 樽前問我幽閑意(준전문아유한의)
발 밖으로 청산이 반쯤 보이네. 簾外靑山半面斜(염외청산반면사)

• 松溪 隱士는 지은이 자신임.

### 차운(附次) 포은(圃隱)

봄바람에 말 멈추고 산집 물을 제 東風歇馬問山家(동풍헐마문산가)
꽃 지고 새 울고 석양 빗겼네. 花落鳥啼夕照多(화락조제석조다)
평생을 같이 사귄 정든 벗이라 吾友平生同契厚(오우평생동계후)
이야기하다 달지는 걸 미처 몰랐네. 淸談不覺月西斜(청담불각월서사)

• 포은이 松隱의 집을 찾아온 것임.

※ 掩(가릴 엄): 가리다, 닫다. 歇(쉴 헐): 쉬다, 멈추다. 催(재촉할 최).

## 포은에게 화답함(和圃隱)

송은(松隱)

| | |
|---|---|
| 주인은 손님 붙들고 손님은 가려네. | 主人挽客客催歸(주인만객객최귀) |
| 손님이 가려기에 더욱 붙드네. | 客欲歸時況挽衣(객욕귀시황만의) |
| 이별 많고 만나는 날 적은 이 세상 | 別日尙多逢日少(별일상다봉일소) |
| 백 년에 오늘 같은 날 더욱 드무네. | 百年今日亦云稀(백년금일역운희) |

• 주인은 松隱, 손님은 圃隱임.

## 원시(附原)

포은(圃隱)

| | |
|---|---|
| 그대 무슨 일로 산에서 사나 | 問君何事棲山歸(문군하사서산귀) |
| 외나무 남은 꽃이 옷을 비치네. | 獨木殘花暎我衣(독목잔화영아의) |
| 저승서도 이승같이 산다지만 | 假使幽明遊若此(가사유명유약차) |
| 천 년이나 산다는 건 드문 것일세. | 千年不死古來稀(천년불사고래희) |

## 차운(附次)

목은(牧隱)

| | |
|---|---|
| 꿈 같은 한 세상 누구를 위해 사나 | 南柯一夢爲誰歸(남가일몽위수귀) |
| 손님 오자 달 떠올라 옷을 비치네. | 有客來時月上衣(유객래시월상의) |
| 저마다 풍류를 안다고 하지만 | 老少風流雖自愛(노소풍류수자애) |
| 술 석잔에 깨닫기란 드문 것일세. | 三盃能解古來稀(삼배능해고래희) |

## 취하여 읊음(醉詠)

송은(松隱)

| | |
|---|---|
| 소나무 대나무로 울을 둘렀고 | 蒼蒼松竹擁疏籬(창창송죽옹소리) |
| 봄날이라 진달래 술잔 비치네. | 春借鵑花暎酒巵(춘차견화영주치) |
| 듣거라 시냇가 해오리들아 | 寄語溪邊雙白鳥(기어계변쌍백조) |

※ 擁(안을 옹): 안다, 품다. 疏(트일 소): 트이다, 멀다. 籬(울타리 리). 巵(잔 치): 잔, 술잔.

늘그막엔 너랑 놀 걸 맹세하노라.　晩年盟與共心期(만년맹여공심기)

**차운(附次)**　**목은(牧隱)**

돌길 걸어 솔바자에 이르렀더니　行尋石逕到松籬(행심석경도송리)

꽃 떨어져 옷을 치고 잔에도 듣네.　花落盈衣更上巵(화락영의갱상치)

값없는 청풍명월 얻어 내어서　願得清風明月債(원득청풍명월채)

백 년 생사를 같이 하고 싶구려.　百年與爾死生期(백년여이사생기)

**두견새를 읊음(詠杜鵑)**　**송은(松隱)**

촉국 흥망 너에게 무슨 관계랴　蜀國存亡在爾不(촉국존망재이불)

누구 원수 갚으려고 피나게 우나.　聲聲啼血報誰仇(성성제혈보수구)

높고 넓은 하늘 땅 길 잃은 사람　天高地濶微茫客(천고지활미망객)

달 지고 꽃도 지니 수심만 적막하구나.　月落花殘寂寞愁(월락화잔적막수)

**화상운(畵像韻)**

**(포은이 선생의 화상을 보고 지은 시에 화답함)**　**송은(松隱)**

그림 속 사람이라 이르지 말게.　看來誰道畵中身(간래수도화중신)

나와 그림 두 모습 누가 참인고.　影裏難分兩貌眞(영리난분양모진)

푸른 기질 얼굴 위에 흐르고 있어　氣質蒼蒼流面目(기질창창류면목)

저 뒷날 오늘 날 보듯 전해주리라.　能傳後世視今人(능전후세시금인)

**원시(附原)**　**포은(圃隱)**

긴 수염 십척 장신 잘도 그렸네.　畵出長髥十尺身(화출장염십척신)

※ 逕(소로 경): 좁은 길. 啼(울 제). 仇(원수 구). 看(볼 간): 보다, 지키다.

볼수록 두 모습 같기도 하이. 看來尤得兩容眞(간래우득양용진)

인생무상 자취 없다 이르지 말게. 莫言公道無形跡(막언공도무형적)

사후에도 안 죽는 사람 그냥 있겠네. 死後猶存不死人(사후유존불사인)

**차운(次)** **춘정 변계량(春亭 卞季良)**[8]

후한 얼굴 어진 덕이 몸에 배었네. 豊厚形容德有身(풍후형용덕유신)

볼수록 타고난 모습 잘도 그렸군. 看看優得出天眞(간간우득출천진)

눈 덮은 긴 눈썹 무릎 찬 수염 眉長過目髯垂膝(미장과목염수슬)

그림 안팎 두 사람 분간 못하네. 兩對難分影外人(양대난분영외인)

**차운(次)** **야은(冶隱)**

봉의 눈 범의 눈썹 십척 장신에 鳳目虎眉十尺身(봉목호미십척신)

홍안 반백 두 얼굴 같기도 하이. 淡紅半白兩相眞(담홍반백양산진)

그림으로 선생 모습 살펴보자니 畵圖省識先生面(화도성식선생면)

죽지 않는 정신도 그 속에 있네. 不死精神影裏人(불사정신영리인)

**상인에게 드림(贈上人)** **송은(松隱)**

옛 절에 종이 울고 나뭇잎 지고 古寺鍾鳴落木間(고사종명낙목간)

산의 모습 영원한데 물소린 차구나. 山容解劫水聲寒(산용해겁수성한)

나그넷길 찬 밤에 가부좌하고 應知客榻跏趺夜(응지객탑가부야)

---

8 춘정 변계량(春亭 卞季良): 1369~1430. 자(字)는 거경(巨卿). 1385년 문과 급제, 전교주부, 진덕박사 등을 역임. 1392년 조선 건국 직후에 전의감승에 임명되었으나 나아가지 않음. 목은의 문인. 이조 개국 초 태종대에 사헌부 성균관 학정, 직제학 등을 역임했고, 예조판서, 예문관 대제학 겸 성균관 대사서 등 20여 년간 역임. 시와 문장이 뛰어나 외교문서를 많이 썼고 태조실록 편찬과 고려사 개수에 참여함. 시호는 문숙공(文肅公).

※ 尤(더욱 우).

능엄경 외우고 나면 마음 편하리.　　誦盡楞嚴意益閒(송진능엄의익한)

• 상인은 덕이 높은 스님.

## 포은이 한신의 묘에 관하여 읊은 시에 화답함

**(和圃隱題韓信墓韻)　　　　　　　　　송은(松隱)**

그대 그 당시 뛰어난 지략을 다해　　之子當年智略雄(지자당년지략웅)

한(漢)나라에 공세운 것 애석하구나.　　漢家可惜遂勳功(한가가석수훈공)

원혼으로 돌아간 것 한하지 말게　　泉臺莫恨歸冤魄(천대막한귀원백)

진희(陳豨)[9]랑 손잡은 사람 그 누구였나.

誰是豨庭挈手翁(수시희정설수옹)

## 원시(附原)　　　　　　　　　　포은(圃隱)

자식은 잔약하고 장수들은 뛰어나　　嗣子孱柔諸將雄(사자잔유제장웅)

한고조(漢高祖)야 지난 공적 어찌 헤리오.

高皇無復念前功(고황무복념전공)

초왕[10]이 저승에서 한을 품건만　　楚王飮恨重泉下(초왕음한중천하)

---

9 진희(陳豨): 조(趙)나라 지방에서 군대를 감독하고 지휘했는데 매일같이 많은 빈객을 초청해서 옷과 돈을 주고 잘 대접하니 재상 조주창이 한고조(漢高祖)에게 말하기를 「진희가 손님이 너무 많고 변경에서 병마권을 갖고 있으니 변고가 있을까 두렵다」고 했다. 이에 한고조가 진희를 소환하였는데 진희는 병을 핑계하고 명에 응하지 않다가 반역하고 스스로 대왕(大王)이라 했다. 한고조가 친히 이를 토벌하여 주살했다.

10 초왕(韓信): 한신은 한나라 고조인 유방(劉邦)과 항우(項羽)가 천하를 두고 다툴 때 유방의 뛰어난 장수로서 유방이 천하를 통일하는데 수많은 공을 세웠고, 유방이 한나라 고조가 된 뒤에는 초나라 왕(楚王)이 되었다. 그 뒤 한고조는 많은 장수를 반역했다는 명분으로 죽이게 되었고 이 때에 한신도 반역죄로 죽이니, 한신은 억울하다고 「토사구팽(兎死狗烹)」이라는 말을 남기고 죽었다. 뒷날 학자들 간에도 한신은 억울하게 죽었다는 설이 있는가 하면, 반대로 진희와 반역을 했으니 마땅히 죽어야 했다는 양설이 있었는데, 포은선생은 전자의 설에 맞추어 시를 지었고, 송은선생은 후자의 설에 맞추어 시를 지었다.

※ 榻(걸상 탑). 挈(설): 이끌다. 끌어 당기다. 孱(잔약할 잔).

천 년에 알아주는 이 주자(朱子)뿐일네. 千載知心只晦翁(천재지심지회옹)

## 포은이 표모[11]의 무덤에 관하여 읊은 시에 화답

**(和圃隱題漂母塚韻)** **송은(松隱)**

의기를 뉘 아니 흠앙하리요. 急義當年孰不欽(급의당년숙불흠)
주린 것 가여워 마음 내켰네. 只憐飢者忽生心(지련기자홀생심)
뒷날에 성가(聲價)를 논할량이면 若論後世高聲價(약론후세고성가)
돈으로 갚은 것보다 훨씬 더 낫네. 猶勝王孫答以金(유승왕손답이금)

## 원시(附原) 포은(圃隱)

표모의 높은 뜻을 흠모해 와서 漂母高風我所欽(표모고풍아소흠)
그 무덤 지나가매 마음 슬프이 道經遺塚爲傷心(도경유총위상심)
왕손의 보답 안 받은 것 말하지 말게 莫言不受王孫報(막언불수왕손보)
천고에 꽃다운 이름 더 비싸다네. 千古芳名直幾金(천고방명치기금)

• 왕손은 한신을 이름

## 벼슬을 사임하고 고향으로 돌아옴(解官還鄕) 송은(松隱)

벼슬 놓고 고향으로 돌아왔더니 解紱飄然返故山(해불표연반고산)
송계의 물과 구름 날 기다리네. 松溪待我水雲間(송계대아수운간)
마루 섬돌 닿았건만 몸둘만하고 軒臨危石纔容膝(헌임위석재용슬)
처마 밑이 냇물이라 낯 씻기 좋네. 簷近淸流足灑顔(첨근청류족쇄안)

---

11 표모: 빨래하는 나이 든 여자. 한신(韓信)이 성 밑에서 낚시를 하다가 허기를 만나 쓰러지자 빨래하던 표모(漂母)가 젖을 먹여 정신을 차리게 한 뒤 자기의 점심을 나누어 먹었다. 이 표모가 빨래를 할 동안은 한신이 점심을 얻어먹을 수 있었다.

※ 孰(누구 숙). 忽(소홀히 할 홀). 紱(인끈 불): 제복.
纔(겨우 재): 겨우, 비로소, 한번 물들인 명주.

살구꽃 동산에 지팡이 두 개　　杏圃細烟雙杖歇(행포세연쌍장헐)
형제가 나란히 돌아왔거니　　鴒原宿債兩襟還(령원숙채량금환)
물욕 없는 옛 벗은 어디 있는고　　忘機故友今安在(망기고우금안재)
낙대 끝에 해오리만 한가롭구나.　　白髮竿頭白鳥閒(백발간두백조한)

**회포를 읊음(詠懷)**　　**송은(松隱)**

높은 나무 가지 끝에 자던 새 놀라　　喬木枝頭宿鳥驚(교목지두숙조경)
옛 누대로 날아들며 지저귀누나.　　翩翩啼入古臺明(편편제입고대명)
붉은 충성 구름천리 얼마나 바라봤던가.
丹忱幾望雲千里(단침기망운천리)
달 지는 새벽까지 피눈물 짓고　　血淚虛流月五更(혈루허류월오경)
아침해 뜨면 흐르는 세월 느껴서 알고
天地光陰朝暎日(천지광음조영일)
저녁이면 강호에 동지를 찾네.　　江湖消息夕尋盟(강호소식석심맹)
흥하고 망한 일을 묻지 말아라.　　傍人莫問興亡事(방인막문흥망사)
물에 놀고 산에 놀고 족하잖은가.　　遊水遊山足一生(유수유산족일생)

**스스로 위로함(自寬)**　　**송은(松隱)**

산천이 개벽되니 여기가 서울　　山川開闢是王州(산천개벽시왕주)
대대로 인물 문장 아름답구나.　　人物文章世世休(인물문장세세휴)
달 아래서 밤 깊도록 술잔을 들제　　明月金樽星斗夜(명월금준성두야)
한강은 바람 이슬 서늘한 가을　　清風玉露漢江秋(청풍옥로한강추)

※ 歇(쉴 헐): 쉬다, 그치다. 襟(옷깃 금): 옷깃, 가슴, 마음. 尋(찾을 심): 찾다, 생각하다.
傍(곁 방): 곁, 옆.

조정엔 직간하는 신하들 많고　　廷多直諫臣如魯(정다직간신여노)
들에는 풍년노래 높이 울리네.　　野發豐聲俗似周(야발풍성속사주)
효도와 충성이 같은 이치인 줄　　孝父忠君歸一理(효부충군귀일리)
알고서야 그 누가 따로 가리요.　　知而誰作外方遊(지이수작외방유)

• 조선 왕조를 칭찬한 시이므로 송은이 과연 만년에 이 같은 시를 지었던 것인지 의문임.

### 이우당이 갈림길에서 지은 시에 화답함

**(和二憂堂李瓊分路韻)**　　**송은(松隱)**

가는 세월에 백발 막기 어렵다.　　歲月惟難白髮禁(세월유난백발금)
갈림길에 갈라지며 다 시름이 깊다.　　臨岐分路摠愁深(임기분로총수심)
아침에 강 옆 왔다가 저녁 무렵 이별하는데
朝來江上斜陽別(조래강상사양별)
평생토록 이날 마음 잊지 마시라.　　莫負平生此日心(막부평생차일심)

**원시(附原)**　　**이우당 이경(二憂堂 李瓊)**[12]

갈림길 정담은 저절로 끝이 없고　　分路情談自不禁(분로정담자불금)
나그네 시름 많다지만 나에겐 유독 깊구려.
客愁多得我偏深(객수다득아편심)
반구대(伴鷗臺) 위에서 함께 달 보았으니
伴鷗臺上同看月(반구대상동간월)
송계(松溪) 이 밤 마음을 누가 잊으랴.　　誰缺松溪此夜心(수결송계차아심)

---

12 이우당 이경(二憂堂 李瓊): 1337~?. 자(字) 치쟁(穉琤). 본관 하빈(河濱). 1360년 진사시에 합격했으나 벼슬길에는 나가지 않았음. 특히 포은선생과는 동갑이요 동방이라 그 정분이 남달랐음.

※ 憁(바쁠 총): 바쁘다, 뜻을 얻지 못한 모양.

## 동은 이재홍의 시에 화답함(和桐隱) 송은(松隱)

인심은 모두 촉도(蜀道)인데 人心皆蜀道(인심개촉도)
세상 일이 뜬 구름일레. 世事是浮雲(세사시부운)
차라리 산속에 돌아가 寧欲歸山裏(영욕귀산리)
여가 내어 옛글 읽으리. 偸閒讀古文(투한독고문)

## 도흠에게 줌(贈道欽) 송은(松隱)

어찌해서 성문(聖門)을 배반하고 如何背聖門(여하배성문)
목탁소리 속에 늙어 가는가. 木鐸聲中老(목탁성중노)
머리 깎아서 평생을 그르치고서 削髮誤平生(삭발오평생)
속절없이 하얀 달에 노닥거리네. 空空弄月皓(공공롱월호)

• 성문은 성인(聖人)이 가르치는 문정(門庭). 즉 공자(孔子)의 문하(門下).

## 또(又) 송은(松隱)

꽃비가 쓸쓸하게 온종일 누리에 내리는데
花雨蕭蕭六六天(화우소소육육천)
한쪽엔 달 비치고 한쪽에 안개로다. 一邊月一邊煙(일변월일변연)
능히 열반의 경지를 말하고 이치(理致)도 말하니
能言廉介[13]能言理(능언염개능언리)
세속도 아니고 신선(神仙)도 아니로세. 不是塵不是仙(불시진불시선)
한 스님 도흠만이 도(道) 이룩했는데 有一道欽成道味[14](유일도흠성도미)
앞에도 뒤에도 없었다네. 亦無後亦無先(역무후역무선)

13 廉介(염개): 마음이 깨끗하고 인품(人品)이 초졸함을 일컫는 말. 열반의 경지.
14 道味(도미): 도의 참 뜻. 불교(佛敎)를 일컫는 말.
※ 偸(훔칠 투): 훔치다. 탐내다.

한평생 관세음보살만을 섬기며　　　平生身世觀音世(평생신세관음세)

구름을 밟고 손으로 샘물만 마시고 살아왔구려.

足踏雲手掬泉(족답운수국천)

**밀양(密陽) 두 박선생을 방문함　　　목은(牧隱)**

(한 분은 도은(桃隱)을 지칭한 것인데 휘(諱)는 문빈(文彬)이시고 선생의 종제(從弟)이시다.)

바다에서 돌아오니 귀밑머리 희끗희끗

海上歸來鬢二毛(해상귀래빈이모)

모래밭 갈매기 같은 신세(身世)로 떠도노라.

沙鷗身世共飄飄(사구신세공표표)

동산 꽃나무들 새 품종(品種)이 많지만 園中花木多新種(원중화목다신종)

다만 큰 소나무만이 홀로 늦게 시든다.

只有長松獨後凋(지유장송독후조)

• 이 시는 송은을 가리킨 것임(此指松隱)

벽도(碧桃) 꽃 밑에 달빛 어스름한데　碧桃花下月黃昏(벽도화하월황혼)

긴 가지 끌어서 술 항아리 눈을 쓸어내네.

爭挽長條雪灑樽(쟁만장조설쇄준)

그 날의 동지들 중에 몇 사람이 살아 있을까.

當日同類幾人在(당일동류기인재)

가여운 이 몸은 그림자만 이끌고 다시 대문을 두드렸네.

自憐攜影更敲門(자련휴영갱고문)

• 이 시는 도은을 가리킨 것임(此指桃隱)

※ 挽(당길 만). 條(곁가지 조). 灑(뿌릴 쇄): 뿌리다, 깨끗이 하다. 攜(끌 휴): 끌다, 들다, 잇다.

## 두 박령공(朴令公)이 간단한 술자리를 베풀음 목은(牧隱)

운암사가 적막한데 寂寞雲巖寺(적막운암사)
이끼 파래서 지경이 더욱 그윽하다. 蒼苔地轉幽(창태지전유)
빛난 자리를 막 베풀려 하는데 華筵方欲設(화연방욕설)
가랑비가 다시금 만류(挽留)를 하네. 小雨更相留(소유갱상류)
두 박씨가 외롭게 충성하던 날 二朴孤忠日(이박고충일)
삼한(三韓)을 다시 일으킨 때였지. 三韓再造秋(삼한재조추)
외롭고 가엾은 이 늙고 병든 나그네 獨憐衰病客(독련쇠병객)
이 잔 가득 부어 시름 씻는다. 滿酌强澆愁(만작강요수)

## 선생께서 귀양살이하면서 황새[鸛 한] 놓아 보냈음을 듣고 춘당 변중량(春堂 卞仲良)

팽택(彭澤)[15]이 조롱(鳥籠) 속 너와 맹세하였지.
彭澤籠中與爾盟(팽택롱중여이맹)

하늘 끝에서 서로 살필 때 바다 달이 밝았다.
天涯相守海月明(천애상수해월명)

봄소식은 삼경(三更) 비에 두견(杜鵑)이 울고
春聲鵑哭三更雨(춘성견곡삼경우)

나그네 꿈은 고국(故國) 길에 꽃도 슬퍼라.
羇夢花悲故國程(기몽화비고국정)

해 받드는 마음으로 영욕(榮辱)의 경지를 분별하고
捧日心分榮辱地(봉일심분영욕지)

---

15 팽택: 진(晋)나라 도잠(陶潛)이 팽택 헌령(彭澤 縣令)으로 되었는데 여기서는 바로 도잠을 가리킨 말임.

※ 澆(물댈 요): 엷게 하다.

속세를 떠난 기개는 죽고 사는 심정을 억눌렀지.

凌雲氣壓死生情(릉운기압사생정)

그대 만나고서 강상 의리를 사랑하였고

逢君可愛綱常義(봉군가애강상의)

공경하게 유시(遺詩) 외우니 참 정성이 쏟아지네.

莊誦遺詩血悃傾(장송유시혈곤경)

**박송은의 시에 차운(次朴松隱詩)　　　용헌 이원(容軒 李原)[16]**

타향이라 한 번 놀이도 마련하기 어렵다.

異鄕難得一淸遊(이향난득일청유)

하물며 열흘 넘게 비 그냥 오는 것에랴.

況是經旬雨來收(황시경순우래수)

조만간에 바람불어 구름 흩어지면　早晩風吹雲散盡(조만풍취운산진)

함께 달빛 밟으며 중추구경 하세나.　共乘明月賞中秋(공승명월상중추)

**송은에게 드림(贈松隱)　　　청해군 이지란(淸海君 李之蘭)[17]**

십 년을 함께 사랑하며 그대를 따랐고

十載同隣杖屨隨(십재동린장구수)

---

16 용헌 이원: 1368~1430. 자(字) 차산(次山). 호(號)는 용헌(容軒). 본관은 고성(固城). 1385년 문과 급제, 사복시승(司僕寺丞), 공조·예조좌랑, 병조정랑 역임. 포은의 문인. 조선 건국 직후 사헌부 지평(持平), 승정원 우부승지(右副承旨), 예조판서, 병조판서, 우의정, 영경연사, 좌의정 등 역임. 시호 양헌공(襄憲公). 문집인『용헌집(容軒集)』이 있다.

17 이지란(李之蘭): 1331~1402. 본명은 퉁두란. 함흥(咸興) 이씨. 천호(千戶)를 세습하여 공민왕 때 부하를 이끌고 귀화함. 이성계 휘하에서 전공을 세워 판도평의사사사(判都評議使司事) 역임. 조선개국 일등공신. 좌찬성, 좌명공신(佐命功臣), 지중추부사(知中樞府事) 역임. 시호는 양열공(襄烈公). 작위는 청해군(靑海君).

※ 凌(능가할 릉): 능가하다, 깔보다. 莊(장중할 장): 엄숙하다, 바르다, 꾸미다. 悃(두드릴 곤). 傾(기울 경). 屨(신 구): 신, 신을 신다.

풍진(風塵) 당일에도 서로 사귀며 의지했지.

風塵當日托交期(풍진당일탁교기)

멀리 짐작하건데 홀로 등잔 밑에 앉은 나그네

遙知客坐孤燈夜(요지객좌고등야)

두 귀밑머리가 거울 속 흰실을 보태겠지.

雙鬢愁添鏡裏絲(쌍빈수첨경리사)

### 밀양 박중서[18]에게 줌(贈密陽朴中書) 포은(圃隱)

평생을 같이 한 벗들이 새벽별처럼 듬성한데

平生親舊曉星疎(평생친구효성소)

늙은 포은은 지금에 홀로 살아 있음을 탄식한다.

老圃如今歎索居(노포여금탄색거)

도은[19]은 서쪽으로 귀향 갔고 약재[20]는 죽었으니

陶隱西遊若齊死(도은서유약제사)

나는 문득 박중서만 생각하게 되는구나.

令人却憶朴中書(령인각억박중서)

### 박송은 약속한 날에 오지 않음 이우당 이경(二憂堂 李璚)

송계(松溪)가 탄 말이 어이 더딘가. 松溪匹馬到何遲(송계필마도하지)

18 박중서(朴中書): 종4품 중서사인(中書舍人)의 벼슬을 중서(中書)라 한다. 박중서는 박의중(朴宜中)을 의미한다는 설도 있다. 그러나 박송은(朴松隱)이라고 전해오고 있다.

19 도은(陶隱): 1347~1392. 이름은 이숭인. 자는 자안(子安). 1362년 문과 급제, 예문관 대교, 성균관 대사성, 예문관 제학을 거쳐 동지춘추관사를 역임. 1390년 이초(彛初)의 옥사에 투옥. 조선 건국 후 남평유배지에서 정도전이 보낸 황거정에게 살해됨.

20 약재(若齋): 1338~1384. 자는 경지(敬之). 이름은 김용구. 성리학을 일으키고 척불양유(斥佛揚儒)의 선봉자. 1375년 삼사좌윤으로 포은과 함께 북원 사신의 영접을 반대하다가 유배.

※ 遙(멀 요): 소문. 逶(꾸불꾸불 갈 위). 迤(비스듬할 이).

남포(南浦) 뱃길은 바로 기한 있는데 南浦孤舟正有期(남포고주정유기)
산골이 애둘렀고 날 저물어도 山谷逶迤西日暮(산곡위이서일모)
강물위 달 밝을 때 다시 바라본다. 更望江上月明時(갱망강상월명시)

## 헤어진 뒤 편지와 함께 보낸 시

**(別後簡寄朴松隱韻)** **이우당 이경(二憂堂 李瓊)**

언제 말을 타고 우리 집으로 오시겠소
何來匹馬向吾家(하래필마향오가)
강 하늘에 밝은 달을 보며 오리라 말할 뿐이요.
只道江天對月華(지도강천대월화)
만나는 날 적으니 잊지 못하는 이 마음
一念憧憧[21]逢日少(일념동동봉일소)
차라리 낭도사(浪淘沙)[22]나 자주 들을 것을.
不如頻到浪淘沙(불여빈도낭도사)

21 동동(憧憧): 마음이 바로 정하여지지 않는 모양.

22 낭도사(浪淘沙): 중국의 악부사곡명(樂府詞曲名). 당(唐)나라 때 사패(詞牌) 이름. 인생의 이별을 주제로 하고 있음. '모래를 물결에 씻는다'는 이미지에서 출발하여, 자연·풍경·관조·인생·무상(無常) 등을 노래함.

# 2

# 문(文)

## 1) 잠(箴)

### 입지잠(立志箴)

송은(松隱)

| | |
|---|---|
| 초학(初學)이 뜻을 세움에는 | 初學立志(초학입지) |
| 반드시 성철(聖哲)[1]을 기약할 것이다. | 必期聖哲(필기성철) |
| 속이지 않고 어기지 않음이 | 勿欺勿悖(물기물패) |
| 타고난 성품(性品)의 본[則 칙]이다. | 天性之則(천성지칙) |
| 기질(氣質)을 품수(稟受)한 바는 | 氣質所稟(기질소품) |
| 맑음과 흐림의 다름이 있다. | 有異淸濁(유이청탁) |
| 전일(前日) 더러움을 버리고 | 去其舊染(거기구렴) |
| 당초 성품으로 회복한다면 | 復其初性(복기초성) |
| 털끝만큼도 보태지 않아도 | 不增毫末(부증호말) |
| 온갖 착함이 쓰기에 족하다. | 萬善足用(만선족용) |
| 아아 중생(衆生)들은 | 嗟嗟衆生(차차중생) |

1 성철: 聖人과 哲人

| | |
|---|---|
| 어찌해 뜻을 놓아 버리나 | 胡爲放志(호위방지) |
| 맹자(孟子)는 성선설(性善說)[2]을 말해서 | 孟道性善(맹도성선) |
| 반드시 순(舜)과 요(堯)를 일컬었다. | 必稱舜堯(필칭순요) |
| 요(堯)같이 되고 순(舜)같이 됨이 | 爲堯爲舜(위요위순) |
| 어찌 내 하기에 있지 않으리. | 豈不在我(기불재아) |
| 예나 지금이나 우(愚)와 지(智)는 | 古今愚智(고금우지) |
| 오직 지향(指向)하는 데에 있다. | 惟其所向(유기소향) |
| 말 충신(忠信)하고 행실 도타움도 | 言忠行篤(언충행독) |
| 먼저 본령(本領)을 세울 것이다. | 先立本領(선립본령) |
| 항상 분발(奮發)함이 마땅하거니 | 常當奮發(상당분발) |
| 어찌 딴 데에 구할 것이랴. | 豈可他求(기가타구) |
| 안연(顔淵)[3]이 한 말이 있다. | 顔淵有言(안연유언) |
| 순(舜)은 어떤이며 나는 어떤 사람인가 했다. | 舜何予何(순하여하) |
| 요(堯), 순(舜)을 배우고자 한다면 | 欲學堯舜(욕학요순) |
| 바로 요(堯), 순(舜) 같이 될 것이며 | 堯舜是也(요순시야) |
| 안연을 배우고자 한다면 | 欲學顔淵(욕학안연) |
| 바로 안연 같이 될 것이다. | 顔淵是也(안연시야) |
| 무릇 이 뜻을 작정함이 | 凡此立志(범차입지) |
| 학문하는 시초이니라. | 爲學之始(위학지시) |

2 성선설: 인간이 타고 난 성질은 본디 착하다는 맹자의 학설(學說). 어린이가 엉금엉금 기어서 방금 우물에 빠지려고 하면, 아무리 악인(惡人)이라도 저도 모르는 사이에 뛰어 가서 어린이를 잡아내게 되는데 이것이 본성이 착하다는 증거라는 것. (人皆有不忍人之心: 사람은 모두 사람을 차마 해치지 못하는 어진 마음(仁心)을 가지고 있다. 『孟子』「公孫丑上」)

3 안연: 공자의 제자로서 학행이 성인 다음 간다고 아성(亞聖)이라 함.

## 지신잠(持身箴) 송은(松隱)

| | |
|---|---|
| 배우는 자는 반드시 정성된 | 學者必誠(학자필성) |
| 마음으로 정도(正道)를 향할 것이다. | 心向正道(심향정도) |
| 세속(世俗)에 섞여 놀아서 | 莫遊世俗(막유세속) |
| 그 뜻을 흩뜨리지 말라. | 雜散其志(잡산기지) |
| 배움에는 기지(基址)가 있는 법 | 學有基址(학유기지) |
| 마음 바르게, 몸도 바르게 한다. | 正心正身(정심정신) |
| 사람이 충신(忠信)하지 않으면 | 人不忠信(인불충신) |
| 모든 일이 실상 없게 된다. | 事皆無實(사개무실) |
| 악한 짓 하기 쉽고, | 爲惡則易(위악즉이) |
| 착한 일 하기 어렵다. | 爲善則難(위선즉난) |
| 반드시 충과 신으로 하여 | 必以忠信(필이충신) |
| 잠깐 동안이라도 버리지 말라. | 勿棄須臾(물기수유) |
| 부모(父母)께서 남겨 주신 몸뚱이 | 父母遺體(부모유체) |
| 바로 나의 일신(一身)이거니 | 是我一身(시아일신) |
| 아홉 가지 용모(容貌)와 아홉 생각이 | 九容九思(구용구사) |
| 몸을 닦는 도리이니라. | 修身之道(수신지도) |
| 발 모습 무겁게 | 足容重兮(족용중혜) |
| 손 모습은 공손하게 | 手容恭(수용공) |
| 눈 모습 단정하게 | 目容端兮(목용단혜) |
| 입 모습은 고요하게 | 口容止(구용지) |
| 말 모습 조용하게 | 聲容靜兮(성용정혜) |
| 머리 모습은 곧게 | 頭容直(두용직) |

기의 모습 엄숙하게　氣容肅兮(기용숙혜)
서 있는 모습 덕스럽게　立容德(입용덕)
얼굴 모습 씩씩하게　色容莊兮(색용장혜)
이것이 아홉 가지 모습이니라.　是曰九容(시왈구용)
보는 것은 분명하기를　視思明兮(시가명혜)
듣는 데에는 총명하기를　聽思聰(청사총)
낯 빛은 온화(溫和)하기를　色思溫兮(색사온혜)
얼굴 모습은 공손하기를　貌思恭(모사공)
말은 충후(忠厚)하기를　言思忠兮(언사충혜)
일에는 조심하기를　事思敬(사사경)
의심되면 물어보기를　疑思問兮(의사문혜)
분(忿)할 적에는 환란(患難)을　忿思難(분사난)
소득(所得)있으면 의리(義理)를　見得思義(견득사의)
이것이 아홉 가지 생각이니라.　是曰九思(시왈구사)
아홉 모습과 아홉 생각을　九容九思(구용구사)
뜻 세우는 데에 잊지 말아라.　存於立志(존어립지)
아아 우리 후손들아　嗟我後生(차아후생)
몸 단속하고 뜻을 세워라.　檢身立志(검신립지)
나의 노망한 말이 아니라　匪我言耄(비아언모)
오직 성인(聖人)의 가르침이다.　惟聖之謨(유성지모)
마음에 새기고 뜻에 새겨서　銘心刻意(명심각의)
때때로 경계토록 하여라.　時時鑑戒(시시감계)

## 2) 전(箋) 송은(松隱)

(예기집설을 중간할 적에 올린 전문(箋文)의 개략(重刊禮記集說箋畧))

신은 들으니 오경(五經)[4]이 모두 가르침을 세우는 것으로서 후세에 전해오는 큰 경전(經傳)이나 예(禮)의 쓰임이 더구나 긴급합니다. 그러므로 옛날 제왕(帝王)은 이것을 말미암아서 지극한 다스림을 일으키지 않은 이가 없었습니다. 엎드려서 보옵건데 전하(殿下)[5]께서는 신성(神聖)하신 자질(資質)로서 조종(祖宗)의 계통(系統)을 회복(回復)하셨습니다. 일찍 일어나시고 밤 늦게 주무시며 정신을 가다듬어서 다스림을 구하시니 원로대신(元老大臣)과 착한 보필(輔弼)이 함께 공경하고 공손히 힘을 합해 무릇 제정(制定)하는 바에는 반드시 예경(禮經)을 법(法)합니다. 그리고 학문(學問)하는 선비도 또한 전습(傳習)코자 하나 돌아보건대 좋은 책이 세상에 많이 있지 않습니다. (이하 결)

臣聞 五經皆垂世立教之大典 而禮之用爲急 古先帝王 莫不由之 以興至
신문 오경개수세입교지대전 이례지용위급 고선제왕 막불유지 이흥지

治 伏見 殿下以神聖之姿 復祖宗之統 夙興夜寐 勵精求治 原臣碩輔 同
치 복견 전하이신성지자 복조종지통 숙흥야매 려정구치 원신석보 동

寅協恭 凡所制作 動法禮經 遊學之士 亦欲傳習 顧惟善本 世不多有 (缺)
인협공 범소제작 동법예경 유학지사 역욕전습 고유선본 세불다유 (결)

---

4 오경: 역경(易經), 시경(詩經), 서경(書經), 예기(禮記), 춘추(春秋)의 다섯 경서.

5 공양왕으로 추정됨. 당시 송은선생은 예조판서로 복기하고 있었던 것으로 추정됨(벽진 이화찬 실적 참조).

### 3) 제문(祭圃隱文 포은께 드리는 제문) 송은(松隱)

대부(大夫)는 의리(義理)로 죽어서 붉은 정성이 변하지 않았다. 옛 마을에 돌아오니 상재(桑梓)[6]가 햇볕에 번쩍인다. (이하 결)

大夫以義 丹忱不貳 返于故里 桑梓耀日 (缺)
대부이의 단침불이 반우고리 상재요일 (결)

### 4) 유서(遺書) 송은(松隱)

내가 이 세상에 나서 세 조정(朝廷)을 내리 섬겼다.[7] 천은(天恩)이 망극(罔極 한이 없음)했고, 신운(身運)도 매우 좋았다. 너희들에게 문장(文章)이 있어 음덕(蔭德)[8]을 심을만하다. 하물며 너희들에게 많은 사식이 있으니 문호(門戶)가 번창할 것이다. 그 밖에 또 무엇을 바라랴. 나는 왕씨(王氏)에게 돌아 가지만 너희는 이씨(李氏) 세상에 있다. 이미 남의 신하로 되어 충성한다면 힘껏 하라. 선천(先天)과 후천(後天)에 부자간에도 시대(時代)가 다르다.

사랑하는 나의 며느리는 한 맘으로 효성을 다하는구나. 변변치 못한 내가 복 누림이 이 같은가 황천(皇天)에 감사한다.

어떠한 경사(慶事)이런가. 닭 소리 어지럽게 일어나서 달 그림자

---

6 상재: 옛날 집 둘레에 뽕나무와 가래나무를 심어 두어서 자손들에게 조상을 사모토록 했다 한다. 고향과 같음.

7 세 조정을 내리 섬겼다: 공민왕(恭愍王), 우왕(禑王), 공양왕(恭讓王)을 잇달아서 섬김을 말함.

8 음덕: 조상의 공덕(功德)이 자손을 덮어서 복되게 하는 것.

가 서쪽으로 기울어졌다. 시기(時期)는 이미 급해졌고 빌리기 어려운 건 명(命)이다. 허구 많은 이 가솔(家率)을 어찌할까 그만이구나.

정신이 산란(散亂)해져서 낱낱이 들어 말 못하노라.

吾生此世 歷事三朝 天恩罔極 身運極嘉 有汝文章 可種蔭氣 又況汝等
오생차세 력사삼조 천은망극 신운극가 유여문장 가종음기 우황여등

有子振振 門戶昌大 其外何望 吾歸王魂 汝在李世 旣爲人臣 忠則竭力
유자진진 문호창대 기외하망 오귀왕혼 여재이세 기위인신 충즉갈력

先天後天 父子異時 愛我四婦 同心致孝 有我不佞 享福如此 感謝皇天
선천후천 부자이시 애아사부 동심치효 유아불녕 향복여차 감사황천

此何慶哉 鷄聲亂起 月影傾西 時已急矣 難借者命 奈何已矣 許多家累
차아경재 계성란기 월영경서 시이급의 난차자명 내하이의 허다가루

散分精神 不能擧枚
산분정신 불능거매

## 5) 만장(挽章) 김맹성(金孟誠)

어가(御駕)를 따라서 성공한 뒤에 어찌해서 유허(遺墟)에 눈물 흘리나. 충성된 혼은 솔의 절개보다 푸르고, 외로운 넋은 대[竹 죽]의 마음보다 곧았다. 산기운에 지금도 덕화(德化)가 남았고 시냇소리는 어제도 글 읽는 듯했다. 허구 많은 생각을 잊기 어려워 넋을 잃고 서 있으니 석양볕이 멀리 지네.

御駕成功後 胡爲墮淚墟 忠魂松節碧 義魄竹心餘 山氣今遺化 溪聲昨讀
어가성공후 호위타루허 충혼송절벽 의백죽심여 산기금유화 계성작독

書 難忘多少意 空立夕陽疎
서 난망다소의 공립석양소

### 6) 화상찬(畵像贊) 야은 길재(冶隱 吉再)

| | |
|---|---|
| 정신엔 별과 해가 드리웠고 | 精垂星日(정수성일) |
| 기상은 산과 바다가 뭉쳤다. | 氣鍾山海(기종산해) |
| 강상을 붙들어 심어서 | 扶植綱常(부식강상) |
| 천년 세월에 우뚝하였다. | 特立千載(특립천재) |
| 거룩할 손 덕스런 얼굴이여 | 猗歟德容(의여덕용) |
| 이학(理學)의 으뜸이었다. | 理學之宗(이학지종) |
| 충효(忠孝)에 더욱 도타왔고 | 忠孝益篤(충효익독) |
| 도의(道義)로 오직 공손하였네. | 道義惟恭(도의유공) |
| 착한 모양을 우러러보면 | 瞻仰淑像(첨앙숙상) |
| 누구인들 흥기(興起)됨이 없으랴.[9] | 孰無興起(숙무흥기) |
| 옥(玉)같이 조촐하고 얼음처럼 깨끗하여 | 玉潔氷淸(옥결빙청) |
| 이보다 더할 수가 없어라. | 不可尙已(불가상이) |

9 흥기됨이 없으랴: 그 착하디 착한 모습을 보고 자신도 하고픈 마음이 울컥 일어나지 않겠는가 라는 뜻.

※ 猗(아름다울 의): 아름답다, 아아. 歟(어조사 여). 瞻(쳐다볼 첨): 쳐다보다, 우러러보다. 淑(맑을 숙): 맑다, 아름답다, 착하다.

## 7) 또(又) 춘정 변계량(春亭 卞季良)

| | |
|---|---|
| 고상(高尙)한 기품(氣品)은 | 高尙之氣(고상지기) |
| 동강(桐江)[10]의 무리이며 | 桐江之類(동강지류) |
| 청정한 절조(節操)는 | 淸淨之節(청정지절) |
| 심양(潯陽)[11]의 선비일세. | 潯陽之士(심양지사) |
| 공(功)은 북번(北藩)에 빛났고 | 功著北藩(공저북번) |
| 도학(道學)은 동국을 밝혔다. | 道明東土(도명동토) |
| 생생한 기질이고 | 生生氣質(생생기질) |
| 늠름한 위풍일세. | 凜凜威儀(늠늠위의) |
| 천년의 으뜸이고 | 千載之宗(천재지종) |
| 백세(百世)의 스승이다. | 百世之師(백세지사) |
| 학문은 염낙(濂洛)을 따랐고 | 學溯濂洛(학소염낙) |
| 문도(門徒)는 추로(鄒魯)를 이루었다. | 門成鄒魯(문성추로) |
| 천성(天性)의 좋은 덕(德)은 | 秉彝好德(병이호덕) |
| 이학(理學)의 조종(祖宗)이고 | 理學之祖(이학지조) |
| 정수(精粹)한 문장은 | 精粹文章(정수문장) |
| 천 백 년에 아름다워라. | 於千百禩(어천백사) |

10 동강: 후한(後漢) 사람. 엄광(嚴光. 자(字) 자릉(子陵))은 광무(光武, 劉秀)가 임금으로 되기 전에 글 공부를 함께 했다. 그 후 광무가 황제(皇帝)로 되자 엄광은 성명(姓名)을 바꾸고 동강칠리탄(桐江七里灘)에 낚시질하면서 숨어 살았다. 광무는 엄광의 어짐을 생각하고 사방(四方)으로 찾아서 간의대부(諫議大夫) 벼슬을 제수(除授)했으나 광은 마뜩잖게 생각하고 마침내 부춘산(富春山)에 들어가서 농사하며 살다가 죽었음.

11 심양: 진(晋)의 도잠(陶潛. 365~427. 호(號) 연명(淵明))이 심양강(潯陽江)가에 살면서 버들 다섯가지를 심고 자신(自身)을 오류선생(五柳先生)이라 호(號)하였음. 팽택 현령(彭澤縣令)에 또 임명되었으나 80여일 만에 사퇴하고 귀향함.

※ 溯(거스러 올라갈 소). 秉(잡을 병): 잡다, 볏단, 자루. 彝(떳떳할 이).

## 8) 묘소에 고유한 글(酹墓所文)　　춘정 변계량(春亭 卞季良)

| | |
|---|---|
| 웃음을 머금고 의(義)를 취하니 | 含笑取義(함소취의) |
| 명절(名節)은 백이(伯夷)·숙제(叔齊)[12]같았네. | 名同夷齊(명동이제) |
| 절조(節操)는 충숙(忠肅)[13]으로서 우뚝했고 | 節卓忠肅(절탁충숙) |
| 덕화(德化)는 온 나라에 흡족했다. | 德洽家國(덕흡가국) |
| 이 공(公)의 의(義)로운 행실이 | 寔公行義(식공행의) |
| 아들과 손자에게 전해졌다. | 傳子若孫(전자약손) |
| 마음은 영수(穎水)[14]같이 맑고 | 心淸穎水(심청영수) |
| 자취[跡 적]는 기산(箕山)[15]에 남았다. | 跡遺箕山(적유기산) |
| 다섯 차례 불러도 나가지 않아 | 五徵不就(오징불취) |
| 짝 할 만하구나. (이하 결) | 可伴(가반) 缺(결) |

## 9) 시호를 청한 글(請諡狀)　　춘정 변계량(春亭 卞季良)

고 예부시랑 중서령(故 禮部侍郎 中書令) 박천익(朴天翊)이 명현열

12 백이·숙제: 고죽군(孤竹君)의 아들이었는데 주 무왕(周武王)이 은(殷)을 멸망(滅亡)시키자 주의 곡식을 먹기가 부끄럽다하여 수양산(首陽山)에 들어가 고비[薇 미]를 캐먹다가 마침내 굶어 죽었다 한다.

13 충숙: 정종대왕(定宗大王)이 내린 송은의 시호임.

14 영수: 요대(堯代)에 허유(許由)와 소부(巢父)라는 고사(高士)가 있었다. 요 임금이 허유에게 천하를 양여(讓與)하려 했으나 거절하고 기산(箕山)에 숨어 버렸다. 또 불러다가 구주(九州) 장(長)으로 삼으려 하니 더러운 말을 했다 하여 영수(穎水)물에 귀를 씻고 있었다. 그때 마침 소부가 소를 몰고 오다가 그것을 보고 까닭을 물었다. 허유가 귀 씻는 내력을 말하니 소부는 그런 더러운 말을 들은 더러운 귀 씻은 물을 내 소에게 먹일 수 없다 하며 소를 몰고 가 버렸다는 전설이 있음.

15 기산: 14번 주석 참조.

※ 寔(이 식): 이, 참으로.

사(名賢烈士)였던 정몽주(鄭夢周)와 더불어 한마음으로 의리를 지킨 일은 국사(國史)에 기재되어 있습니다. 그런데 정씨는 연신(筵臣)[16]의 진달(陳達)로 인해 비로소 은전(恩典)을 입었습니다.

유지(諭旨)[17]를 내리시어 향을 사루어서 유허(遺墟)에 고유(告由)하니 모든 보고 듣는 자로서 누구인들 충의에 감동하는 뜻이 없었겠습니까. 그윽히 고려 문헌(文獻)을 상고하건데 벼슬이 정경(正卿)에 올랐던 자는 모두 시호(諡號)가 추증(追贈)되었습니다. 하물며 이 박천익은 세 조정을 내리 섬겨서 나랏일에 밝고도 부지런했습니다. 공(功)이 북번에 드러났고 죽을 때까지 의리를 지켜서 충록(忠錄)에 이름을 드리웠으며 큰 절조를 세워서 밝고 빛남이 이와 같았습니다. 행찬성(行贊成)[18] 변계량(卞季良)이 시호 하사(下賜)하는 일로써 경연 자리에서 전하께 사뢰어서 성지(聖旨)를 받자 왔으니 어찌 묘당(廟堂)[19]의 공정한 의전(儀典)이 아니겠습니까.

바라옵건데 곧 구중(九重)의 들으심[20]을 통해서 두 글자[諡號 시호]의 추증을 얻게 하시면 천만 번 다행이겠습니다.

故禮部侍郞 中書令 朴天翊 與名賢烈士 鄭夢周 同心秉義 載在國史 鄭
고예부시랑 중서령 박천익 여명현열사 정몽주 동심병의 재재국사 정

---

16 연신: 임금에게 경서(經書)를 강론(講論)할 때에 항상 입시(入侍)하는 신하.

17 유지: 임금이 신하에게 내린 글 또는 말씀.

18 행찬성: 행은 실직(實職)이 그 품계(品階)보다 낮을 때 직함(職啣) 앞에다 붙여서 일컫는 말. 찬성은 이조(李朝) 때 의정부(議政府)의 종일품(從一品) 벼슬. 좌우찬성(左右贊成) 이었음.

19 묘당: 조정(朝廷)을 일컫는 말. 옛날 조정에서 국사(國史)를 결정할 때에 먼저 종묘에 모신 조종(祖宗)의 영(靈)에게 고유(告由)한 다음 신하에게 자문했으므로 묘당이라 함.

20 구중의 들으심: 구중궁궐에 깊숙히 있는 임금의 들으심.

因筵臣陳達 始蒙恩典 諭旨之下 焚香告于遺墟 凡在觀聆 孰不有感 忠
인연신진달 시몽은전 유지지하 분향고우유허 범재관영 숙불유감 충

之意哉 竊考麗典 位躋正卿 皆有贈諡 況此 朴天翊 歷事三朝 勤亮幹國
지의재 절고려전 위제정경 개유증시 황차 박천익 역사삼조 근량간국

功著北藩 沒身秉義 垂名忠錄 樹立大節 炳煥若此 行贊成 卞季良 以賜
공저북번 몰신병의 수명충록 수립대절 병환약차 행찬성 변계량 이사

諡事 筵白得旨 豈非廟堂 至公之典乎 幸望卽徹 九重之聽 俾獲二字之
시사 연백득지 기비묘당 지공지전호 행망즉철 구중지청 비획이자지

贈 千萬幸甚
증 천만행심

## 10) 시호 삼망[21](諡號 三望) 춘정 변계량(春亭 卞季良)

| | |
|---|---|
| 충숙 | 忠肅 |
| 충희 | 忠僖 |
| 희민 | 僖敏 |

임금을 섬김에 절의(節義)껏 함이 충(忠)이고
事君盡節曰忠(사군진절왈충)

굳세면서 능히 공경함이 숙(肅)이다. 剛而能莊曰肅(강이능장왈숙)

---

21 삼망: 관직(官職)을 제수(除授)할 때 후보자(候補者) 셋을 기록해서 임금의 재가(裁可)를 받거나 일 또는 시호를 내릴 때 세가지 일 또는 시호를 미리 정해서 임금의 재가를 받는 일.

## 11) 강시(降諡) 정종(定宗)

건문 원년 시월 일(서기 1399년 정종 시) 建文 元年 十月 日

## 12) 사제문(賜祭[22]文) 정종(定宗)

곧은 절조에 마음 오로지해서 貞節專心(정절전심)
난(亂)을 임했으나 변하지 않았다. 臨亂不貳(임란불이)
인륜을 밝히고 도의를 다했으니 明倫盡道(명륜진도)
오랜 세월 의기를 칭송하리. 永年誦義(영년송의)
맹세가 선천 후천에 깊히 盟深先後(맹심선후)
사람의 기강(紀綱)을 세웠네. 立人之紀(입인지기)
(이하 결) (以下 缺)

## 13) 묘소에 고유한 글(墓所 告由文) 아들 융(子融)

아! 훌륭하신 아버님 猗歟先考(의여선고)
세상에 드문 아름다운 은전이 내렸습니다. 曠世休典(광세휴전)
벼슬은 세대(世代)마다 이어졌고 官秩連世(관질연세)

---

22 사제: 임금이 죽은 신하 또는 훌륭했던 사람에게 신하를 보내서 제사하도록 하는 일.
※ 逮(미칠 체): 미치다, 잡다.

옛 시호 문익(文翼)[23] 문헌(文憲)[24]에 더해졌습니다.

古諡(文翼 文憲)斯加(고시문익문헌사가)

우리 성조(聖朝)에 이르러서는 逮我聖朝(체아성조)

이 은혜로운 예수(禮數)[25]가 내렸습니다. 錫此恩禮(석차은례)

아버님 영혼이 물같으시니 先靈如水(선령여수)

이곳에 노닐으심이 좋겠습니다. 宜玆徜徉(의자상양)

## 14) 분황할 때에 고유한 글(焚黃[26]告由文) 아들 융(子融)

절혜(節惠)로 높이 보답함은 節惠崇報(절혜숭보)

세상에 드문 은택(恩澤)입니다. 曠世恩光(광세은광)

우뚝한 충절(忠節)로서 卓然忠節(탁연충절)

전왕(前王)을 잊지 못했습니다. 前王不忘(전왕불망)

하염없는 외길 생각은 悠悠一念(유유일념)

산보다 높고 물보다 길었습니다. 山高水長(산고수장)

우리들에게 음덕(蔭德)을 끼치시어 貽我蔭德(이아음덕)

예폐(禮幣)[27]를 오직 받들었습니다. 禮幣惟將(예폐유장)

다섯 차례 불러도 일어나지 않으시어 五徵不起(오징불기)

---

23 문익: 선조(先祖) 밀성군(密 城君)의 시호.

24 문헌: 아버님인 은산부원군(銀山府院君)의 시호.

25 예수: 신분에 따라 각각 달리하는 예절상의 제도.

26 분황: 그 사람이 죽은 다음 증직(贈職)됐을 때 그 무덤 또는 사당(祠堂)에 제사하면서 누런 종이에 쓴 관고(官誥 지금의 사령장 같은 것)를 불사르던 일.

27 예폐: 임금이 예의(禮儀)를 차려서 보낸 폐백.

※ 徜(노닐 상): 노닐다, 배회하다. 貽(끼칠 이): 끼치다, 주다.

붉은 충성이 밝게 이글거렸습니다. 丹忱炳煌(단침병황)
죽지 않는 곧은 마음으로 不死貞心(불사정심)
옛집에 돌아왔습니다. 庶還古庄(서환고장)
팔은(八隱)이 의기로 맺었고 八隱結義(팔은결의)
삼상(三相)이 함께 죽었습니다. 三相同喪(삼상동상)
아아 영명(英明)하신 아버님이시여 嗚呼英考(오호영고)
모쪼록 흠향하시옵소서. 庶賜徜徉(서사상양)

## 15) 묘표(墓表)[28] 황희(黃喜)

밀양군 청도면 고법리(密陽郡淸道面古法里) 간좌(艮坐) 둔덕에 합봉(合封)이 있다. 그 무덤은 전조(前朝) 충신 예부시랑 겸 중서령 송은 박공 휘 천익과 정경부인(貞敬夫人) 성산배씨 현보(星山裵氏賢輔)의 따님을 장사한 곳이다. 공의 세계(世系)는 신라(新羅) 시조(始祖) 혁거세(赫居世)에서 나왔다. 조부(祖父)는 전조의 평장사(平章事)였고 우리 임금[當宁 당저(定宗 정종)] 때에 영돈령(領敦寧)으로 추증함과 동시에 시호를 양효공(良孝公)이라 한 휘 간(幹)이시다. 부친은 전조 판도판서(判圖判書) 은산부원군(銀山府院君)으로서 시호를 문헌공(文憲公)이라 했으며, 우리 임금때에 영상(領相)으로 추증되신 휘 영균(永均)이시다.

아아 사람 중에는 진실로 그 가세(家世)에 관계(關係)되지 않은 자

28 묘표(墓表): 죽은 사람의 이력과 사적을 적은 비. 관직과 명호(名號)를 전면(前面)에 새기고 사적은 뒷면에 새기는데 이 뒷면의 글을 음기(陰記)라 한다.

가 있기도 하지마는 근원이 맑아야 흐름이 깨끗해짐도 또한 바른 이치이다. 대저 곧은 충성과 우뚝한 절의(節義)를 지킨 충숙공이 아들로 되었으니 그 세덕(世德)의 아름다움은 이치로 미루어 알 수 있으며, 문헌공이 어진 아버지였음도 의심이 없다.

공은 임신년(壬申年) 고려 충숙왕 원년(高麗忠肅王元年) 서기 1332년에 나시어 무인년(戊寅年) 조선태조 7년(朝鮮太祖七年) 서기 1398년에 돌아가셨다. (결)

문장과 도덕은 대개 우리 동방(東方)의 명현(名賢)이었다.

공에게 네 분 아들이 있어 효도했고 또 네 며느님이 효성하여 정려(旌閭)[29]로서 천양(闡揚 드러내는 것)하는 은전(恩典)이 있었으니 많은 사람들이 기림[賞歎 상탄]을 마지 않았다. 공이 돌아가시던 날에 네 분 아드님을 불러서 「선천과 후천에 부자간 시대가 다르다. 나는 왕씨(王氏)의 혼(魂)을 따라 가거니와 너희들은 이씨(李氏)의 세상에 있어 이미 남의 신하로 되었으니 충성한다면 힘껏 하라」하시었으니 그의 조촐[清淨 청정]한 절의(節義)는 이학(理學)[30]의 바른 가르침이 아닌 것이 없었다. (결)

우리 태조(太祖) 4年 을해년(乙亥年) 1395년에 처음 공조판서(工曹判書)로 불렀으나 부임(赴任)하지 않았고, 두번째 형조판서(刑曹判書)로 불렀으나 부임하지 않으셨다. 세번째는 예조판서(禮曹判書)였으나 부임하지 않았고, 네번째 이조판서(吏曹判書)도 부임하지 않았으며, 다섯번째는 좌의정(左議政)이었으나 또한 부임하지 않으셨다.

---

29 정려: 충신(忠臣), 효자녀(孝子女), 열녀(烈女)가 살던 마을에 정문(旌門)을 세워서 표창하는 것.

30 이학: 송대 유학(宋代 儒學)이 인성(人性)과 우주(宇宙)의 관계를 말하여 성명(性命)과 이기(理氣)의 문제를 논의의 주조(主潮)로 하는 성리학(性理學)의 약칭(略稱).

부조현(不朝峴)에 갓을 벗어 걸고 학소산(鶴巢山)에 올라 고비[薇미]를 캐면서 이씨의 곡식은 먹지 않았으니 서산(西山)[31]의 절의와 같지 않은가. 또 어찌 나라에 드문 충량(忠亮)한 자가 아니겠는가.

공의 아들 四형제가 돌을 다듬어서 묘(墓)를 표하려 하니 진신선생(縉紳先生)[32]으로서 이 묘를 지나가는 자는 그의 충절에 감탄하지 않은 자가 있겠는가.

건문(建文)[33] 2년(西紀 1400年) 백룡(白龍 경진(庚辰)) 첫여름 상한(上澣)[34]에 장수(長水) 황희(黃喜)[35] 지음.

상고하건데 김 삼족당(金三足堂)이 선생의 유사(遺事) 끝에 글을 썼는데 그 글에 「유허신도비(遺墟神道碑)가 삽포(鍤浦)에 있고 방촌공(厖村公)이 지었다」하였다. 그런즉 방옹(厖翁)께서 이미 묘표를 짓고 유허신도비문을 지었던 것이나 지금엔 없어진 것인가.

## 墓表(묘표)

**密陽郡 清道面 古法里 艮坐原 有合封而墓者 前朝忠臣 禮部侍郎 兼 中**
**밀양군 청도면 고법리 간좌원 유합봉이묘자 전조충신 예부시랑 겸 중**

---

31 서산: 백이(伯夷) 숙제(叔齊)가 은(殷)을 피해 수양산(首陽山)에 숨어 살면서 「저 서산에 올라 고비나 캘거나」라는 노래를 불렀는데 서산은 곧 수양산을 가리킨 말임. 따라서 백이 숙제의 절의를 말한 것임.

32 진신선생: 진신은 벼슬하고 있는 사람. 선생은 벼슬에서 물러나 시골에 살고 있는 선비.

33 건문: 명(明)나라 혜제(惠帝)의 연호(年號).

34 상한: 상순(上旬)을 다르게 일컫는 말.

35 황희: 호는 방촌(厖村). 조선조 태종(太宗) 때부터 문종(文宗) 때까지 유명하던 신하.

書令 松隱朴公 諱天翊 及貞敬夫人 星山裵氏 賢輔女之藏也 公系出 新
서령 송은박공 휘천익 급정경부인 성산배씨 현보녀지장야 공계출 신

羅始祖赫居世 祖 前朝平章事 我當宁朝 追贈領敦寧 諡良孝公 諱幹 父
라시조혁거세 조 전조평장사 아당저조 추증영돈령 시양효공 휘간 부

前朝版圖判書 銀山府院君 諡文憲公 我當宁朝 追贈領相 諱永均 嗚呼
전조판도판서 은산부원군 시문헌공 아당저조 추증영상 휘영균 오호

人固有 不係世類者 而源淸流潔 亦正理也 夫 以忠肅公之 貞忠卓節 爲
인고유 불계세류자 이원청류결 역정리야 부 이충숙공지 정충탁절 위

之子 世德之懿 可以理推 而文獻公之 爲賢父也 無疑 公生于壬申 卒于
지자 세덕지의 가이리추 이문헌공지 위현부야 무의 공생우임신 졸우

戊寅 (缺) 文章道德 蓋我東方 名賢也哉 公有子四孝 又有四婦之孝 闡揚
무인 (결) 문장도덕 개아동방 명현야재 공유자사효 우유사부지효 천양

旌閭之恩 濟濟多士 賞歎不已 公永歸之日 呼彼四子 曰「先天後天 父
정려지은 제제다사 상탄불이 공영귀지일 호피사자 왈「선천후천 부

子異時 吾歸王魂 汝在李世 旣爲人臣 忠則竭力」其爲淸淨之節 何莫非
자이시 오귀왕혼 여재이세 기위인신 충즉갈력」기위청청지절 하막비

理學正敎 (缺) 惟我太祖乙亥 初徵工判 不赴 再徵刑判 不赴 三徵禮判 不
이학정교 (결) 유아태조을해 초징공판 불부 재징형판 불부 삼징예판 불

赴 四徵吏判 不赴 五徵左台 不赴 而脫冠 於不朝峴 登彼鶴巢山 採其
부 사징이판 불부 오징좌태 불부 이탈관 어불조현 등피학소산 채기

薇兮 不食李粟 豈非西山之節 又豈非罕國忠亮者乎 公之子 四兄弟 將
미혜 불식이속 기비서산지절 우기비한국충량자호 공지자 사형제 장

伐石 而表之焉 縉紳先生之過是墓者 孰不有感歎忠節者哉
벌석 이표지언 진신선생지과시묘자 숙불유감탄충절자재

建文二年 白龍 孟夏 上澣 長水 黃喜 撰
건문이년 백룡 맹하 상한 장수 황희 찬

(按 金三足堂 題先生遺事後 文有遺墟神道碑 在錇浦 而厖村翁所製
(안 김삼족당 제선생유사후 문유유허신도비 재삽포 이방촌옹소제

云則 豈厖翁旣作墓表 又作遺墟碑文 而今無矣否)
운즉 기방옹기작묘표 우작유허비문 이금무의부)

## 16) 신도비[36]를 세울 때 고유한 글(立碑 告由文)

**춘정 변계량(春亭 卞季良)**

신라 국성(國姓)[37]의 자손이요 해동(海東) 어진 사람이었다.

조석(朝夕)으로 서로 좇는 사람은 포은, 목은이었다.

세대(代)마다 돈목(敦睦)함 지켰고, 충효(忠孝)해서 인륜을 다했다.

밝은 바람은 이제(夷齊)[38]와 같고 밝은 달은 노중련(魯仲連)[39]같았다. 웃음 머금고 의리를 좇아 선천·후천으로 깨우침이 깊었다.

표연(飄然)히 벼슬 버리고 전원(田園)으로 돌아와서 늘 봄날처럼 지냈다. 방촌(厖村)이 묘문(墓文) 지으면서 「나라에 드문 충신이라」했

36 신도비: 종2품이상 관리의 무덤 앞 또는 무덤에 들어 가는 신도 입구 또는 무덤 앞 근처 큰 길가에 세우는 비석.

37 국성: 성(姓)과 본관(本貫)이 그나라 임금과 같은 성씨(姓氏).

38 이·제: 백이(伯夷)·숙제(叔齊)의 준 말.

39 노중련: 전국시대(戰國時代) 제(齊)나라 사람. 기개가 높아서 벼슬하기를 싫어하고 남의 분쟁(紛爭)을 잘 해결시켰다. 진(秦)나라 군사가 조(趙)나라를 포위 공격하다가 노중련의 한마디 말을 전해 듣고는 곧 군사를 퇴각시킨 일이 있었다. 그 후 전단(田單)이 제왕(齊王)에게 말해서 벼슬시키고자 하니 중련은 바닷가로 달아나서 숨어 살다가 죽었다.

다. 아름다울 손 곧은 절조는 소무(蘇武)가 바닷가에 갇힌 듯[40]했다.

길이 천리(天理)를 부호(扶護)해서 심신(心身)이 변하지 않았다.

성왕(聖王)의 명(命)으로 이에 추증(追贈)하니 상재(桑梓)에 새로운 빛이 더했다. 원통함을 품은 붉은 마음이 두견(杜鵑)새 피 토하듯 얼마나 울었나. 해오리와 함께 놀기를 맹세했고 송죽(松竹)과 함께 변치 말자고 다짐했다. 창창(蒼蒼)한 절의(節義)는 길이 일월(日月)을 꿰뚫었다. 관작(官爵)을 하사(下賜)하시고 시호(諡號) 내려서 충숙(忠肅)으로 문벌(門閥)을 빛나게 했다. 생전(生前)에 훌륭한 가르침은 부자(父子)의 시대가 다르다 했다. 임금 섬기면 목숨을 다하라 해서 말씀 남기기를 잊지 않았다. 공의 충(忠)과 효(孝) 아니었다면 어찌 해서 오늘날이 있으리오. 여기 유택(幽宅 무덤)을 처다 보오니 소나무 잣나무가 빽빽히 섰다. 일흔 명이 넘는 어진 분들과 죽고 사는 맹세를 함께 맺었다. 선죽교(善竹橋) 차가운 날 산이 슬퍼했고 냇물도 목 메인 듯했다. 누구 위한 생각이던가 포은(圃隱)과 사귄 정이 간절하였다. 화상(畵像)이 사당(祠堂)에 남아 있어서 기침소리[謦咳 경해]가 끊임없는 듯하다. 위풍당당한 모습이 생시 같으니 어찌 그리 장렬(壯烈)하던가. 가을 국화(菊花)와 봄 난초(蘭草)는 남은 향기가 더욱 조촐하였다. 목 놓아 울며 깊이 사모(思慕)하니 산과 냇물이 찢어지는 듯했다. 묘도(墓道)를 이에 호위(護衛)하여서 비석(碑石) 길이가 열 자나 된다.

네 아들과 네 며느리가 한 분도 빠짐없이 나란히 서서 마치 생전에

40 소무가 바닷가에 갇힌 듯: 전한(前漢) 소무(蘇武)가 흉노(匈奴)에 사신(使臣)으로 갔다가 흉노의 위협에 굴복하지 않으니 흉노는 소무를 북해(北海) 해변가 굴에다 가두어 버렸다. 소무는 한나라 깃발을 가지고 양을 치면서 19년을 살다가 한 소제(昭帝) 때에 흉노와 화친(和親)한 후 상혜(常惠)의 묘책(妙策)으로 비로소 고국으로 돌아올 수 있었다.

슬하(膝下)에 있던 그 때와 같이 조심하는 마음이 익익(翊翊)하였다.

울면서 비문(碑文)을 쳐다 보오니 두터운 은택(恩擇)이 끊임없어라. 가는 사람과 오는 사람이 아침 저녁으로 외워 익히네.

이 글은 그 누구가 지은 것인가. 변춘정(卞春亭)이 기록한 것일세.

여기 변변찮은 글로써 이에 사유(事由)를 알리옵니다. 신명(神明)께서 굽어보시는 바에 어찌 돌보심이 없사오리까.

## 立碑告由文(입비고유문)

羅國姓孫 海東賢人 昕夕相從 圃牧同隣 世守敦睦 忠孝盡倫 淸風孤竹
라국성손 해동현인 흔석상종 포목동린 세수돈목 충효진윤 청풍고죽

明月魯連 含笑就義 戒深後先 飄然解紱 田園長春 尨村撰文 罕國忠臣
명월노련 함소취의 계심후선 표연해불 전원장춘 방촌찬문 한국충신

猗歟貞節 蘇武海濱 永扶天理 不改心神 聖命誕贈 桑梓增新 抱究丹心
의여정절 소무해빈 영부천리 불개심신 성명탄증 상재증신 포구단심

幾泣鵑血 鷗鷺同盟 松竹并列 蒼蒼之節 長貫日月 賜爵贈諡 忠肅華閥
기읍견혈 구로동맹 송죽병렬 창창지절 장관일월 사작증시 충숙화벌

生前克訓 父子異時 事君盡命 不忘辭遺 靡公忠孝 豈有今日 睠玆幽宅
생전극훈 부자이시 사군진명 불망사유 미공충효 기유금일 권자유택

松柏密密 泣血英魂 陟降堂室 七十餘賢 死生同結 竹橋寒天 山哀澗咽
송백밀밀 읍혈영혼 척강당실 칠십여현 사생동결 죽교한천 산애간열

爲誰之思 圃老情切 畵像在廟 謦咳不滅 威儀如生 何基壯烈 秋菊春蘭
위수지사 포로정절 화상재묘 경해불멸 위의여생 하기장렬 추국춘란

有香益潔 放哭永慕 山川欲裂 用衛墓道 碑長十折 四子四婦 列立無闕
유향익결 방곡영모 산천욕렬 용위묘도 비장십절 사자사부 열립무궐

如在膝下 小心翼翼 泣視碑文 恩渥不息 去人來人 朝誦暮習 文誰製之
여재슬하 소심익익 읍시비문 은악불식 거인래인 조송모습 문수제지

卞春亭識 茲將菲文 用告事由 神明所臨 曷不顧余
변춘정지 자장비문 용고사유 신명소림 갈불고여

## 17) 유허신도비에 잇달아서 기록함(遺墟神道碑續識)

**영양 황보인(永陽 皇甫仁)**

고려사(高麗史)를 상고하니 임신년(壬申年) 4월 고려 공양왕 말년(高麗 恭讓王 末年) 서기 1392년 대부(臺府)[41]에서 조준(趙浚), 정도전(鄭道傳) 등을 안핵(按劾)[42]하기를 청했다. 선생은 그 때 예조판서(禮曹判書)로 있었으나 사건(事件)이 지난 후에 사재감정(司宰監正) 도(蹈)에게 그 사실을 듣게 되었다. 그 후 사건이 뒤집혀서 이조참의(吏曹參議)도 참형(斬刑)을 당하게 되었으나 우리 성조(聖朝 태조(太祖))의 너그러운 용서와 인애(仁愛)로 보호하는 덕을 힘입어서 한갓 귀양만 가게 되었다.

아아 선생은 조정(朝廷) 정사가 기강(紀綱)을 잃자 부조현(不朝峴)에 갓을 걸고 거짓으로 청맹과니와 귀머거리 노릇을 하였다. 병을 핑계하며 곡식을 먹지 않고 길이 송죽시(松竹詩)만 읊조렸다.

포은, 목은, 야은, 도은 여러 현인(賢人)과 더불어 한마음을 변치 않았고 죽음을 사는 것 같이 여겼다. 그 탁이(卓異)한 절조가 일월과 더불어 빛을 다투었으니 착하고 바른 기절이 또한 세상에 뛰어났다고 이를 만하다. 사제문(賜祭文)[43]에 「맹세가 선천, 후천에 깊어 사람의 기강을 세웠다」하였다. 그윽히 생각하건데 선생의 절의(節義)를 누구인들 흠앙(欽仰)하지 않는 자가 있겠는가마는 그 전성(前聖)을 잇고 후진(後進)을 개도(開導)한 공을 논한다면 아는 자가 혹 적을

41 대부: 사헌부(司憲府)의 약칭(略稱). 대(臺)는 어사대(御史臺)를 일컫는 말이고 부(府)는 관부(官府)라는 뜻임.

42 안핵(按劾): 사건이나 민란이 발생했을 때 그 사건을 조사하고 살펴서 처리하는 감찰행위.

43 사제문: 임금이 신하를 보내 죽은 신하 또는 훌륭했던 전인(前人)에게 제사(祭祀)하면서 읽게 하는 글.

듯하나 우리 방옹(尨翁)에 이르러 비로소 맹백하게 나타내어서 남김이 없었다. 그런즉 큰 비석이 10년 만에 완성되었음은 때를 기다렸다 할 수 있지 않겠는가. 이 비석을 세우는 데에는 하 상공륜(河相公崙)이 그 사업(事業)을 경리(經理)했는데 실로 어진이를 사모하고 (결) 도의를 보위(保衛)하는 정성에 연유한 것이다. 사림(士林)으로서 또한 몰라서는 안될 것이다.

후학(後學) 영양 황보인(永陽 皇甫仁) 공경히 쓰다.

조준과 정도전을 탄핵하기를 청했다는 것은 포은이 시중(侍中)으로 되자 대간(臺諫)을 시켜 소장(疏章)을 지어서 붕당(朋黨)을 제거(除去)하려 했던 것이다. 사건이 뒤집혔다는 것은 四월 四일 포은이 죽임을 당한 것이고 이조참의가 참형을 당하게 되었다는 것은 화액(禍厄)이 선생과 같은 때 여러 현인(賢人)에게 미쳐 크게 되었다는 것이다.

## 遺墟神道碑續識(유허신도비속지)

按麗史 壬申四月 臺府之請按 趙浚鄭導傳等 先生時爲禮判 事過 司宰
안려사 임신사월 대부지청안 조준정도전등 선생시위예판 사과 사재

監正 蹈實與聞焉 及其事之飜 就吏議當斬 而賴我聖朝寬容愛護之德 徒
감정 도실여문언 급기사지번 취리의당참 이뢰아성조관용애호지덕 도

爲流竄 嗚呼 先生見朝改失紀 脫冠於不朝之峴 佯爲盲聲 稱病辟穀 長
위류찬 오호 선생견조개실기 탈관어불조지현 양위맹오 칭병피곡 장

詠松竹之韻 而與諸賢圃牧冶陶 同心不貳 視死如生 其爲卓異之節 與日
영송죽지운 이여제현포목야도 동심불이 시사여생 기위탁이지절 여일

月爭光 五百年淑正之氣 亦可謂拔類於世也 賜祭文曰「盟深先後立人之
월쟁광 오백년숙정지기 역가위발류어세야 사제문왈「맹심선후입인지

紀」竊伏念 先生節義 孰不有仰之者乎 論其繼開之功 知者似或有鮮矣
기」절복념 선생절의 숙불유앙지자호 논기계개지공 지자사혹유선의

至我厖翁 始可闡揚之無餘 然則 大碑之成於十年之間 是可謂待時歟 斯
지아방옹 시가천양지무여 연즉 대비지성어십년지간 시가위대시여 사

建也 河相公崙經紀 其緖實由於尊崇慕 缺
건야 하상공륜경기 기서실유어존숭모 결

衛道之誠 士林 亦不可不知者也
위도지성 사림 역불가부지자야

後學 永陽 皇甫仁 敬書
후학 영양 황보인 경서

請按趙鄭謂 圃隱爲侍中 使臺諫搆疏 除去朋黨也 事之翻就謂 四月四日
청안조정위 포은위시중 사대간구소 제거붕당야 사지번취위 사월사일

圃隱死也 吏議當斬 謂禍之延及 於先生及同時諸賢
포은사야 리의당참 위화지연급 어선생급동시제현

## 18) 유사 끝에 적음(書遺事後)

**삼족거사 김대유(三足居士 金大有)**

전 정언(前 正言) 병재주인(瓶齋主人) 박하징(朴河澄)이 그의 오대조(五代祖) 송은공의 유사 및 공의 아들 四형제분의 유사 기록을 가져와서 나에게 보이고 또 글로서 선대(先代)의 아름다움을 명백하게 나타내도록 요구하였다.

내가 삼가 송경지(松京誌)·八은집(隱集)을 읽다가 송은 맹오편(盲聱篇)을 보니 그의 충성과 우뚝한 절조는 일월과 더불어 빛을 다투었다.(결) 포은, 목은, 야은, 도은이 소매를 잡고 통곡(痛哭)하면서 「시사(時事)가 벌써 이와 같음은 천운(天運)이다. 누구를 원망하며 누구를 탓하랴. 옛부터 지금까지 하늘에는 두 개의 해가 없고 신하에게는 두 사람의 임금이 없다」하였다. 포은이 죽기를 작정하던 날 공을 불러서 울며 말하기를 「삶은 이 세상에 기생하는 것이고 죽음은 돌아 가는 것이다. 비록 천명(天命)이라 하나 내 홀로 죽어서 우리 임금의 뜰로 돌아 가거니와 나의 이 심정(心情)을 알아줄 사람은 이에 천익과 재(再)와 색(穡)이다」하였고, 공(公)이 이르기를 「그렇다. 나 또한 왕씨의 신하인즉 맹세코 이씨의 곡식을 먹지 않고 단연코 이 길로 좇아가리라」하니 여러 현인들이 눈물을 닦으면서 크게 말하기를 「박천익은 참으로 의사(義士)로다」하였다. 맹세는 하해(河海)가 마르기 보다 더 깊고 뜻은 태산(泰山)의 고고(孤高)함보다 높아서 고죽군(孤竹君)의 아들과 같은 절개가 있었다.

그 후 우리 태조대왕께서 너그럽게 포용(包容)하는 덕으로서 폐백

(幣帛)을 공의 사제(私第)로 보내 공을 불렀다. 그때 공은 홀로 청맹과니와 귀머거리라 핑계하고 예사로이 앉아서 좌우(左右)를 돌아보며 딴 일을 말하고 끝내 폐백을 맞이하지 않았다. 예관(禮官) 권근(權近)이 곧 보고(報告) 하기를 「박천익을 그윽히 보니 임금이 보내신 폐백의 소중함을 돌아보지도 않고 죽음을 삶같이 여기는데 신이 혼자서는 불러올 수가 없었습니다」하였다. 하답(下答) 하시기를 「박천익은 벌써부터 마음을 서로 알던 자이다. 비록 우리집에는 좋지 못하더라도 이에 왕씨의 충신이다. 저를 다섯차례 불렀으나 일어나지 않아서 이미 두 임금을 섬기지 않을 마음이 있는데 내가 어찌 율(律)에 의해서 죄를 논(論)하겠는가」하시었다.

아아 삼가 공의 유사 및 공의 아들 四형제분 유사를 보니, 이에 우리 방옹(厖翁)께서 지은 바였다. 내가 어찌 군더더기를 말하랴.

기록한 글 중 시편(詩篇)에 말한 「사생(死生)을 기약한다」「누구의 원수를 갚는가?」「 의리상 이씨의 곡식을 먹지 않는다」라는 데에 그 조짐이 벌써 나타나 있다. 그리고 「바닷가 풍설(風雪)」이라는 것으로써 말끝을 맺었은 즉 또한 겨울 송백(松柏)의 곧은 절개를 볼 수가 있다. 아아 슬프다. 우리 방촌옹(厖村翁)이 공의 유허비문을 지었다.

유허는 밀주 삽포(密州鍤浦)에 있고 강선대(降仙臺)는 그 서쪽에 있다. 촌옹·야로(村翁野老)가 서로 전해오는 말에 「공의 오부자(五父子)가 이 대 위에 거닐면서 술마시고 시를 읊조렸다」하니 공의 충절은 이 대와 더불어 천고(千古)에 남아 있을 것인져.

삼족거사(三足居士) 김대유(金大有) 공경히 쓰다.

## 書遺事後(서유사후)

前正言 瓶齋主人 朴河澄 持其五代祖 松隱公遺事 及公之子 四兄弟 遺
전정언 병재주인 박하징 지기오대조 송은공유사 급공지자 사형제 유

事所錄 以眎不佞 且求文以 揚顯先徽 不佞謹讀 松京誌 八隱集 觀至松
사소록 이시불녕 차구문이 양현선휘 불녕근독 송경지 팔은집 관지송

隱盲聱篇 其貞忠卓節 與日月爭光(缺)圃牧冶陶 把袖痛哭曰「時已若此
은맹오편 기정충탁절 여일월쟁광(결)포목야도 파수통곡왈「시이약차

天也 誰怨誰咎 自古及今 天無二日 臣無二君」 圃老誓死之日 呼公泣
천야 수원수구 자고급금 천무이일 신무이군」 포로서사지일 호공읍

言曰「生寄死歸 雖曰天命 吾獨死歸 於吾王之庭 知我者乃 天翊再穡也」
언왈「생기사귀 수왈천명 오독사귀 어오왕지정 지아자내 천익재색야」

公曰「唯唯 吾亦王臣 則誓不食李粟 而斷當從此逝矣」 諸賢拭淚大言曰
공왈「유유 오역왕신 즉서불식이속 이단당종차서의」 제현식루대언왈

「朴天翊 眞義士也」 盟深河海之渴 志高泰山之固 有若孤竹子之節乎
「박천익 진의사야」 맹심하해지갈 지고태산지고 유약고죽자지절호

粤我 太祖大王 以寬容之德 以幣聘公于私第時 公獨稱盲聱 而坐若尋常
월아 태조대왕 이관용지덕 이폐빙공우사제시 공독칭맹오 이좌약심상

顧左右言他 終不迎幣 禮官權近 卽報曰「竊見朴天翊不顧王幣之所重
고좌우언타 종불영폐 예관권근 즉보왈「절견박천익불고왕폐지소중

視死如生 臣獨不得致也」 下答曰「朴天翊 曾已知心者 雖曰吾家不良
시사여생 신독부득치야」 하답왈「박천익 증이지심자 수왈오가불량

乃王氏之忠臣 彼五徵不起 旣有不事二君之心 予何以依律論罪哉」 嗚
내왕씨지충신 피오징불기 기유불사이군지심 여하이의율논죄재」 오

呼 謹見 公之遺事 及公之子 四兄弟遺事 則乃我厖翁之所撰也 不佞焉
호 근견 공지유사 급공지자 사형제유사 즉내아방옹지소찬야 불녕언

敢贅焉 錄中詩所言「死生期 報讎仇 義不食李粟」其兆已現矣 結之以
감췌언 녹중시소언「사생기 보수구 의불식이속」기조이현의 결지이

「海頭風雪」則又可以見 大冬松栢之貞節 嗚呼唏矣 惟我厖村翁 爲公
「해두풍설」즉우가이견 대동송백지정절 오호희의 유아방촌옹 위공

作遺墟碑文 墟在密州鍤浦 而降仙之臺在其西 村翁野老 相傳以爲「公
작유허비문 허재밀주삽포 이강선지대재기서 촌옹야로 상전이위「공

五父子 杖屨觴詠 於臺之上」公與此臺 其在千古也哉
오부자 장구상영 어대지상」공여차대 기재천고야재

三足居士 金大有 敬題
삼족거사 김대유 경제

## 19) 사액(賜額)[44] 하기를 청한 상언[45](請額上言)

박시증(朴時增)[46]

전 행 호조정랑(前行戶曹正郞) 박시증(朴時增)은 삼가 목욕재계(沐浴齋戒)하고 백배(百拜)한 다음 주상 전하(主上 殿下)의 운병(雲屛) 앞에 상서(上書)하오니 굽어 살피시옵기 원합니다. 천도(天道)에 굽힘과 펴임이 있고 인사(人事)에도 나타남과 숨겨짐이 있는데 그 더딤

44 사액: 임금이 서원(書院) 따위에 이름을 지어 현판(懸板)을 걸도록 하는 일.
45 상언: 임금에게 청하는 말을 올리는 것.
46 박시증(朴時增): 송은선생의 5대손인 박찰(朴察)의 증손(曾孫)으로 경산자인(慶山慈仁)에 복거(卜居)하였다.

과 빠름, 앞섬과 뒤짐이 다 같지 아니함은 또한 시기(時期) 아님이 없습니다. 우리 태조대왕 때에 와서 전조(前朝)의 충신을 불러 뽑을 때 혹 관작(官爵)을 내리고 시호를 추증(追贈)했으며 혹 불러들여서 벼슬과 지위를 높여 현양(顯揚)시킨 자는 그 수효를 모를 정도입니다. 그런데 신(臣)의 팔대조(八代祖) 천익은 전왕(前王)을 잊지 못하는 마음에서 다섯 차례 불렀으나 일어나지 않았고 죽음을 삶같이 여겼습니다. 끝내 왕명(王命)에 나아가지 않고 물러가 두문동(杜門洞)에 숨었다가 잇달아 밀주(密州) 옛집으로 돌아갔습니다. 항상 송죽(松竹) 사이에 노닐며 주역(周易)과 논어(論語)를 강론(講論)했는데 문장 연원(文章 淵源)이 이에 사문(斯文)[47]의 으뜸이고 이학(理學)의 조상이었습니다. 그리고 포창(褒彰 찬양하여 내세움)과 추증된 두터운 은덕으로써 논한다면 혹 더디고 혹은 빠르기도 하며 혹 앞서기도 하고 혹은 뒤처지기도 하는데 또한 각각 시기가 있는 것입니다. 고 좌찬성(故左贊成) 신(臣) 변계량(卞季良)이 연신(筵臣)이었을 때에 직청(直請)하기를 「고 전조 시랑(前朝 侍郞) 박천익은 이학의 으뜸이어서 도덕(道德) 연원이 온 나라의 어진 스승이 아님이 없었습니다. 하물며 세 조정(朝廷)을 내리 섬겨서 공이 북번(北藩)에 드러났고 큰 공을 세워서 밝게 빛남이 이와 같았습니다. 어제 연신이 진달(陳達)하여 두 글자의 추증을 얻게 되었고 이어서 충숙(忠肅)이라는 시호를 받자왔으니 어찌 국사(國史)에 아름다움을 드러내는 것이 아니겠습니까」했습니다. 즉시 액호(額號)를 내려 주시기를 청할 것이나 겹쳐 청함이 미안스러워 후일(後日)을 기다렸던 것입니다. 그 후 자손이 영성(零星 수가 적고 보잘 것 없는 모양)했을 뿐 아니라 사액(賜額)하기를 청하

47 사문: 이 학문(學問) 유도(儒道)의 학문을 일컫는 말로 쓰임.

는 한가지는 나라의 법전(法典)이 엄중한 까닭으로 곧 윤허(允許)[48]를 받잡지 못했습니다. 그러나 충의(忠義)를 정표(旌表)하고 절효(節孝)를 권장(勸奬)함은 이에 조가(朝家)의 훌륭한 의전(儀典)인데 이와 같은 아름다움을 드러내는 일이 없을 것 같으면 어찌 능히 후세(後世)를 권장해 내겠습니까. 그 때 어진 분들을 논할 것 같으면 혹 굴하거나 굴하지 않으며 혹은 뜻을 폈다[伸 신]하지만 펴지 아니한[不伸 불신]자가 많았습니다.

신의 조상은 충절(忠節)이 이와 같았고 문헌(文獻)에도 징험(徵驗)할 데가 있습니다. 그렇건만 세대(世代)가 멀어지고 사람이 없어지자 몸과 이름이 아울러 숨겨졌으니 어찌 사림(士林)의 한스러운 일이 아니겠으며 어찌 자손들의 원울(冤欝)한 일이 아니겠습니까.

신의 조상 천익과 조씨(趙氏) 홍씨(洪氏)는 다만 자손의 미약(微弱)함을 연유하여 원왕(冤枉)한 실정(實情)을 능히 구중(九重) 하늘에 통하지 못했습니다. 포은 정몽주, 목은 이색(李穡), 도은 이숭인(陶隱 李崇仁), 야은 길재(冶隱 吉再), 만은 홍재(晩隱 洪載)는 다 한 몸같은 사람이건만 특히 서원(書院)을 세우고 편액(扁額)을 내려서 높이 받드는 은택을 입었고 그 자손도 거의가 성상(聖上)의 명명(明命) 아래에 들어서 이에 음직 반열(蔭職 班列)[49]에 섰습니다. 그런데 신의 조상에 이르러서는 이 세상에 드문 은전(恩典)에 홀로 누락(漏落)되었으니 충량도덕(忠亮道德)의 자취가 과연 어디에 있습니까.

그 한결같이 보시는 도리(道理)로서 그 사이에 후하고 박(薄)함이 어찌 있겠습니까. 신의 몸이 홀로 원통함을 품음은 실상 백대(百代)

48 윤허: 임금이 허가(許可)를 내림.

49 음직 반열: 과거(科擧)를 거치지 않고 조상(祖上)의 공덕(功德)으로 그 자손에게 제수(除授)되는 관직(官職)이 '음직'이고, '반열'은 품계·신분·등급의 차례이다.

의 공정(公正)한 논의(論議)를 위함입니다. 신이 부월(鈇鉞)[50]의 죽임을 피하지 않고 시끄럽게도 신원고(伸寃鼓)[51]를 두드립니다. 외람(猥濫)됨을 한껏 알고 있사오나 원통하고 답답함에 충동되어 그만 둘 줄을 알지 못하오니 신의 죄는 한이 없다 하겠습니다. 천일(天日)의 밝음이 엎어 놓은 항아리 밑도 비추는 것 같이 신의 조상도 정포은, 이목은의 예(例)와 견주어서 특히 서원(書院)에 사액(賜額)하는 은전(恩典)을 내리시옵기 엎드려서 원하옵니다. 신의 조상의 해[日 일]를 꿰뚫던 충성이 환하게 빛나서 세상을 어둡지 않게 할 것입니다.

성대(聖代)의 법전이 광명한데 어찌 전대의 법전만이 아름답다 할 수 있겠습니까. 또한 자손에게 덕을 넉넉하게 하심이며, 신의 몸에 있어서는 선조(先祖)를 위한 정성이 이루어짐이니 죽어도 남은 섭섭함이 없겠습니다. 청하옵건데 하나같이 보시는 아래 두 글자의 은전을 얻게 하시오면 천만 다행이겠습니다.

하비(下批)[52]하기를 「전조(銓曹 이조(吏曹)의 딴 명칭)에서 채달(採達)토록 하라」하시었다.

(그때 조정에 사건이 많아서 윤허를 받지 못하였음.)

---

50 부월: 부는 작은 도끼, 월은 큰 도끼. 옛날 임금이 제후(諸侯) 또는 대장(大將)에게 생살권(生殺權)을 맡긴다는 뜻으로 직접 주던 물건. 이것이 정벌(征伐) 또는 중형(重刑)을 뜻하는 말로 쓰이게 됨.

51 신원고: 등문고(登聞鼓)라 하기도 하는데 백성이 억울한 일이 있어도 임금에게 호소할 길이 없다. 그러므로 궁궐(宮闕) 문간에 큰 북을 달아 두어서 억울한 일이 있으면 자유롭게 북을 치도록 하였다. 그 북소리를 듣고 관원을 시켜 억울한 사정을 조사토록 하였다.

52 하비: 임금이 신하의 상주문(上奏文)에 가부간 의사를 회답함.

## 請額上言(청액상언)

前行 戶曹正郞 臣朴時增 謹齋沐 百拜上言于 主上殿下 雲屛之下 伏願垂
전행 호조정랑 신박시증 근재목 백배상언우 주상전하 운병지하 복원수

察焉 天道有屈有伸 人事有顯有晦 若遲速先後之不齊 則亦莫非時也 逮
찰언 천도유굴유신 인사유현유회 약지속선후지불제 즉역막비시야 체

我 太祖大王 招選 前朝忠臣之時 或賜爵贈諡 或招入爲顯揚者 不知其
아 태조대왕 초선 전조충신지시 혹사작증시 혹초입위현양자 부지기

數 至於臣矣身八代祖 天翊以前王不忘之心 五徵不起 視死如生 終不赴
수 지어신의신팔대조 천익이전왕불망지심 오징불기 시사여생 종불부

命 退隱於杜門洞 是白如可 仍還密州古庄 恒遊於松竹之間 講周易論語
명 퇴은어두문동 시백여가 잉환밀주고장 항유어송죽지간 강주역논어

文章淵源 乃爲師門之宗 理學之祖是白遣 以褒贈之渥論之 則或遲或速
문장연원 내위사문지종 이학지조시백견 이포증지악논지 즉혹지혹속

或先或後 亦各有時者也 故左贊成臣卞季良 筵臣直請曰 故前朝侍郞 朴
혹선혹후 역각유시자야 고좌찬성신변계량 연신직청왈 고전조시랑 박

天翊 爲理學之宗 道德淵源 莫非一國之賢師 而況 歷事三朝 功著北藩
천익 위이학지종 도덕연원 막비일국지현사 이황 역사삼조 공저북번

樹立大功 炳煥若此 昨以筵臣陳達 俾獲二字之贈 仍蒙忠肅之諡 豈非國
수립대공 병환약차 작이연신진달 비획이자지증 잉몽충숙지시 기비국

史之彰美乎 卽請額號 而疊請未安故 以待來後 是白如乎 其後非但 子
사지창미호 즉청액호 이첩청미안고 이대래후 시백여호 기후비단 자

孫之零星 坌除良 請額一款 國典本嚴故 卽未蒙允 是白乎乃 旌忠奬節
손지영성 분제량 청액일관 국전본엄고 즉미몽윤 시백호내 정충장절

迺朝家之盛典 而若無如是闡美 則烏能施於後世乎 以其時賢輩論之 則
내조가지성전 이약무여시천미 즉오능시어후세호 이기시현배논지 즉

或屈不屈 伸不伸者 多也 臣矣祖 忠節若此 文獻有徵 是乎矣 世遠人亡
혹굴불굴 신불신자 다야 신의조 충절약차 문헌유징 시호의 세원인망

身名俱晦 豈非士林之慨恨 又豈非子孫之寃鬱者乎矣 祖 天翊與趙洪 段
신명구회 기비사림지개한 우기비자손지원울자호의 조 천익여조홍 단

只 緣子孫之殘微 寃枉之情 不能徹九重之天 是白乎所 鄭圃隱夢周 李
지 연자손지잔미 원왕지정 불능철구중지천 시백호소 정포은몽주 이

牧隱穡 李陶隱崇仁 吉冶隱再 洪晩隱載 一體之人 特蒙建院贈額 尊奉
목은색 이도은숭인 길야은재 홍만은재 일체지인 특몽건원증액 존봉

之澤 而其子其孫 擧皆入於 聖王明命之下 仍爲蔭職之列 是白乎矣 至
지택 이기자기손 거개입어 성왕명명지하 잉위음직지열 시백호의 지

於臣矣祖 段獨漏於曠世之恩 忠亮道德 果安在哉 其在一視之道 寧有厚
어신의조 단독누어광세지은 충량도덕 과안재재 기재일시지도 령유후

薄於其間耶 臣矣身獨抱之寃 實爲百世之公議也矣 臣不避鈇鉞之誅 煩
박어기간야 신의신독포지원 실위백세지공의야의 신불피부월지주 번

擾擊鼓 極知猥越 而寃鬱所激 不知裁止 臣罪尤萬萬矣 伏願 天日之明
요격고 극지외월 이원울소격 불지재지 신죄우만만의 복원 천일지명

照 臨於覆盆之下 使矣祖 比於 鄭圃隱 李牧隱之例 而特下院額之恩典
조 임어복분지하 사의조 비어 정포은 이목은지예 이특하원액지은전

則矣祖 貫日之誠 耿耿不昧 是白乎旀 聖代光明之典 豈獨專美於前 亦
즉의조 관일지성 경경불매 시백호며 성대광명지전 기독전미어전 역

可爲垂裕於後矣 其在臣矣身 爲先之誠 死無餘憾 敎味白齊 伏乞 一視
가위수유어후의 기재신의신 위선지성 사무여감 교미백제 복걸 일시

之下 俾獲二字之恩 千萬幸甚
지하 비획이자지은 천만행심

批曰 令銓曹採達焉
비왈 령전조채달언

(時値 朝家多事 未得蒙允)
(시치 조가다사 미득몽윤)

# 제3편

# 장덕문(狀德文), 비문(碑文) 등

# 1

# 행장(行狀)

풍산 류태좌(豊山 柳台佐)

공의 휘는 익(翊)인데 처음 휘는 천익이고 자는 태시이다. 성씨(姓氏)는 박씨이며 신라 밀성대군의 후예(後裔)이다. 고려시대에 휘 언부(彦孚)[1]라는 분이 있어 시중(侍中) 벼슬을 했고 밀성군(密城君)으로 봉호(封號)되었다. 이분이 휘 효신(孝臣)을 낳았는데 중조(中朝[2] 고려조정(高麗朝廷))에 문하시중 도평의사(門下侍中 都評議事) 벼슬을 하여 시호를 문익(文翼)이라 했고 이분이 대장군도검사(大將軍都檢事) 벼슬을 지낸 공필(公弼)을 낳았다. 고조(高祖)의 휘는 육경(育慶)인데 병부상서(兵部尙書)였고 증조(曾祖)의 휘는 태화(太和)로서 이부상서(吏部尙書)였으며 조(祖)의 휘는 간(幹)인데 문과(文科)에 올라 벼슬이 이상(貳相)[3]이었다. 고(考)의 휘는 영균(永均) 벼슬이 삼재(三宰)[4]이며 은산부원군(銀山府院君)으로 봉군되었고 시호는 문헌

1 언부(彦孚): 고려 문종조(文宗朝)의 태사공(太師公).

2 중조(中朝): 당시 고려 조정(朝廷)을 지칭함.

3 이상(貳相): 의정부(議政府)의 좌우찬성(左右贊成)을 일컫는 말. 정승의 다음이라는 뜻.

4 삼재(三宰): 좌참찬(左參贊)의 별칭(別稱).

(文憲)이었다. 비(妣)는 능성구씨(綾城具氏)로서 문하좌정승(門下左政丞) 문정공(文貞公) 위(緯)의 따님이시다. 충숙왕(忠肅王) 임신년(壬申年) 7월 27일 밀성 삽포리(密城鍤浦里) 향제(鄕第)에서 공(公)을 낳았는데 어릴 적부터 지극한 성품이 있었다. 어버이에게 효도하고 아우와 우애하여 공경과 애정(愛情)을 갖추어 지극하였다. 자라나자 기도(氣度)가 영걸 차고 문사(文辭)가 빼어났다.

공민왕(恭愍王) 때 과거(科擧)에 올라 소감(小監)[5]을 역임(歷任)했고 예부시랑(禮部侍郎)[6] 세자이부(世子貳傅)[7] 겸 중서령(兼中書令)으로 옮겼다가 추천되어 한림문학(翰林文學)[8]으로 되었다. 공양왕(恭讓王)까지 내리 섬겼고 충성을 다해서 나라를 도왔다. 섬 왜구와 변경호적(邊境胡狄)을 여러번 정벌(征伐)해서 싸우면 번번이 공이 있으니 당시 사람들이 장상(將相)의 재목으로 보았다.

고려 국운이 다하게 되어 국정(國政)이 날로 잘못되자 공은 마음에 강개(慷慨)함을 품고 벼슬길에 뜻이 없었다. 아우이신 밀성군 천경(天卿)과 더불어 벼슬을 그만 두고 밀성 시골집에 돌아왔다. 스스로 송은이라 호하여 산수(山水) 사이에 거닐며 휘파람 불고 시를 읊조려서 회포를 풀곤 하였다. 우리 태조대왕(太祖大王)이 혁명(革命)하자 공은 문을 닫고 자취를 숨겨 병을 조리하고 마음을 수양(修養)하면서 세상일을 사절(謝絶)하였다. 슬퍼하고 탄식하며 시를 지었는데 「붉은 충성 구름천리 얼마나 바라봤던가, 달 지는 새벽까지 피눈

5 소감(少監): 고려시대 감(監)의 다음가는 벼슬로 품계는 四내지 五품관이었다.

6 예부시랑(禮部侍郎): 예부상서(禮部尙書)의 다음으로 정四품임.

7 세자이부(世子貳傅): 세자의 스승으로 세자사(世子師), 세자부(世子傅), 세자보(世子保) 다음의 벼슬로 세자에게 글을 가르치는 벼슬. 세자이사(世子貳師)라고도 한다.

8 한림문학(翰林文學): 한림원(翰林院)은 고려시대 임금의 명령을 받아 문서를 꾸미는 일을 맡아 보던 관청이다. 뒤에 공민왕 11년(1362) 예문관(藝文館)으로 바뀌었다.

물 짓고, 아침 해 뜨면 흐르는 세월 느껴서 알고, 저녁이면 강호에 동지를 찾네. 흥하고 망한 일을 묻지 말아라. 물에 놀고 산에 놀고 족하잖은가」하였다. 글을 지어서 포은선생에게 제사(祭祀)하며 「대부(大夫)는 의리로써 죽어서 붉은 정성이 변치 않았다」라는 말이 있었다.

대개 선생은 포은선생과 더불어 도의(道義) 사귐이 깊었다.

하도·낙서(河圖·洛書)[9]와 성리(性理)에 대한 학문을 깊이 탐구(探究)해서 정미(精微)한 경지(境地)에 도달(到達)하니 한 시대 선비들이 강습(講習)하고 토론(討論)해서 의심되는 점을 질문하며 종사(宗師)로 받들었다. 포은이 죽기를 작정하던 즈음에 선생 및 야은(冶隱), 목은(牧隱) 여러 분을 불러서 충의(忠義)로써 권면(勸勉)했는데 선생께서 「응 그렇소. 옳은 말이오. 나 또한 이를 좇아 가겠노라」 하니 여러 분이 다 「박공은 참 의사(義士)로다」하였다.

홍무 갑술년(洪武 甲戌年)[10]에 도읍(都邑)을 한양(漢陽)으로 옮긴 다음 공조판서(工曹判書) 벼슬로 공을 불렀으나 일어나지 않았고 형조판서·예조판서·이조판서로 불렀으나 또한 일어나지 않았다. 병자년(丙子年)에 또 좌의정(左議政)으로 불렀으나 끝내 일어나지 않았다.

두견(杜鵑)이를 읊조린 시에 「촉국(蜀國) 흥망이 너에게 무슨 관계랴. 누구 원수 갚으려고 피나게 우나. 높고 넓은 하늘 땅 길 잃은 나그네 달 지고 꽃도 지니 수심만 적막하구나」라 하였다.

---

9 하도·낙서(河圖·洛書): 하도는 옛 중국(中國) 복희씨(伏羲氏)가 황하(黃河)에서 나온 용마(龍馬)의 등에 나타난 그림으로써 역괘(易卦)의 원리(原理)를 만들었다 함. 복희씨(伏羲氏)가 거기서 음양(陰陽)·수(數)·오행(五行)·방위(方位)) 등의 의미를 이끌어 냈다. 낙서는 하(夏)의 우왕(禹王)이 치수(治水) 할 때에 낙수(洛水)에 나온 거북의 등에 쓰인 글을 얻었는데, 45개의 점(點)이 배열되어 있었다. 이 수리체계를 팔괘(八卦)의 배열과 천지운행의 질서를 해석하는 근거로 삼았다.

10 홍무 갑술년: 이태조가 송은선생을 오징(五徵)한 것은 1395년 을해년(乙亥年)임(방촌선생 묘표문 참조). 따라서 필자의 착오임.

무인년(戊寅年) 11월 27일 삽포 송계리(松溪里) 기산(箕山) 밑 집에서 세상을 떠나셨다. 전날 저녁에 목욕하고 손톱과 발톱을 깎은 다음 자리를 반듯하게 하고서 네분 아들을 불러서 이불을 들고 수족(手足)을 보도록[11] 하였다. 유서(遺書)가 있어 「나는 왕씨의 혼령(魂靈) 앞에 돌아 가거니와 너희들은 이씨의 세상에 있게 되었다. 이미 남의 신하로 되었으니 충성을 힘껏 하라. 선천과 후천에 부자간 시대가 다르다」하였다. 시냇가에 솔을 심어서 시내 이름으로 하고 이에 스스로 호(號)를 했음도 실상 옛 도읍(都邑)을 잊지 못하는 뜻에서 나온 것이었다. 산 이름을 기산(箕山) 이라 했음도 또한 소부(巢父)와 허유(許由)[12]가 자취를 숨기던 뜻을 붙인 것이며, 왕씨의 혼령 앞에 돌아 가겠다 했으니 그 스스로 조촐하게 한 뜻이 엄숙하였다. 도주 소고야간좌(道州素古野艮坐) 둔덕에 장사하였다.

첫 배위(配位)는 정경부인(貞敬夫人)[13] 성산 배씨(星山裵氏)인데 이상(貳相) 현보(賢輔)의 따님이고 다음 배위는 창원 박씨(昌原朴氏)로서 보승랑장(保勝郎將) 충민(忠敏)의 따님이며 또 다음 배위는 고흥

---

11 이불을 들고 수족을 보라: 『논어(論語)』, 「태백편(泰伯篇)」에 증자(曾子)가 병이 있었는데 제자(弟子)를 불러서 이불을 들고 나의 손을 보고 나의 발을 보라 했다는 말이 있다. 증자의 말은 나의 신체(身體)는 부모에게서 받은 것이니 상하게 해서는 안된다는 뜻이었다. 그리하여 『효경(孝經)』에 신체발부(身體髮膚)를 상하지 않게 하는 것이 효(孝)의 시작이다 했음.

12 소부(巢父)와 허유(許由): 요임금이 허유의 어짐을 듣고 천하(天下)를 허유에게 선양(禪讓)하려고 하자, 허유는 이를 거절하고 기산에 들어가 숨어 살았다. 그 뒤 요임금이 허유에게 천하를 맡지 않겠다면 구주(九州)의 장(長)이라도 맡아 달라고 하고 임명하려 했는데 허유가 이 말을 듣고는 더러운 말을 들었다 하면서 영수(潁水)에 나가서 귀를 씻고 있었다. 소부 또한 당대의 은사(隱士)로서 기산에 숨어살면서 세간의 영리를 멀리했고, 늙어서는 나무 위에 보금자리를 짓고 살았다 하여 소부라 했다. 이 소부가 소에게 물을 먹이려고 소를 몰고 영수에 나왔다가 허유가 귀를 씻고 있음을 보고 그 이유를 물었다. 허유가 요임금에게 듣지 못할 말을 들었으니 귀가 더러워져서 씻는다고 대답하니 소부는 「그 더러운 말을 듣고 더러운 귀를 씻은 영수는 소도 먹일 수 없다」하고 그냥 돌아가 버렸다 한다. 즉 뜻이 높고 지조를 지킨 사람의 대표적인 인물로 지칭되고 있다.

13 정경부인(貞敬夫人): 정일품(正一品)이나 종일품(從一品)의 종친(宗親) 및 문무관(文武官)의 아내의 칭호.

류씨(高興柳氏)인데 판결사(判決事) 인기(仁杞)의 따님이다.

아드님 네 분과 따님 셋을 두었다. 맏이가 융(融)인데 세 아우와 더불어 포은을 함께 스승으로 섬겼고 문과(文科)에 올라서 금산(金山)과 함안(咸安) 고을을 내리 맡아서 청백(淸白)한 다스림이 현저(顯著)하였고 여러 고을 향교(鄕校)와 제기(祭器)를 수선(修繕)하였다. 탁영선생(濯纓先生)이 쓴 학궁기(學宮記)에 「박선생 융이 이 도(道)의 도사(都事)로 있으면서 힘을 크게 썼다」하였고, 호는 우당(憂堂)이다.

차남 소(昭)는 생원(生員)이 되어서 안음현감(安陰縣監)을 지냈고 청백비(淸白碑)가 있었다. 예학(禮學)에 정심(精深)했고 스승에게 배움이 더욱 도타왔다. 야은 이외 여러 현인(賢人)과 도의 사귐이 친밀(親密)했으며 호는 인당(忍堂)이다. 다음은 삼남 조(調)인데 진사(進士)였고 이학(理學)을 같이 연구(硏究)하였다. 효(孝)로써 천거(薦擧)되어 벼슬이 예조정랑(禮曹正郞)에 이르렀으며 호는 아당(啞堂)이다.

다음 사남 총(聰)은 행실이 독실(篤實)하고 학문을 좋아하였다. 벼슬이 호조정랑에 이르렀고 이조참판(吏曹參判)으로 추증(追贈) 되었으며 호는 졸당(拙堂)이다. 따님 세 분은 군수(郡守) 손혁(孫奕), 감찰(監察) 손억(孫億), 생원 조공현(生員 曺功顯)에게 출가(出嫁)하였다.

우당 전한공(典翰公)은 아들이 두 분이어서 맏이 진(震)은 문과에 올라 벼슬이 전적(典籍)이었고 참판으로 추증되었는데 호는 감헌(酣軒)이다. 차남 간(乾)은 충무위 부사직(忠武衛 副司直) 벼슬을 했으며 호는 소고(嘯皐)이다. 인당 현감공은 아들이 세 분인데 맏이 맹번(孟蕃)은 감찰이었고 차남 중번(仲蕃)은 별시위 진의부위(別侍衛 進義副尉)였으며 다음 삼남 계번(季蕃)은 호군(護軍)이었다. 아당 정랑공은 아드님 두 분이어서 맏이는 흥문(興文)이고 다음은 두문(斗文)이다.

졸당 이판공(吏判公)은 아드님이 두 분인데 맏이 승문(承文)은 동지(同知)이고 다음 희문(熙文)은 현감이다.

감헌 참판공(우당의 장남)은 두 분 아드님이 맏이 문손(文孫)은 진사(進士)로서 통찬(通贊)이었고 차남은 승손(承孫)이다. 소고 충무위공(우당의 차남)은 한 분 아드님이 승원(承元)인데 충순위 부사직(忠順衛副司直)이고 호는 휴애(鵂崖)이다.

맹번 감찰공(인당의 장남)은 아들이 다섯인데 맏이는 계명(繼明) 차남은 계은(繼誾)이고 삼남 계장(繼章)은 직장(直長)을 지냈고 사남 계어(繼語) 오남은 계손(繼孫)이다. 중번 별시위공(인당의 차남)은 한 분 아드님이 효순(孝順)인데 교수(敎授)였다. 계번 호군공(인당의 삼남)도 한 분 아드님이 수(琇)이고 수의부위(修義副尉)였다.

흥문공(아당의 장남)은 아드님이 세 분이어서 맏이 의손(義孫)은 생원이었고 차남은 예손(禮孫) 삼남은 신손(信孫)이었다. 두문공(아당의 차남)은 아들이 두 분인데 맏이는 덕림(德林)이고 차남 계창(繼昌)은 진사였다.

승문 동지공(졸당의 장남)은 아들이 세 분이어서 맏이 사림(士林)은 찰방이고 차남 서림(書林)은 생원이었으며 삼남 유림(儒林)은 습독(習讀)이었다. 희문 현감공(졸당의 차남)은 아들이 세 분인데 맏이 세림(世林)도 현감이었고 차남 언림(彦林)은 만호(萬戶)였으며 삼남은 계림(係林)이었다.

통찬공(감헌의 장남)은 한 분 아드님이 성무(成武)이고 이조낭관(吏曹郎官)을 했으며 호는 오려(吾廬)이다. 휴애공(소고의 아들)은 세 분 아드님이어서 맏이 하담(河淡)은 생원인데 행의(行誼)[14]로서 사평(司

14 행의(行誼): 올바른 행위 또는 방정(方正)한 품행(品行).

評) 벼슬에 제수(除授)되었으나 취임(就任)하지 않았다. 호를 소요당(逍遙堂)이라 하여 삼족당(三足堂)과 도의 사귐을 했고 선암서원(仙巖書院)에 향사(享祀)한다. 차남 하청(河淸)은 예조정랑(禮曹正郎)을 했으며 호는 성와(城窩)이고 삼남 하징(河澄)은 남행대관(南行臺官)으로서 정언(正言)을 했으며 호는 병재(甁齋)이다.

계명(맹번의 장남)은 세 분 아드님이 맏이 철동(哲童) 차남 무근(茂根) 삼남 수근(秀根)인데 수근은 문과에 올랐고 이조좌랑(吏曹佐郎)을 지냈다. 계은(맹번의 차남)은 한 분 아드님이 무성(茂成)이고 직장공(맹번의 삼남)도 한 분 아드님이 희수(熙秀)이며 현감이었다.

교수공(중번의 아들)도 한 분 아드님 수견(守堅 인당의 증손)이 점필재(佔畢齋)[15] 문인이다. 집을 지어서 시묘(侍墓)[16]했고 정성된 효도가 순독(純篤)하였다. 참봉(參奉)으로 제수(除授)되었으나 부임하지 않았고 호는 모선재(慕先齋)이다. 후세(後世) 사람들이 그의 효성에 감복(感服)하여 그곳 산천(山川)과 동리를 모두 모선이라 불렀다. 수의공(修義公 계번의 아들)도 아들 한 분이 생화(生華)이며 통정(通政)이었다.

의손공(義孫公 흥문의 아들)도 아들이 한 분인데 현감이었다. 찰방공(승문의 장남)도 한 분 아드님이 분(賁)이며 벼슬은 사복시정(司僕寺正)이었고 서림공(승문의 차남)은 아드님이 셋이어서 맏이는 번(蕃) 차남은 훤(萱)인데 생원이었고 다음 삼남은 진(蓁)인데 판결사(判決事)로 증직(贈職)되었다. 유림 습독공(習讀公 승문의 삼남)은 네 분 아드님이어서 맏이는 영(寧) 차남 안(安) 삼남 빈(賓) 사남 온(蘊)이었다. 또 세림공(世林公 희문의 장남)은 아들이 셋인데 맏이 난(蘭)은 주보

15 점필재(佔畢齋): 김종직(金宗直). 1431~1492. 문장과 성리학의 대가(大家)로 영남학파의 종사(宗師)이다. 벼슬은 형조판서. 시호는 문충공(文忠公).

16 시묘(侍墓): 부모 거상중(居喪中)에 무덤 옆에다 막을 짓고 지내는 것.

(主薄)이고 차남 전(筌) 삼남 훈(薰)은 참봉이었다. 만호공(萬戶公 희문의 차남)도 한 분 아드님 운(芸)이 첨정(僉正)이었다.

소요당공(우당의 증손)은 아들이 둘이어서 맏이 영(潁)은 효행(孝行)으로서 참봉에 제수되고 형조참판으로 증직되었으며 호를 성효재(誠孝齋)라 하였다. 차남 이(頤)는 장사랑(將仕郞)이었다. 성와공(우당의 증손)은 한 분 아드님 옹(顒)이 참봉이었다. 병재공도 한분 아드님 적(頔)이 효행으로서 참봉에 제수되었다.

성효재(우당의 현손)는 아들이 셋인데 맏이 경연(慶延)은 참의(參議)로 증직되었고 차남 경신(慶新)은 선무일등공신(宣武一等功臣)[17]으로서 밀양부사(密陽府使)로 제수되었으며 병조참판으로 증직되었는데 호는 삼우정(三友亭) 이다. 삼남 경인(慶因)은 임진왜란(壬辰倭亂)에 창의(倡義)[18]했다가 순절(殉節)하여 지평(持平)으로 증직되었고 호는 용연(龍淵)이라 한다.

장사랑공(우당의 현손)은 아들이 네 분이어서 맏이 경전(慶傳)은 임진왜란에 창의했다. 선무공신으로서 창녕현감(昌寧縣監)으로 제배(除拜)되었으며 병조판서(兵曹判書)로 증직되었는데 호는 제우당(悌友堂)이다. 차남 경윤(慶胤)은 첨정(僉正)이었는데 창의선무공신으로서 병조판서에 증직되었으며 호는 국헌(菊軒)이다. 삼남 경선(慶宣)은 만호(萬戶)인데 창의했다가 순절하여 좌승지(左承旨)로 증직되었다. 사남은 경준(慶俊)이다.

옹공(顒公 우당의 현손)은 아들이 네 분이어서 맏이 경승(慶承)은 장사랑이고 차남 경생(慶生)은 참봉이었으며 삼남 경서(慶緖)는 장사

---

17 선무일등공신: 선무원종일등공신(宣武原從一等功臣)의 약칭(略稱)임.
18 창의(倡義): 나라에 변란(變亂)이 있을 때 의병(義兵)을 일으킴.

랑이다. 사남 경찬(慶纘)은 효행으로서 참봉에 제수되었으며 한강선생(寒岡先生)[19]의 문인이었다.

참의공(우당의 5세손)은 아들이 다섯 분이어서 맏이 환(瑍)은 참봉이고 차남 찬(璨)은 우후(虞侯)로서 창의선무공신이었으며 호를 운옹(雲翁)이라 했다. 삼남 우(瑀)는 임란에 창의했고 이괄(李适)의 역변(逆變)에 진무일등공신(振武一等功臣)으로서 남포현감(藍浦縣監)에 제수되었으며 병자호란(丙子胡亂)에 쌍령(雙嶺)에서 순절하여 호조참의로 증직되고 호는 기포(杞圃)였다. 사남 숙(琡)은 봉사(奉事)로서 선무공신이며 호는 용암(龍岩)이었다. 오남 규(珪)는 호조좌랑으로 증직되었다. 병참공(兵參公 우당의 5세손)은 아드님 지남(智男)이 무과(武科)에 올랐고 부정(副正)으로서 창의선무공신이었으며 차남 철남(哲男)은 부장(部將)으로서 선무공신이었다. 용연공(우당의 5세손)도 한 분 아드님 선(瑄)이 우윤(右尹)으로서 창의선무공신이었고 호는 괴정(槐亭)이었다. 제우당공의 아드님 정(珽)은 봉사(奉事)로서 정랑(正郎)에 증직되었고 차남 기(璣)는 출계했다. 국헌공(우당의 5세손)은 한 분 아드님 인(璘)이 주부로서 선무공신이며 호는 행와(杏窩)이었다. 차남 구(球)가 판관(判官)이었고 선무공신이었다. 참봉공(우당의 5세손)도 한 분 아드님 근(瑾)이 진사참봉이고 선무공신이었다. 나머지는 다 기록하지 못한다.

아아 공은 행실이 어릴적부터 다르게 나타나더니 장성하자 학문을

19 한강선생(寒岡先生): 정구(鄭逑). 1543~1620. 자(字) 도중(道中). 본관은 진주(晋州). 1573년 진사시 합격. 김굉필의 외증손으로 이황(李滉) 등에게 수학함. 참봉, 주부, 현감 등에 임명되었으나 모두 불취. 1580년에 비로소 창녕현감에 부임하고 선정을 베풀어서 생사당(生祠堂)이 세워졌다. 1608년 대사헌이 되고 임해군(臨海君)의 옥사가 일어나자 이에 관련된 모든 사람을 용서하라는 상소를 올리고 고향으로 돌아갔다. 모든 학문에 전통했고 특히 예학(禮學)에 뛰어났다. 시호는 문목공(文穆公). 저서에 『한강집(寒岡集)』이 있다.

좋아하였다. 二九세 때 입지잠(立志箴)을 지었는데 「초학(初學)이 뜻을 작정함에는 반드시 성철(聖哲)을 기약할 것이다. 속이지 않고 어기지 않음이 타고난 성품의 본이다. 기질(氣質)을 품수(稟受)한 바는 맑고 흐림의 다름이 있다. 전일(前日) 더러움을 버리고 당초 성품을 회복한다면 털끝만큼을 보태지 않아도 온갖 착함이 쓰기에 족하다.

안연(顔淵)도 한 말이 있었다. 순(舜)은 어떤 사람이며 나는 어떤 사람인가. 요(堯)와 순(舜)을 배우고자 한다면 바로 요, 순으로 될 것이다. 안연을 배우고자 한다면 바로 안연으로 될 것이다」하였다.

또 지신잠(持身箴)을 지었는데 「배우는 자는 반드시 정성된 마음으로 정도(正道)로 지향(指向)할 것이다. 세속(世俗)에 섞여 놀아서 그 뜻을 흩뜨리지 말라. 배움에는 기지(基址)가 있는 법, 마음을 바르게 몸도 바르게 한다. 사람이 충신(忠信)하지 않으면 일은 모두 실상이 없게 된다. 반드시 충신으로 해서 잠깐 동안이라도 버리지 말라. 부모(父母)께서 남겨 주신 몸뚱이가 바로 나의 일신(一身)이니라. 아홉 가지 용모(容貌)와 아홉 가지 생각이 몸을 닦는 도리(道理)이니라」하였다.

이것이 그의 학문의 종조(宗祖)였으며 큰 근본에 먼저 그 정도(正道)를 세운 것이었다. 그가 포은에게 준 시(詩)에 「지난 날 일들을 헤아려보니 영화로운 이름이 욕이로구려. 가슴 속 품은 생각 말할 것 없이, 산으로 돌아감만 같지 못하네」하였다. 포은이 차운(次韻) 하기를 「우리들 그 무슨 인연으론지 공명으로 반생을 지내왔구려. 이제는 푸른 송죽 벗을 삼아 청산에서 백발로 늙어 가세나」하였다. 또 포은에게 준 시에 「송계의 은사(隱士) 집을 찾아오시나 석양에 문닫혀 있고 꽃잎지는데 술동이 앞에 두고 그윽한 내 심정 물어보는가, 발

밖으로 청산이 반쯤 보이네」했고, 포은이 또 차운하여「봄바람에 말 멈추고 산 집 물을 제, 꽃 지고 새 울고 석양 빗겼네. 평생을 같이 사귄 정든 벗이라, 이야기하다 달 지는 걸 미처 몰랐네」하였다.

포은이 또「그대 무슨 일로 산에서 사나. 외나무 남은 꽃이 옷을 비치네. 저승서도 이승같이 산다지만 천 년이나 산다는 건 드문 것일세」공이 또「주인은 손님 붙들고 손님은 가려네. 손님이 가려기에 더욱 붙드네. 이별 많고 만나는 날 적은 이 세상, 백년에 오늘 같은 날 더욱 드무네」라는 시로 화답하였다. 목은이 또 차운하여「꿈 같은 한 세상 누구를 위해 사나. 손님 오자 달 떠올라 옷을 비치네. 저마다 풍류를 안다고 하지만, 술 석잔에 깨닫기란 드문 것일세」하였다.

공이 한가한 때에 즉사시(即事詩)를 지었는데「소나무 대나무로 울을 둘렸고 봄날이라 진달래 술잔 비치네. 듣거라 시냇가 해오리들아, 늘그막엔 너랑 놀 걸 맹세 하노라」하였다. 목은이 또 차운하여「돌길 걸어 솔 바자에 이르렀더니 꽃 떨어져 옷을 치고 잔에도 듣네. 값없는 청풍명월 얻어 내어서 백년생사를 같이 하고 싶구려」하였다.

공이 또 박정재(朴貞齋)가 홍만은(洪晩隱)에게 준 시를 차운하여「물도 목메어 울고 산도 슬픈 곳, 채찍을 치건만 차마 못 가네. 원통함 속에서 몸이 늙었고, 피눈물에 귀밑머리 희어졌구나. 낙오되어 새 세상과는 길이 멀고, 행장은 옛길에서 머뭇거리네. 가련할 손 세상에 많은 나그네들 영욕을 취하는 길 서로 다르네」하니 야은이 차운하기를「아침에 부조현에서 작별한 뒤로 저 분들 모두 다 어디로 가나. 붉은 정성은 불타오르고 슬픈 원한이 맺혔구나. 어두운 밤빛에 구름이 젖고 나그네 꿈길에 누수 소리만, 충렬의 선비를 논하지 말게. 의기란 사생 결단에서 나오네」하였다. 포은이 또 선생의 화상

(畵像)에 시를 써서 「긴 수염 십척장신 잘도 그렸네. 볼수록 두 모습 같기도 하이」했는데 선생이 차운하기를 「그림 속 사람이라 이르지 말게. 나와 그림 두 모습 누가 참인고. 푸른 기질 얼굴 위에 흐르고 있어, 저 뒷날 오늘날 보듯 전해주리라」하였다.

야은이 차운하기를 「봉의 눈, 범의 눈썹, 십척 장신에 홍안 반백 두 얼굴 같기도 하이. 그림으로 선생 모습 살펴보자니 죽지 않는 정신도 그 속에 있네」하였다. 야은이 또 찬(贊)하기를 「정신에는 별과 해가 빛을 드리웠고 기상(氣像)은 산과 바다가 뭉쳤다. 강상(綱常)을 붙들어 심어서 천년 세월에 우뚝하였다. 거룩할 손 덕스런 얼굴이여 이학(理學)의 으뜸이었다. 충효(忠孝)에 더욱 도타왔고 도의(道義)로 오직 공손하였네」했고, 춘정(春亭)은 찬하기를 「천년에 으뜸이고 백세의 스승이다. 학문은 염낙(濂洛)을 따랐고 문도(門徒)는 추로(鄒魯)를 이루었다. 천성[秉彝 병이]의 좋은 덕은 이학의 조종(祖宗)이다」하였다. 목은이 또 시를 지어서 「바다에서 돌아오니 귀밑머리는 희끗희끗, 모래밭 갈매기 같은 신세(身勢)로 함께 떠 도노라. 동산 꽃나무들 새 품종(品種)이 많지만 다만 큰 소나무만이 홀로 늦게 시든다」하였다.

이것은 한 시대 여러 현인(賢人)이 도의로 서로 사귀어서 부르고 화답한데에서 나온 것이다. 그리고 판서 김공맹성(判書 金公孟誠)이 지은 만장(輓章)에는 「충성된 혼은 솔의 절개보다 푸르고 외로운 넋은 대의 마음보다 곧았네」하였다. 춘정이 찬성(贊成)으로 있을 때 조정(朝廷)에 그의 시호를 청했다. 그 서장(書狀)은 대략 「예부시랑 박천익은 명현열사(名賢烈士)와 더불어 한마음으로 의리를 지킨 일이 국사(國史)에 기재(記載)되어 있습니다. 정몽주(鄭夢周)에 대해서는 연신(筵臣)의 진달(陳達)로 인해 비로소 은전(恩典)을 입었습니다. 유지(諭旨)를 내리시어 향을 사루어서 유허(遺墟)에 고유(告由)하니 무릇 듣고 보는 자는 누구인들 그의 충성에 감동하지 않겠습니까. 그윽히 고려사(高麗史)를 상고하니 벼슬이 정경(正卿)에 올랐으면 모두 증시(贈諡)되었습니다. 하물며 박천익은 세 조정(朝廷)을 내리 섬겨서 나랏일에 밝고도 부지런했습니다. 공(功)이 북번(北藩)에 드러났고 죽을 때까지 의리를 지켜서 충록(忠錄)에 이름을 드리웠으며 큰 절개를 세워서 밝고 빛남이 이와 같았습니다. 바라옵건대 곧 구중(九重)의 들으심을 통해서 두 글자의 추증(追贈)을 얻게 하시옵소서」 하였고, 묘소(墓所)에 고유(告由)한 글에는 「웃음을 머금고 의(義)를 취(取)하니 명절(名節)은 백이(伯夷)와 숙제(叔齊)같았네. 절조(節操)는 충숙(忠肅)으로써 우뚝했고 덕화(德化)는 온 나라에 흡족했다」하였다.

방촌 황공(厖村黃公)이 묘표(墓表)를 지었고, 황보 충정공(皇甫 忠貞公)은 신도비문(神道碑文)을 잇달아서 지었으며, 삼족당 김공(三足堂 金公)이 또 유사(遺事)의 후기(後記)를 지었는데 이것은 모두 여러분의 유집(遺集)을 조사하면 고찰(考察)할 수 있다.

아아, 공양왕 때에 적자(嫡子)를 폐위(廢位)하는 변고(變故)가 있었고 당위(黨僞)[20]와 지목(指目)이 있어 명망 있는 공경(公卿)도 뒤섞여 법사(法司)에 잡혔다. 오직 공만은 초연(超然)하게 색거(色擧)[21]하여 남방(南方)에 피했고, 포은, 야은, 목은 이하 팔은 중에 공도 그 중 한

20 당위(黨僞): 붕당(朋黨)을 위해서 거짓을 꾸밈.

21 색거(色擧): 색사거의(色斯擧矣)의 준 말. 새가 사람의 낯빛을 보고 좋은 인상이 아니면 날아간다는 뜻. (『논어(論語)』, 「향당편(鄕黨篇)」)

분이었다. 율리(栗里)의 솔과 국화[22]에로 돌아감을 읊조리고 서산(西山)의 고비와 고사리를 홀로 캐서 순국(殉國)한 충성이 두문동(杜門洞)에 함께 빛났으나 기미(機微)를 내다보는 밝음은 부조현(不朝峴) 여러 현인보다 앞서 있었다.

공의 착한 자손(子孫)은 대(代)마다 그 아름다움이 많아서 우당, 인당, 아당, 졸당을 세상에서는 한 가문의 네 봉황이라 했고, 소요당과 모선재의 행의실적(行誼實蹟)이 두드러지게 나타났다. 또한 당내(堂內)에 열넷 의사(義士)의 성하고 빛남이 있어 진실로 창성하기도 하니 하늘이 공에게 넓게 베풂이 이와 같이 오래도록 쇠(衰)하지 않았다. 그러나 세대(世代)가 더욱 오래되니 문헌(文獻)이 점점 없어져서 행록(行錄), 묘표(墓表), 가승(家乘)등 전해오던 것이 없어지고 불타 버렸다. 다만 을미년에 중건(重建)한 묘갈문(墓碣文)안에 관함(官銜)과 자손록(子孫錄)이 남아 있을 뿐이었다. 그 후에 팔은(八隱)의 명휘(名諱)와 공의 전기(傳記)를 찾아내었고, 근래에 정씨(丁氏)가 꾸민 성보(姓譜) 안에 기재된 것과 밀주지구본(密州志舊本) 및 자인(慈仁) 박씨 집 옛 편지 종이와 북지(北旨) 자손집에 수장(收藏)되어 있는 영정(影幀)과 시(詩)와 찬(贊), 증시(贈諡)한 은지(恩旨)와 청액(請額)한 소본(疏本)을 고람(考覽)해 내어서 공의 유적(遺蹟)이 이에서 햇빛처럼 별빛처럼 환하게 되었다.

입지잠과 지신잠의 바른 학문과 쇠잔한 꽃과 밝은 달을 읊조리고 화답한 것은 이학(理學)과 절의(節義)와 문장이 온통 그 안에 혼재되어 있다. 이것이 어찌 천리(天理)가 돕고 귀신이 보호해서 그의 실적

22 율리(栗里)의 솔과 국화: 율리는 진(晋)나라 도잠(陶潛)의 고향. 그는 고향집에다 솔과 국화대를 세 갈래로 심고 그 사이에 오솔길을 만들었다 함.
(도연명(陶淵明), 「귀거래사(歸去來辭)」: 三經就荒 松竹猶存(삼경취황 송죽유존))

(實蹟)을 백대후(百代後)에 밝게 게시(揭示)한 것이 아니겠는가. 사림(士林)이 덕남사(德南祠)에 향사(享祀)하여 숭보(崇報)하는 정성을 나타내면서 우당, 인당 두 분을 종사(從祀)토록 하고 또 영정을 봉안(奉安)했으니 백대 후에도 인간 천성(天性)의 반응[輿情 여정]을[23] 또한 볼 수가 있다. 그리고 용강 충렬사(龍岡忠烈祠)에 또 열네분 의사(義士)를 제향(祭享)하는 예(禮)를 거행(擧行)하면서 공의 영정을 주벽(主壁)으로 했으니 어찌 충효(忠孝)를 전해오는 공의 가문(家門)에 더구나 광채 있는 일이 아니겠는가. 공의 후손 세임(世任)이 그의 족질(族姪) 이경(履慶)씨가 지은 가장(家狀)을 가지고 와서 장덕(狀德)하는 문자[24]를 청한다. 태좌(台佐)같이 고루(固陋)하고 용렬한 것이 어찌 감히 이 심부름을 감당하겠는가마는 대개 여러 번 사양했으나 청함이 더욱 부지런하므로 외람됨을 헤아리지 않고 가지고 온 장초(狀草)에 의거(依據)하여 바로 잡으며 위와 같이 서술(敍述)해서 당세(當世)에 입언(立言)하는 대군자(大君子)의 채택(採擇)을 기다린다.

가선대부 원임 예조참판 겸 동지경연 의금부사 오위도총부 부총관 풍산 류태좌[25](嘉善大夫 原任 禮曹參判 兼 同知經筵 義禁府事 五衛都摠府 副摠官 豊山 柳台佐) 지음.

---

23 인간 천성의 반응: 병이지여정(秉彝之輿情). 인간의 떳떳하며 변하지 않는 성품에 대한 뭇사람들의 마음(公論)을 의미한다. '병이(秉彝)'는 『시경(詩經)』「대아(大雅)·탕(蕩)」에 나온다. 〈天生烝民 有物有則 民之秉彝 好是懿德(천생증민 유물유칙 민지병이 호시의덕)〉

24 장덕하는 문자: 장덕지문(狀德之文). 덕(德)을 기리는 글임. 즉 사람의 좋은 점과 잘하는 일을 추려서 적어 놓은 글.

25 류태좌(柳台佐): 1763~1837. 학자이며 문신. 서애 류성룡 대감의 八대손. 부총관, 대사간 역임. 문장에 능했음.

## 行狀(행장)

公諱翊 初諱天翊 字太始 姓朴氏 新羅密城大君之后 在高麗 有諱彦孚
공휘익 초휘천익 자태시 성박씨 신라밀성대군지후 재고려 유휘언부

侍中封密城君 是生諱孝臣 中朝 門下侍中 都評議事 諡文翼 是生諱公
시중봉밀성군 시생휘효신 중조 문하시중 도평의사 시문익 시생휘공

弼 大將軍都檢事 高祖諱育慶 兵部尙書 曾祖諱大和 吏部尙書 祖諱幹
필 대장군도검사 고조휘육경 병부상서 증조휘대화 이부상서 조휘간

文科 貳相 考諱永均 三宰 封銀山府院君 諡文憲 妣綾城具氏 門下左政
문과 이상 고휘영균 삼재 봉은산부원군 시문헌 비능성구씨 문하좌정

丞 文貞公褘之女 忠肅王 壬申七月二十七日 生公于密城之鍤浦里第 幼
승 문정공위지녀 충숙왕 임신칠월이십칠일 생공우밀성지삽포리제 유

有至性 孝親友弟 敬愛備至 及長 氣度英毅 文詞冲逸 恭愍朝 登第 歷小
유지성 효친우제 경애비지 급장 기도영의 문사충일 공민조 등제 역소

監 遷禮部侍郎 世子貳傅 兼 中書令 薦爲 翰林文學 歷事恭讓 盡忠輔國
감 천예부시랑 세자이부 겸 중서령 천위 한림문학 역사공양 진충보국

累伐島倭 及邊胡 戰輒有功 時人 以將相才擬之 及麗運將訖 時政日非
누벌도왜 급변호 전첩유공 시인 이장상재의지 급려운장흘 시정일비

公心懷慷慨 無意仕進 與弟密城君天卿 解官 歸密城鄕第 自號松隱 徜徉
공심회강개 무의사진 여제밀성군천경 해관 귀밀성향제 자호송은 상양

山水 嘯詠遣懷 逮我太祖大王革命 公杜門遯跡 調養謝世 傷歎作詩曰
산수 소영견회 체아태조대왕혁명 공두문둔적 조양사세 상탄작시왈

「丹忱幾望雲千里 血淚虛流月五更 天地光陰朝暎日 江湖消息夕尋盟 傍
「단침기망운천리 혈루허류월오경 천지광음조영일 강호소식석심맹 방

人莫問興亡事 遊水遊山足一生」爲文 祭圃隱先生「有 大夫以義丹忱不
인막문흥망사 유수유산족일생」위문 제포은선생「유 대부이의단침불

貳」之語 蓋 先生與圃隱先生 深許道義 河洛之圖 性理之學 探究蘊奧 極
이」지어 개 선생여포은선생 심허도의 하락지도 성리지학 탐구온오 극

造精微 一代士類 講討質疑 以爲宗師 圃隱誓死之際 呼先生及 冶隱 牧隱
조정미 일대사류 강토질의 이위종사 포은서사지제 호선생급 야은 목은

諸公 以忠義勉之 先生曰「唯唯 斷當從此逝矣」諸公咸曰「朴某眞義
제공 이충의면지 선생왈「유유 단당종차서의」제공함왈「박모진의

士也」洪武甲戌 移都漢陽 以工判召 不起 以刑判禮判吏判召 不起 丙子
사야」홍무갑술 이도한양 이공판소 불기 이형판예판이판소 불기 병자

又以左議政召 又終不起 詠杜鵑時曰「蜀國存亡在爾不 聲聲啼血報誰仇
우이좌의정소 우종불기 영두견시왈「촉국존망재이부 성성제혈보수구

天高地濶微茫客 月落花殘寂寞愁」戊寅 十一月二十七日 考終于鍤浦松
천고지활미망객 월락화잔적막수」무인 십일월이십칠일 고종우삽포송

溪里之箕山下 前夕 沐浴剪爪 正席 呼四子 啓手足 有遺書曰「吾歸王魂
계리지기산하 전석 목욕전조 정석 호사자 계수족 유유서왈「오귀왕혼

汝在李世 旣爲人臣 忠則竭力 先天後天 父子異時」蓋 種松名溪 仍以
여재이세 기위인신 충즉갈력 선천후천 부자이시」개 종송명계 잉이

自號 寔出於不忘舊都 山名曰箕 亦寓巢許隱跡之趣 而歸以王魂 凛乎 其
자호 식출어불망구도 산명왈기 역우소허은적지취 이귀이왕혼 름호 기

自靖之義也 葬于道州素古野 負艮原 配 貞敬夫人 星山裵氏 貳相賢輔
자정지의야 장우도주소고야 부간원 배 정경부인 성산배씨 이상현보

女 后配 昌原朴氏 保勝郎將 忠敏女 后配 高興柳氏 判決事 仁杞女 生
녀 후배 창원박씨 보승랑장 충민녀 후배 고흥류씨 판결사 인기녀 생

四男三女 長融 與三第同師圃隱 文科典翰 歷典金山咸安 以淸白顯 修列
사남삼녀 장융 여삼제동사포은 문과전한 역전금산함안 이청백현 수열

邑校宮祭器 濯纓金先生 學宮記云「朴先生融 以是路都事 大有力焉」
읍교궁제기 탁영김선생 학궁기운「박선생융 이시로도사 대유력언」

號憂堂 次昭 生員 安陰縣監 有淸白碑 精深禮學 師受益篤 與冶陶諸賢
호우당 차소 생원 안음현감 유청백비 정심예학 사수익독 여야도제현

道義契密 號忍堂 次調 進士 窮硏理學 孝薦 至禮曹正郎 號啞堂 次聰 篤
도의계밀 호인당 차조 진사 궁연이학 효천 지예조정랑 호아당 차총 독

實好學 孝薦 至戶曹正郎 贈吏曹叅判 號拙堂 女適 郡守孫奕 監察孫億
실호학 효천 지호조정랑 증이조참판 호졸당 여적 군수손혁 감찰손억

生員曺功顯 典翰二男 長震 文科 典籍 贈叅判 號酣軒 次乾 忠武衛副司
생원조공현 전한이남 장진 문과 전적 증참판 호감헌 차간 충무위부사

直 號嘯皐 縣監三男 長孟蕃 監察 次仲蕃 別侍衛 進義副尉 次季蕃 護軍
직 호소고 현감삼남 장맹번 감찰 차중번 별시위 진의부위 차계번 호군

正郎二男 長興文 次斗文 吏判二男 長承文 同知 次熙文 縣監 參判二男
정랑이남 장흥문 차두문 이판이남 장승문 동지 차희문 현감 참판이남

長文孫 進士 通贊 次承孫 忠武一男 承元 忠順衛 副司直 號鵂崖 監察五
장문손 진사 통찬 차승손 충무일남 승원 충순위 부사직 호휴애 감찰오

男 長繼明 次繼誾 次繼章 直長 次繼語 次繼孫 別侍衛一男 孝順 敎授
남 장계명 차계은 차계장 직장 차계어 차계손 별시위일남 효순 교수

護軍一男 琇 修義副尉 興文三男 長義孫 生員 次禮孫 次信孫 斗文二男
호군일남 수 수의부위 흥문삼남 장의손 생원 차예손 차신손 두문이남

長德林 次繼昌 進士 同知三男 長士林 察訪 次書林 生員 次儒林 習讀
장덕림 차계창 진사 동지삼남 장사림 찰방 차서림 생원 차유림 습독

縣監三男 長世林 縣監 次彦林 萬戶 次係林 通贊一男 成武 吏郎 號吾廬
현감삼남 장세림 현감 차언림 만호 차계림 통찬일남 성무 이랑 호오려

鵂崖三男 長河淡 生員 以行誼 除司評 不就 號逍遙堂 與三足堂 爲道義交
휴애삼남 장하담 생원 이행의 제사평 불취 호소요당 여삼족당 위도이교

享仙巖書院 次河淸 禮曹正郎 號城窩 次河澄 南臺正言 號甁齋 繼明三男
향선암서원 차하청 예조정랑 호성와 차하징 남대정언 호병재 계명삼남

長哲童 次茂根 次秀根 文科 吏曹佐郎 繼誾一男 茂成 直長一男 熙秀 縣
장철동 차무근 차수근 문과 이조좌랑 계은일남 무성 직장일남 희수 현

監 敎授一男 守堅 畢齋門人 廬墓築室 誠孝純篤 除參奉 不就 號慕先齋
감 교수일남 수견 필재문인 려묘축실 성효순독 제참봉 불취 호모선재

後人感其孝 山川坊里 皆以慕先名 修義一男 生華 通政 義孫一男 澣 縣
후인감기효 산천방리 개이모선명 수의일남 생화 통정 의손일남 한 현

監 察訪一男 賁 司僕正 書林三男 長蕃 次萱 生員 次蓁 贈判決事 習讀
감 찰방일남 분 사복정 서림삼남 장번 차훤 생원 차진 증판결사 습독

四男 長寧 次安 次賓 次蘊 世林三男 長蘭 主薄 次筌 次薰 叅奉 萬戶
사남 장영 차안 차빈 차온 세림삼남 장난 주부 차전 차훈 참봉 만호

一男 芸 兵使 逍遙二男 長穎 孝行叅奉 贈形叅 號誠孝齋 次頤 將仕郎
일남 운 병사 소요이남 장영 효행참봉 증형참 호성효재 차이 장사랑

城窩一男 顒 叅奉 甁齋一男 頔 孝行叅奉 誠孝三男 長慶延 贈叅議 次
성와일남 옹 참봉 병재일남 적 효행참봉 성효삼남 장경연 증참의 차

慶新 宣武一等功臣 除密陽府使 贈兵參 號三友亭 次慶因 壬亂倡義殉節
경신 선무일등공신 제밀양부사 증병참 호삼우정 차경인 임란창의순절

贈持平 號龍淵 將仕郎四男 長慶傳 壬亂倡義 宣武功臣 除昌寧縣監 贈兵
증지평 호용연 장사랑사남 장경전 임란창의 선무공신 제창녕현감 증병

曹判書 號悌友堂 次慶胤 僉正 倡義宣武功臣 贈兵曹判書 號菊軒 次慶宣
조판서 호제우당 차경윤 첨정 창의선무공신 증병조판서 호국헌 차경선

萬戶 倡義殉節 贈左承旨 次慶俊 顒四男 長慶承 將仕郎 次慶生 叅奉 次
만호 창의순절 증좌승지 차경준 옹사남 장경승 장사랑 차경생 참봉 차

慶緖 將仕郎 次慶纘 孝行參奉 寒岡門人 參議五男 長瑍 叅奉 次璨 虞侯
경서 장사랑 차경찬 효행참봉 한강문인 참의오남 장환 참봉 차찬 우후

倡義宣武功臣 號雲翁 次瑀 壬亂倡義 适變 以振武一等功 除藍浦縣監 丙
창의선무공신 호운옹 차우 임란창의 괄변 이진무일등공 제남포현감 병

子 殉節雙嶺 贈戶曹參議 號杞圃 次埱 奉事 宣武功臣 號龍巖 次珪 贈戶
자 순절쌍령 증호조참의 호기포 차숙 봉사 선무공신 호용암 차규 증호

曹佐郎 兵叅二男 智男 武科 副正 倡義宣武功臣 哲男 部將 宣武功臣 龍
조좌랑 병참이남 지남 무과 부정 창의선무공신 철남 부장 선무공신 용

淵一男 瑄 右尹 倡義宣武功臣 號槐亭 悌友二男 珽 奉事 贈正郎 璣出
연일남 선 우윤 창의선무공신 호괴정 제우이남 정 봉사 증정랑 기출

菊軒二男 璘 主簿 宣武功臣 號杏窩 部將一男 球 判官 宣武功臣 參奉
국헌이남 인 주부 선무공신 호행와 부장일남 구 판관 선무공신 참봉

一男 瑾 進士 參奉 宣武功臣 餘不盡錄 嗚呼 公 行著於幼少 及長 而好
일남 근 진사 참봉 선무공신 여불진록 오호 공 행저어유소 급장 이호

學 二十九歲 作立志箴 曰「初學立志 必期聖哲 勿欺勿悖 天性之則 氣
학 이십구세 작입지잠 왈「초학입지 필기성철 물기물패 천성지칙 기

質所禀 有異淸濁 去其舊染 復其初性 不增毫末 萬善足用 顔淵有言 舜何
질소품 유이청탁 거기구염 복기초성 불증호말 만선족용 안연유언 순하

予何 欲學堯舜 堯舜是也 欲學顔淵 顔淵是也」又作持身箴 曰「學者必
여하 욕학요순 요순시야 욕학안연 안연시야」우작지신잠 왈「학자필

誠 心向正道 莫遊世俗 雜散其志 學有基址 正心正身 人不忠信 事皆無實
성 심향정도 막유세속 잡산기지 학유기지 정심정신 인불충신 사개무실

必以忠信 勿棄須臾 父母遺體 是我一身 九容九思 修身之道」 此其問學
필이충신 물기수유 부모유체 시아일신 구용구사 수신지도」 차기문학

之宗祖 而大 本之先立其正也 其贈圃隱詩曰「聞見先天事 榮名辱世間
지종조 이대 본지선립기정야 기증포은시왈「문견선천사 영명욕세간

莫言心內思 不似早還山」 圃隱次曰「吾輩緣何得 功名半世間」 又贈
막언심내사 불사조환산」 포은차왈「오배연하득 공명반세간」 우증

圃隱曰「來訪 松溪隱士家 夕陽門掩落花多 樽前問我幽閑意 簾外靑山
포은왈「래방 송계은사가 석양문엄낙화다 준전문아유한의 염외청산

半面斜」 圃隱又次曰「東風歇馬問山家 花落鳥啼夕照多」 又贈詩曰
반면사」 포은우차왈「동풍헐마문산가 화락조제석조다」 우증시왈

「問君何事棲山歸 獨木殘花暎我衣」 公又次曰「主人挽客客催歸 客欲
「문군하사서산귀 독목잔화영아의」 공우차왈「주인만객객최귀 객욕

歸時況挽衣 別日常多逢日少 百年今日亦云稀」 牧隱又次曰「南柯一夢
귀시황만의 별일상다봉일소 백년금일역운희」 목은우차왈「남가일몽

爲誰歸 有客來時月上衣」 公作閒居卽事詩曰「蒼蒼松竹擁疎籬 春借鵑
위수귀 유객래시월상의」 공작한거즉사시왈「창창송죽옹소리 춘차견

花暎酒巵 寄語溪邊雙白鳥 晩年盟與共心期」 牧隱又次曰「行尋石逕
화영주치 기어계변쌍백조 만년맹여공심기」 목은우차왈「행심석경

到松籬 花落盈衣更上巵」 公又 次朴貞齋 贈洪晩隱韻詩曰「水咽山哀處
도송리 화락영의경상치」 공우 차박정재 증홍만은운시왈「수열산애처

危鞭忍不之 煩寃身已老 血淚鬢成絲 落魄新霄遠 行裝古道遲 可憐多少客
위편인불지 번원신이로 혈루빈성사 낙백신소원 행장고도지 가련다소객

榮辱各心期」冶隱次曰「朝別不朝峴 諸賢何所之」圃隱 又題先生畵像
영욕각심기」야은차왈「조별부조현 제현하소지」포은 우제선생화상

韻曰「畵出長髥十尺身 看來尤得兩容眞」先生次曰「看來誰道畵中身
운왈「화출장염십척신 간래우득양용진」선생차왈「간래수도화중신

影裏難分兩貌眞 氣質蒼蒼流面目 能傳後世視今人」冶隱次曰「鳳木虎
영리난분양모진 기질창창류면목 능전후세시금인」야은차왈「봉목호

眉十尺身 淡紅半白兩相眞」冶隱又贊曰「精垂星日 氣鍾山海 扶植綱常
미십척신 담홍반백양상진」야은우찬왈「정수성일 기종산해 부식강상

特立千載 猗歟德容 理學之宗 忠孝益篤 道義惟恭」春亭又贊曰「千載
특립천재 의여덕용 이학지종 충효익독 도의유공」춘정우찬왈「천재

之宗 百世之師 學溯濂洛 門成鄒魯 秉彝好德 理學之祖」牧隱又有詩曰
지종 백세지사 학소염낙 문성추로 병이호덕 이학지조」목은우유시왈

「海上歸來鬢二毛 沙鷗身世共飄飄 園中花木多新種 只有長松獨後凋」
「해사귀래빈이모 사구신세공표표 원중화목다신종 지유장송독후조」

此 其一代諸賢 道義相契 而發於酬唱題詠者也 公沒之後 判書金公孟誠
차 기일대제현 도의상계 이발어수창제영자야 공몰지후 판서김공맹성

輓曰「忠魂松節碧 義魄竹心餘」春亭以贊成 請諡于朝 其狀畧曰「禮
만왈「충혼송절벽 의백죽심여」춘정이찬성 청시우조 기장략왈「예

部侍郎 朴天翊 與名賢烈士 同心秉義 載在國史 鄭夢周 因筵臣陳達 始蒙
부시랑 박천익 여명현열사 동심병의 재재국사 정몽주 인연신진달 시몽

恩典 諭旨之下 焚香告于遺墟 凡在觀聆 孰不有感 忠之意哉 竊考麗典 位
은전 유지지하 분향고우유허 범재관영 숙불유감 충지의재 절고려전 위

躋正卿 皆有贈諡 況此朴天翊 歷事三朝 勤亮幹國 功著北藩 沒身秉義 垂
제정경 개유증시 황차박천익 역사삼조 근량간국 공저북번 몰신병의 수

名忠錄 樹立大節 炳煥若此 伏望即 徹九重之聽 俾獲二字之贈」又告由
명충록 수립대절 병환약차 복망즉 철구중지청 비획이자지증」우고유

墓所文曰「含笑取義 名同夷齊 節卓忠肅 德洽家國」尨村黃公 撰墓表
묘소문왈「함소취의 명동이제 절탁충숙 덕흡가국」방촌황공 찬묘표

忠定皇甫公 續撰神道碑文 三足堂金公 又撰遺事後 是皆 諸賢遺集中 所
충정황보공 속찬신도비문 삼족당김공 우찬유사후 시개 제현유집중 소

可按而攷也 嗚呼 勝國之末 恭讓之際 廢嫡有變 黨僞有目 名公碩輔 混被
가안이고야 오호 승국지말 공양지제 폐적유변 당위유목 명공석보 혼피

收司 惟公超然 色擧遜荒南徼 圃冶牧以下 八隱之中 公居其一 賦 歸栗
수사 유공초연 색거손황남요 포야목이하 팔은지중 공거기일 부 귀율

里之松菊 獨採西山之薇蕨 殉國之忠 并耀於杜門一洞 見幾之明 已先於
리지송국 독채서산지미궐 순국지충 병요어두문일동 견기지명 이선어

不朝諸賢矣 公之肖子令孫 世濟其美 憂忍啞拙 世稱一門之四鳳 逍遙慕先
부조제현의 공지초자령손 세제기미 우인아졸 세칭일문지사봉 소요모선

表著 行誼之實蹟 又有 一堂十四義士之彬蔚華顯 式熾以昌 天之普施於
표저 행의지실적 우유 일당십사의사지빈울화현 식치이창 천지보시어

公者 若是其久 而勿替也 逮夫 世級愈下 文獻寢晦 行錄 墓表 家乘之傳
공자 약시기구 이물체야 체부 세급유하 문헌침회 행록 묘표 가승지전

蕩佚煨燼 只有 乙未 重建墓碣中 官啣 子孫錄而已 伊後搜得 八隱名諱
탕일외신 지유 을미 중건묘갈중 관함 자손록이이 이후수득 팔은명휘

公傳 近于攷出 丁氏姓譜中所載 密州舊誌 及 慈仁朴氏 巾衍古紙 北旨
공전 근우고출 정씨성보중소재 밀주구지 급 자인박씨 건연고지 북지

姓孫家所藏 影幀 詩 與 贊 贈諡之恩旨 請額之疏本 而公之遺蹟 於是乎
성손가소장 영정 시 여 찬 증시지은지 청액지소본 이공지유적 어시호

煥然日星矣 立志持身之正學 殘花明月之唱酬 理學也 節義也 文章也 渾
환연일성의 입지지신지정학 잔화명월지창수 이학야 절의야 문장야 혼

在其中 玆豈非 天理之僭 而鬼護神持 昭揭實蹟 於百世之下也哉 士林享
재기중 자기비 천리지참 이귀호신지 소게실적 어백세지하야재 사림향

德南祠 以寓崇報之誠 而以憂 忍二公從祀之 又奉安影幀 亦可見百世之下
덕남사 이우숭보지성 이이우 인이공종사지 우봉안영정 역가견백세지하

秉彝之輿情 而龍岡之忠烈祠 又擧十四義士 俎豆之禮 以公影幀一本 主
병이지여정 이용강지충열사 우거십사의사 조두지예 이공영정일본 주

壁焉 尤豈不 有光於公家 忠孝之傳耶 公之後孫 世任 以其族侄 履慶氏
벽언 우기불 유광어공가 충효지전야 공지후손 세임 이기족질 이경씨

所草 家狀 來請狀德之文 台佐 之瞢陋湔劣 何敢當是役 蓋 累辭 而請益
소초 가장 래청장덕지문 태좌 지몽루전렬 하감당시역 개 루사 이청익

勤 不揆僭猥 謹据來狀 而隱栝敍次之如右 以俟 當世立言大君子之採擇
근 불규참외 근거래장 이은괄서차지여우 이사 당세입언대군자지채택

云爾
운이

嘉善大夫 原任禮曹叅判 兼 同知 經筵 義禁府事 五衛都摠府副摠管
가선대부 원임예조참판 겸 동지 경연 의금부사 오위도총부부총관

豊山 柳台佐 撰
풍산 류태좌 찬

# 2

# 실적(實蹟)

벽진 이화(碧珍 李𨯶)

선생의 휘는 익이나 처음 휘는 천익이었다. 자는 태시이고 호는 송은이며 성은 박씨인데 신라 밀성대군의 후손이다. 증조의 휘는 대화이며 대호군 이부상서(大護軍 吏部尙書)였다. 조부(祖父)는 휘가 간이고 문과에 올라 이상(貳相 찬성)이었으며 고(考 부친)의 휘는 영균 삼재(三宰 좌참찬)로서 은산부원군으로 봉호되고 시호는 문헌이다. 비(妣)는 능성 구씨인데 문하 좌정승 문정공 위(褘)의 따님인데 고려 충숙왕 임신년(1332년) 7월 27일 밀주 삽포리 집에서 선생을 낳았다.

선생은 나면서부터 기개(氣槪)가 영걸차고 굳세었으며 효우(孝友)는 타고난 성품이었다. 장성하자 벌써 학문에 뜻을 두었고 二九세에 입지잠과 지신잠을 지어서 자신(自身)을 깨우쳤다. 공민왕 때 과거에 올라 한림문학, 소감, 예부시랑을 역임(歷任) 했고 세 조정을 내리 섬기면서 충성을 다해서 국정(國政)을 도왔다. 일찌기 우리 태조대왕을 따라 섬 왜구와 변방(邊方) 호인(胡人)을 정벌해서 번번이 공을 세웠다. 고려국 운수가 끝나게 되어 가짜 임금(辛禑 신우, 辛昌 신창)

이 정사를 어지럽히자 선생은 기미(幾微)를 보고 먼저 떠났다.

아우 밀성군 천경과 더불어 벼슬을 그만 두고 고향에 돌아와서 문을 닫고 스스로 조촐하게 하였다. 포은, 목은 여러 현인과 도의로 사귀어서 여가 있는 날이면 시를 화답하며 세상일을 한탄하였다.

공양왕 때 다시 예조판사(禮曹判事)로 기용(起用) 되었으나 얼마 못되어서 고려 사직(社稷)이 위태하였다. 선생은 포은, 목은, 야은, 도은과 더불어 손을 잡고 통곡하면서 「시국(時局)이 이미 이와 같음은 천명(天命)이다. 그러나 하늘엔 두 해가 없고 신하에겐 두 임금이 없다」하였다. 포은이 죽기를 맹세하던 날 선생을 불러 울면서 「삶은 이 세상에 기생하는 것이고 죽음은 저 세상으로 돌아가는 것이다. 비록 천명(天命)이라 하나 나는 홀로 우리 임금의 뜻에 죽음을 무릅쓰고 돌아 가거니와 나를 알아줄 사람은 이에 천익과 재(再 야은)와 색(穡 목은)이다」하였다. 선생이 이르기를 「그렇다. 나도 맹세코 이씨(李氏)의 곡식을 먹지 않겠노라」하니 여러 현인이 눈물을 닦으며 크게 말하기를 「박모(朴某)는 참 의사(義士)로다. 그는 고죽군(孤竹君)의 아들과 같은 절개가 있음인가」라고 하였다.

우리 태조께서 이미 도읍을 정하자 폐백으로써 선생을 초빙(招聘)했으나 선생은 청맹과니와 귀머거리라고 핑계하며 예사롭게 앉아서 폐백을 맞이하지 않았다. 예관(禮官) 양촌 권근(陽村 權近)이 돌아 가서 보고하기를 「천익은 왕폐(王幣)의 소중(所重)함을 돌아보지도 않고 죽음을 삶같이 여기니 신(臣)은 그를 오게 할 수가 없었습니다」하였다. 임금이 이르기를 「천익은 일찍부터 그 마음을 내가 알던 자이다. 비록 내집에 좋지 않으나 내 어찌해서 죄를 논하겠는가. 과연 노중련(魯仲連)[1], 개자추(介子推)[2] 같은 무리이다」하였다.

전후에 공(工), 형(刑), 예(禮), 이(吏) 네 조(曹)의 판서(判書)와 좌의정(左議政)으로 여러 차례 불렀으나 끝내 나아가지 않았다.

매양 달밤과 꽃 질 때이면 괴로운 마음으로 홀로 앉아서 감개하는 눈물을 흘렸고 가끔은 그 마음을 읊조림에 나타내었다. 그 두견이를 읊조린 시에 「촉국 흥망[存亡 존망] 너에게 무슨 관계랴, 누구 원수 갚으려고 피나게 우나, 높고 넓은 하늘 땅 길 잃은 사람, 달 지고 꽃도 지니 수심만 적막하구나」하였다.

무인년(戊寅年)에 병이 위중(危重)해지자 네 아드님에게 유서(遺書)를 남겼는데 「나는 왕씨의 혼령(魂靈)으로 돌아 가거니와 너희들은 이씨 세상에 있다. 이미 남의 신하로 되었으니 충성한다면 힘껏 하라. 선천과 후천에 부자간 시대가 달라졌다」하였다.

동짓달 스무이렛날에 고종(考終)하여 예순일곱살을 향수(享壽)하셨다. 부음(訃音)이 들리자 임금이 애도(哀悼)하고 보국 숭록대부 의정부 좌의정 겸 경연 춘추관 홍문관 예문관 관상감사(輔國 崇祿大夫 議政府 左議政 兼 經筵 春秋館 弘文館 藝文館 觀象監事)로 증직(贈職)하시었다. 묘소가 도주 서현 소고산 간좌 둔덕에 있다. 건문 원년 기

1 노중련(魯仲連): 춘추전국시대 제(齊)나라 사람으로 기개(氣槪)가 높아서 벼슬하기를 싫어하고 다른 사람의 분쟁을 잘 해결시켰다. 진나라 군사가 조나라를 포위 공격하다가 노중련이 진(秦)이 제(帝)되면 연(連)은 동해에 몸을 던져 죽을 뿐이다. 나는 차마 그 백성이 되지 못하겠다.(連有蹈東海而死耳, 吾不忍爲之民也: 『사기(史記)』, 「노중련(魯仲連)·추양열전(鄒陽列傳)」했는데, 그 뒤 진나라는 무력으로 조나라를 지배함이 옳지 않다고 생각하고 군사를 모두 퇴각시켰다. 뒤에 전단(田單)이 제왕(齊王)에게 노중련을 추천하여 벼슬을 주려하니 노중련은 동해로 도망가서 숨어 살았다고 한다.

2 개자추(介子推): 춘추시대(春秋時代) 진(晋)나라 사람. 진문공(晋文公)이 임금으로 되기 전에 19년을 외국에 유리(遊離)했고 개자추도 따라다녔다. 그 후 문공이 귀국해서 임금으로 되자 추종하는 사람은 모두 벼슬을 주었으나 개자추만은 벼슬이 미치지 않았다. 개자추는 모친을 모시고 면산(緜山)에 숨어 버렸다. 문공이 그제야 그의 노고를 생각하고 찾았으나 나오지 않았다. 생각 끝에 면산에다 불을 질렀더니 그는 결국 불에 타서 죽었다. 후세 사람은 그가 불타 죽은 그날에는 불을 피우지 않고 찬 밥을 먹으면서 그날을 한식(寒食)이라 하였다.

묘년(己卯年)에 춘정 변계량(春亭 卞季良) 조정에 청해서 충숙(忠肅)이라는 시호가 내렸고 다음해 경진(庚辰)년에 예관(禮官)을 보내서 제사(祭祀)하였다. 그리고 우리 순종(純宗)[3] 34년 계사년(癸巳年)에는 사림(士林)이 밀주 덕남사에 봉향(奉享) 했는데 3년을 지난 을미년에는 그 뒤에다가 영정(影幀)을 봉안(奉安) 하였다.

부인 성산 배씨는 이상(貳相) 배현보의 따님이고 후배(後配) 창원 박씨는 보승랑장 박충민의 따님이며 후배 고흥 류씨는 판결사 유인기의 따님이다. 4남 3녀를 두었는데 아들로서 융(融)은 문과에 올라 이조정랑을 지냈고 호는 우당이다. 소(昭)는 생원으로서 현감을 지냈고 호는 인당이다. 조(調)는 진사로서 예조정랑을 했고 호는 아당이다. 총(聰)은 호조정랑을 했으며 이조참판으로 증직되었는데 호는 졸당이다. 모두 충효와 청백(淸白)으로서 이름이 뚜렸했다. 여서(女婿) 손혁은 군수이고 손억은 감찰이며 조공현은 생원이었다. 손자와 증손 이하는 너무 많아서 다 기록하지 못한다.

아아, 선생께서 돌아가신지 지금 오백년(五百年)이 가까왔다. 그의 세상에 나감과 집에 있었던 그 행적(行蹟)과 문장과 도덕이 우주(宇宙)에 밝게 빛나서 후세에 전할 만했건만, 세대(世代)가 차츰 멀어지고 여러번 병화(兵火)를 겪어서 가승(家乘)을 말끔 잃었으니 찾아볼 문헌(文獻)이 없었다. 정씨(丁氏)의 성보(姓譜)에 기재된 것과 밀주구지(密州 舊志)에 있는 실적(實蹟)같은 것은 다만 관직(官職)과 증시(贈諡)한 것에 불과하였다.

그런데 근래 자인(慈仁) 고을 과부집 편지상자 속에서 불타고 남

3 순종(純宗): 순종은 순조(純祖)의 오기(誤記)이고 34년은 33년의 오기. 즉 순조 33년 계사년(癸巳年 서기 1833년)으로 선생을 덕남서원(德南書院)에 봉안(奉安)한 해이다.

은 종이뭉치를 찾아 내었는데 선생의 유시(遺詩) 약간 및 조정에서 사제(賜祭)한 글과 당시 여러 현인의 수창(酬唱)과 만장(輓章)·뇌사(誄詞)·비문(碑文)이 흩어져 없어지고 전해오지 않던 나머지가 함께 나왔다.

그 후 또 도주 북지 박씨 집 불탄 잿더미 속에서 선생의 영정을 찾아 내어 지금에도 유상(遺像)이 완연하니 이상하였다. 신명의 보호함이 실로 우연이 아니며 선생의 전후 아름다웠던 사적이 이로 인해서 세상에 다시 환하게 밝아졌다. 저 자인(慈仁) 과붓집과 북지(北旨) 박씨도 모두 선생의 자손인 즉 그 전대(前代)에 수장(收藏)한 바가 있었으나 살고 있는 곳이 궁벽지고 또 미천(微賤)해지니 식견(識見) 없는 자가 발견해 내지 못해서 그랬던 것이던가. 모든 사물(事物)이 시기에 따라서 나타나기도 감춰지기도 하나 이치는 끝까지 숨겨지지 않는다. 백대 후이지만 이것을 받들어 구경하는 자는 누구인들 옷깃을 여미며 머리털이 곤두서지 않으랴.

아아, 선생은 당시 팔은(八隱) 중의 한 분이시다. 남의 신하로서 국가가 혁명(革命)되는 즈음에 있어 본디 조정에 보답할 바는 그 마음을 다하는 데에 있을 뿐이다. 그러므로 포은은 죽임을 당했고 선생은 신하 노릇하지 않아서 처음이나 마침이나 변하지 않았다. 왕씨의 늙은 신하로서 그 자취는 비록 달랐으나 지성으로 간절했던 뜻은 같았다.

용퇴(勇退)한 결단이 이미 이와 같았고 은덕(隱德)의 깨끗함이 또 이와 같았다. 겉과 안, 처음과 끝, 순수함이 한결같이 정도(正道)에서 나왔다.

여기에서 선생께서 평소(平素)에 학문한 힘이 강명(講明)한 바가 있었음을 볼 수 있으며 필경 이룩한 것도 죄다 그 중에서 나왔으니 선생의 행적은 바로 부자(夫子 공자[4])께서 이른바 「진퇴(進退)와 존망(存亡)을 알아서 그 바름을 잃지 않는다」라는 것이 아닌가.

김삼족당 대유(大有)가 선생의 유사(遺事)에 발문(跋文)하면서 「송경지(松京志)에 팔은집(八隱集)을 읽다가 송은의 맹오편(盲聱篇)을 보니 그의 곧은 충성과 우뚝한 절개는 일월(日月)과 광채(光彩)를 다툰다」하였다. 그런데 애석하게도 그 맹오편이 지금에 전해 오지는 않으나 삼족(三足)의 찬양(讚揚)한 글에서 이미 증거가 된다.

야은이 선생의 화상을 찬하면서 「거룩할 손 덕스러운 얼굴이여 이학(理學)의 으뜸이었다」했고 춘정은 「천년의 으뜸이고 백세의 스승이다」하였다. 이것이 천고(千古)의 단안(斷案)으로 되기에 족하다.

화(鏵)가 어찌 감히 덧붙여서 말할 것인가. 선생의 후손 세진(世震)이 이미 서원(書院) 일에 처음부터 끝까지 수고하였다. 또 그가 편집(編輯)한 유고(遺稿)를 차례를 갖추어서 교감(校勘)하도록 나에게 부탁하고 한마디 말로 발문하기를 요구한다. 돌아보건데 학문도 없는 후생(後生)이 어찌 감히 이 심부름을 감당하겠는가. 그러나 선생의 도학과 절의(節義)에 그윽히 오랜 감모(感慕)로서 탄식 되는 바가 있으므로 고루(固陋)함을 잊고 그 사실의 전말(顚末)을 대략 위와 같이 서술해서 사필(史筆) 잡은 자의 채택(採擇)을 기다린다.

을미년(乙未年) 유화절(流火節)[5]에 통훈대부 전행 사헌부 지평(通訓大夫 前行 司憲府 持平) 벽진 이화(碧珍 李鏵) 삼가 지음

---

4 이 글귀는 『주역(周易)』, 「건괘(乾卦) 상구(上九)·문언전(文言傳)」에 나온다. (知進退存亡而不失其正者 其唯聖人乎 지진퇴존망이불실기정자 기유성인호)

5 을미년(乙未年) 유화절(流火節): 을미년은 서기 1835년. 유화절은 음력 7월이다.

## 實蹟(실적)

先生諱翊 初諱天翊 字太始 號松隱 姓朴氏 新羅密城大君之后 曾祖諱
선생휘익 초휘천익 자태시 호송은 성박씨 신라밀성대군지후 증조휘

大和 大護軍 吏部尙書 祖諱幹 文科 貳相 考諱永均 三宰 封銀山君 謚
대화 대호군 이부상서 조휘간 문과 이상 고휘영균 삼재 봉은산군 시

文憲 妣綾城具氏 門下左政丞 文貞公 褘女 高麗 忠肅王 壬申七月二十七
문헌 비능성구씨 문하좌정승 문정공 위녀 고려 충숙왕 임신칠월이십칠

日 生先生于 密州鍤浦里第 先生生而 氣度英毅 孝友根天 及長 已有志
일 생선생우 밀주삽포리제 선생생이 기도영의 효우근천 급장 이유지

於學 二十九作 立志箴持身箴 以自警 恭愍王朝 登第 歷翰林文學 少監
어학 이십구작 입지잠지신잠 이자경 공민왕조 등제 역한림문학 소감

禮部侍郎 歷仕三朝 盡忠輔國 嘗從我太祖大王 征討島倭及邊賊 輒有功
예부시랑 역사삼조 진충보국 상종아태조대왕 정토도왜급변적 첩유공

逮夫麗運將訖 僞朝政亂 先生見幾先作 與弟密城君天卿 觧官還鄕 杜門
체부려운장흘 위조정란 선생견기선작 여제밀성군천경 해관환향 두문

自靖 與圃隱牧隱諸賢 爲道義交 暇日唱酬 慷慨時事 恭讓朝 復起爲禮
자정 여포은목은제현 위도의교 가일창수 강개시사 공양조 복기위예

判事 未幾麗社已危矣 先生與圃牧冶陶 把手慟哭曰「時已若此天也 然
판사 미기려사이위의 선생여포목야도 파수통곡왈「시이약차천야 연

天無二日 臣無二君」及 圃隱誓死之日 呼先生泣曰「生寄死歸 雖曰天
천무이일 신무이군」급 포은서사지일 호선생읍왈「생기사귀 수왈천

命 吾獨死歸 於吾王之庭 知我者 乃天翊 與再穡也」先生曰「唯唯 吾
명 오독사귀 어오왕지정 지아자 내천익 여재색야」선생왈「유유 오

亦誓 不食李粟」諸賢拭眼大言曰「朴某 眞義士也」其有孤竹子之節乎
역서 불식이속」제현식안대언왈「박모 진의사야」기유고죽자지절호

我太祖旣定鼎 以幣聘先生 先生托以盲聱 坐自如不迎幣 禮官權陽村近
아태조기정정 이폐빙선생 선생탁이맹오 좌자여불영폐 예관권양촌근

還報曰「天翊不顧 王幣所重 視死如生 臣不得致也」上曰「天翊曾已
환보왈「천익불고 왕폐소중 시사여생 신부득치야」상왈「천익증이

知心者 雖曰吾家不良 乃王氏忠臣也 予何以論罪哉 果若仲連子推之輩
지심자 수왈오가불량 내왕씨충신야 여하이논죄재 과약중련자추지배

也」前後屢徵 以工刑禮吏 四曹判書 左議政 而終不就 每夜月殘花 苦
야」전후루징 이공형예이 사조판서 좌의정 이종불취 매야월잔화 고

心獨坐 憂傷感淚 往往發之歌詠 其詠杜鵑詩曰「蜀國存亡在爾不 聲聲
심독좌 우상감루 왕왕발지가영 기영두견시왈「촉국존망재이부 성성

啼血報誰仇 天高地濶微茫客 月落花殘寂寞愁」戊寅病革 遺四子書曰
제혈보수구 천고지활미망객 월낙화잔적막수」무인병극 유사자서왈

「吾歸王魂 爾在李世 旣爲人臣 忠則竭力 先天後天 夫子異時」以十一
「오귀왕혼 이재이세 기위인신 충즉갈력 선천후천 부자이시」이십일

月二十七日終 享年六十七 訃聞 上悼之 贈以輔國崇祿大夫 議政府左議
월이십칠일종 향년육십칠 부문 상도지 증이보국숭록대부 의정부좌의

政 兼 經筵 春秋館 弘文館 藝文館 觀象監事 墓在 道州西縣 素古山
정 겸 경연 춘추관 홍문관 예문관 관상감사 묘재 도주서현 소고산

枕艮之原 建文元年己卯 卞春亭季良 請于朝 賜謚忠肅 明年庚辰 遣禮
침간지원 건문원년기묘 변춘정계량 청우조 사시충숙 명년경진 견예

官侑祭 逮我純宗 三十四年癸巳 士林奉享 于密州德南祠 粤三年乙未
관유제 체아순종 삼십사년계사 사림봉향 우밀주덕남사 월삼년을미

奉影幀安于後 夫人星山裵氏 貳相賢輔女 后配昌原朴氏 保勝郎將 忠敏
봉영정안우후 부인성산배씨 이상현보녀 후배창원박씨 보승랑장 충민

女 后配高興柳氏 判決事 仁杞女 生四男三女 男曰融 文科 吏曹正郎 號
녀 후배고흥류씨 판결사 인기녀 생사남삼녀 남왈융 문과 이조정랑 호

憂堂 曰昭 生員 縣監 號忍堂 曰調 進士 禮郎 號啞堂 曰聰 戶郎 贈吏叅
우당 왈소 생원 현감 호인당 왈조 진사 예랑 호아당 왈총 호랑 증이참

號拙堂 皆以忠孝淸白著焉 女 孫奕 郡守 孫億 監察 曺功顯 生員 孫曾
호졸당 개이충효청백저언 여 손혁 군수 손억 감찰 조공현 생원 손증

以下 多不能盡錄 於乎 今距先生之歿 近五百年 凡其出處行蹟 文章道
이하 다불능진록 오호 금거선생지몰 근오백년 범기출처행적 문장도

德 炳烺宇宙 可以垂後者 而世代寢遠 屢經兵燹 家乘蕩失 文獻無徵 至
덕 병랑우주 가이수후자 이세대침원 루경병선 가승탕실 문헌무징 지

若丁氏姓譜中所載 密州舊誌中實蹟 不過官職 與贈諡而已 迺者得 慈仁
약정씨성보중소재 밀주구지중실적 불과관직 여증시이이 내자득 자인

孤嫠家巾笥中 斷爛古紙 其遺什若干 及朝家賜祭文 及當時諸賢酬唱 輓
고리가건사중 단란고지 기유집약간 급조가사제문 급당시제현수창 만

誄碑文 幷出於散失 不傳之餘 又其後先生影幀 奉出於道州北旨朴姓家
뢰비문 병출어산실 불전지여 우기후선생영정 봉출어도주북지박성가

煨燼之中 至今 眞像宛然異哉 神明之護 實非偶然 而先生之前後懿蹟
외신지중 지금 진상완연이재 신명지호 실비우연 이선생지전후의적

因是而煥然復明於世 彼慈仁嫠 北旨朴 皆其姓孫 則豈其前代 有所藏守
인시이환연부명어세 피자인리 북지박 개기성손 즉기기전대 유소장수

而所處窮僻 後又微賤 而蔑識者 莫之發而然歟 然時有顯晦 理無終祕 百
이소처궁벽 후우미천 이멸식자 막지발이연여 연시유현회 리무종비 백

世之下 奉以玩者 孰不斂衽 而豎髮哉 噫 先生 蓋當時八隱之一也 人臣
세지하 봉이완자 숙불렴임 이수발재 희 선생 개당시팔은지일야 인신

處鼎革之際 所以報本朝者 在盡其心而已 故圃隱死之 而先生罔僕 終始
처정혁지제 소이보본조자 재진기심이이 고포은사지 이선생망복 종시

不貳 爲王氏遺老 其跡雖殊 其至誠惻怛之意則同也 勇退之決 旣如此
불이 위왕씨유로 기적수수 기지성측달지의즉동야 용퇴지결 기여차

隱德之潔 又如此 使表裏首末 粹然一出於正 此可見 先生平日 學問之
은덕지결 우여차 사표리수말 수연일출어정 차가견 선생평일 학문지

力 有所講明 而畢竟成就 都由夫箇中得來 則先生正 夫子所謂「知進退
력 유소강명 이필경성취 도유부개중득래 즉선생정 부자소위「지진퇴

存亡 而不失其正者歟」金三足大有 跋先生遺事 而「讀松京誌 八隱集
존망 이부실기정자여」김삼족대유 발선생유사 이「독송경지 팔은집

觀至 松隱盲聱篇 其貞忠卓節 與日月爭光」惜乎 其盲聱篇則 今不傳
관지 송은맹오편 기정충탁절 여일월쟁광」석호 기맹오편즉 금불전

而 三足翁 揄揚之筆 已足徵焉 至於冶隱之贊 先生畵像曰「猗歟德容
이 삼족옹 유양지필 이족징언 지어야은지찬 선생화상왈「의여덕용

理學之宗」春亭之贊曰「千載之宗 百世之師」此足爲 千古之斷案 鏵
이학지종」춘정지찬왈「천재지종 백세지사」차족위 천고지단안 화

何敢贅焉 先生後孫 世震甫旣於院事 終始賢勞 又以其所輯遺稿 屬于鏵
하감췌언 선생후손 세진보기어원사 종시현노 우이기소집유고 촉우화

俾有以撰 次勘校而 求一言以爲識 顧 晩生蔑學 安敢當是役 然而 於先
비유이찬 차감교이 구일언이위지 고 만생멸학 안감당시역 연이 어선

生之 道學節義 竊有所曠感 而興歎者 故忘其孤陋 畧叙其顚末 事實如
생지 도학절의 절유소광감 이흥탄자 고망기고루 략서기전말 사실여

右 以俟秉筆者 採摭焉
우 이사병필자 채척언

乙未流火節 通訓大夫 前行 司憲府持平
을미유화절 통훈대부 전행 사헌부지평

碧珍 李鏵 謹撰
벽진 이화 근찬

# 3

# 유사(遺事)

한산 이병원(韓山 李秉遠)

좌의정 충숙공 휘 익은 실상 밀성박씨의 먼 조상인데 사행(事行)과 생졸[肇卒 조졸]은 세대가 멀어서 전해오는 것이 없었다. 보첩(報牒)에 기재된 바도 다만 관작(官爵)과 시호(諡號)가 있을 뿐이어서 또 어느 연대(年代)에 증작(贈爵) 되었으며, 어느 때에 증시(贈諡)된 것인지를 알지 못한다. 지난 적에 단성(丹城)에 거주(居住)하는 후손(後孫) 아무개가 찢어지고 불에 탄 야사(野史)에서 승국(勝國) 때 팔은록(八隱錄)을 찾아 내어서 비로소 그가 고려 말기에 일민(逸民)[1]임을 알게 되었다. 그리고 「밀주지」 구본(密州志 舊本)에도 또한 스스로 조출케한 사실[2]이 언급(言及)되어 있으나 말이 모두 희미하고 분명하지 않아서 어찌해서 그런지는 자세히 알 수 없었다.

근년(近年) 자인현 과붓집 상자속에 옛 종이 한 무더기가 오랜 세월을 내려오면서 먼지가 덮여 있었다. 그 집 사위 조씨(趙氏)는 선비

1 일민(逸民): 훌륭한 학문과 덕행(德行)이 있으면서 세상에 나오지 않고 숨어서 사는 사람.

2 조출케한 사실: 망한 나라의 신하가 새나라의 신하되기를 거부하고 숨어서 스스로 정절을 지키는 것.

이고 서울 사람이었는데 그 종이를 보자 이상하게 여겼다. 여러 박씨에게 알려 찾아 내니 시(詩)·문(文)과 기사(記事) 등 아울러 약간편이었다. 그리고 청도의 북지 박씨집에서 또 선생의 진영(眞影)과 교지(敎旨) 및 비표(碑表) 등 여러 작품(作品)이 나와서는 선생의 본말(本末)이 얼추 갖추어졌다.

대개 선생이 고려에 벼슬한 것은 관직이 예부시랑에 그쳤는데 국사(國史)가 날로 잘못되어 감을 보고는 드디어 자취를 숨겨서 피했은즉 팔은(八隱)이라 일컬음은 그의 사실을 기록한 것이었다. 그리고 보첩에 기록된 좌정승은 곧 성조(聖朝 이태조)께서 용흥(龍興)[3]한 후에 징소(徵召)[4]한 관직(官職)이나 선생은 일찍이 응낙(應諾)하지 않았던 것이었다. 명호(名號)를 바꾼 은전(恩典)은 춘정이 건의(建議)한 바이고 묘제(墓祭)한 글에 백이·숙제(伯夷叔齊)에 비하기까지 했으니 이것이 어찌 당시의 돈사(惇史)[5]가 아니겠는가.

대저 세대를 오래 지내오면 문헌(文獻)이 더욱 없어져서 비록 운잉(雲仍)[6]의 효성스러운 사모(思慕)라도 그 방불(髣髴)함을 찾아내지 못한다. 그리하여 그 정헌(靖獻)[7]한 의리가 숨겨지는 중에 더욱 깜깜해져서 사람이 찾을 수 없게 된다. 그런데 불에 타다 남은 종이조각 편지가 능히 좀벌레에 먹히지 않고 사백년 후에 비로소 발견 되었음은 어찌 하늘의 뜻이 아니겠는가.

---

3 용흥(龍興): 개국하여 왕이 됨.

4 징소(徵召): 임금이 벼슬을 내려서 부르는 것.

5 돈사(惇史): 돈후(惇厚)한 덕이 있는 삼노(三老)와 오경(五更)의 말을 기록한 것.

6 운잉(雲仍): 운손(雲孫)과 잉손(仍孫). 운손은 팔대 후손이고, 잉손은 칠대 후손임. 대수(代數)가 멀어진 후손을 일컫는 말.

7 정헌(靖獻): 신하가 임금에게 충성을 다하는 것. 『서경(書經)』, 「미자편(微子篇)」 自靖, 人自獻于先生, 我不顧行遯(자정, 인자헌정선생, 아불고행둔)에서 따온 말.

우리 부자(夫子)께서 일민(逸民)[8]을 일컬으면서 이일(夷逸)과 주장(朱張)이 경전(經傳)에 보이지는 않으나 백이·숙제와 우중(虞仲)[9]의 무리에 함께 열거(列擧)하시었다. 그런즉 팔은(八隱)의 숲에 함께 열거된 것으로도 그의 큰 절조를 알기에 족하다. 하물며 시, 문이 발견되어서 그의 나타난 저술(著述)이 또 소련(少連)이 거상(居喪) 하면서 저술[10]한 것과 같을 뿐이 아니다. 이제부터 그의 명절(名節)을 거슬러 찾으면 백대를 염립(廉立)[11]시키는 풍교(風敎)[12]로 되기에 어찌 족하지 않겠는가. 혹자(或者)는 그와 같은 거룩한 행적이 당시에는 나타나지 않고 먼 후일에 발견되었으며 사대부(士大夫)의 집에 수장(收藏)되지 않고 궁벽한 곳에서 나왔음은 징신(徵信)하기에 섭섭한 점이 없지 않다고 한다. 그러나 이것은 또 그렇지 않음이 있다.

대저 우서(虞書)[13] 스물여덟 글자는 바로 성인(聖人)이 덕(德)을 기린[贊 찬] 사실이었다. 그런데 이미 복생(伏生)[14]의 구술(口述)에도 빠졌고 또 공씨(孔氏)[15]의 장서(藏書)에도 없었다. 그리고 한(漢)나라가

---

8 일민(逸民): 세상이 어지러울 때 벼슬길을 피하여 은둔한 선비를 말함. 이일(夷逸)과 주장(朱張) 모두 주(周)나라의 일민(逸民)이었음. 『논어(論語)』, 「미자편(微子篇)」 일민(逸民)은 伯夷(백이), 叔齊(숙제), 虞仲(우중), 夷逸(이일), 朱張(주장), 柳下惠(유하혜), 少連(소련).

9 우중(虞仲): 각주 8 참조.

10 소련(少連)이 거상(居喪)하면서 저술(著述) 한다: 『예기(禮記)』, 「잡기하(雜記下)」에 '소련·대련이 거상을 잘했다'했음.

11 염립(廉立): 완악(頑惡)한 자가 청렴(淸廉)해지고 나약(懦弱)하던 자가 자립(自立)한다라는 것의 준말.

12 풍교(風敎): 사람을 착하게 만드는 것.

13 「우서(虞書)」: 『서경(書經)』에 우대(虞代)를 기록한 글. 「요전(堯典)」에서 「익직(益稷)」까지 오편(五篇)으로 구성(構成)되어 있음.

14 복생(伏生): 한(漢)나라 때 제남(濟南) 사람. 이름은 승(勝). 한 문제(漢文帝) 때에 『서경』을 잘 아는 사람을 구해서 복생을 찾아내었으나 승은 그때 나이가 벌써 90여세여서 걸음도 걷지 못했다. 임금도 조조(鼂錯)를 보내서 승으로부터 『서경』 29편을 알아내었고, 이것이 『금문상서(今文尙書)』라는 것이다.

15 공씨(孔氏): 한대(漢代) 공안국(孔安國) 이하로 대 마다 『고문상서(古文尙書)』와 『모시(毛詩)』를 전해왔음.

건국(建國)한지 또 천 년이 지난 소란(蕭鸞)[16] 때 큰 뱃머리에서 비로소 발견되었다. 세월이 하도 멀어서 밝히기 어려움이 또한 심했으나 주자(朱子)는 바로 누락(漏落)되었던 글이라 하여 의심하지 않았다.

대저 사실이 나타나고 숨겨짐에 시기가 있으나 그 마침내 없어지지 않는 것인즉 이치이다. 다음에라도 이 책을 읽는 자는 다만 그 세대를 논함이 마땅하며 그 숨겨짐의 오래됨과 가까움, 발견된 곳의 희미함과 화현(華顯)함은 다시 따질 것은 아니다. 하물며 선생의 네 아드님인 우당, 인당, 아당, 졸당의 사적(事蹟)도 동시에 함께 나타나서 부자와 형제가 의를 취하여서 인(仁)을 이룩한 뜻을 떨어진 글과 모자라는 글귀에서나마 늠연(凜然)하게 볼 수 있는 것이랴. 이것이 어찌 사람의 모의(謀議)와 지력(智力)으로서 이루어 낼 수 있는 바이겠는가. 외로운 과붓집도 또한 박씨 세손이라고 하니 그 전대에 수장했던 것이었던가.

선생의 처음 휘는 천익이고 자는 태시이다. 고려 시중 밀성군 언부(彦孚)의 후손으로서 충숙왕 임신년(1332년)에 태어났다. 공민왕 때 과거에 급제하여 소감, 한림문학, 예부시랑을 역임했고 섬 왜구를 정벌해서 공이 있었다. 고려 사직이 망하자 자취를 숨겨 스스로 피하면서 호를 송은이라 하였다.

우리 조정에서 공, 형, 예, 이 네 조의 판서와 좌의정으로 여러 차례 불렀으나 모두 부임하지 않았다. 무인년에 작고(作故)해서 연세가 예순일곱이었고 도주[17] 소고야에 장사했는데 춘정 변공이 조정에 주청(奏請)해서 시호가 내렸다. 네 아들이 있어 융(融)은 문과에 올

16 소란(蕭鸞): 남제(南齊)의 명제(明帝)로서 소도성(蕭道成)의 아들.

17 도주(道州): 청도(淸道)

라 이조정랑이었고 소(昭)는 생원시(生員試)에 합격하여 현감을 지냈다. 조(調)는 진사시(進士試)에 합격해서 예조정랑을 했으며 총(聰)은 호조정랑이었는데 이조참판으로 증직되었다.

이들이 곧 사당(四堂)이다. 자손이 번창해서 온 도(道)에 깔려 있는 자가 천(千)을 헤아린다. 모선재와 소요당과 열넷 의사와 안분(安分)[18] 등 여러 현인이 모두 선생을 조상으로 했으니 그 유택(遺澤)이 두터울수록 내려옴이 더욱 길다는 것을 또한 볼 수가 있다.

유문(遺文)이 나오자 후손 정악(鼎岳)[19]이 그 시말(始末)을 엮어서 가전(家傳)으로 삼은 다음 족인(族人) 광호(光浩)를 시켜 당세(當世)의 문필가에게 장문(狀文)을 청하고 또 병원(秉遠)에게 유사(遺事)에 대한 일을 맡긴다.

병원같이 어리석은 사람이 어찌 족히 희미함을 헤치고 그윽함을 밝혀내겠는가. 그런즉 이 부탁은 감히 감당하지 못한다. 또 이미 장문(狀文)이 있는데 다시 유사를 만들어서 상(床)위에 상을 포갤 필요가 없다. 그러나 그 나타나고 숨겨진 사적에 감개스러운 생각을 견디지 못하고 유집(遺集)중 창수(唱酬)한 여러 시편(詩篇)에 또 나의 선조(先祖) 목은선생의 작품이 많은 즉 감히 글 못한다는 것으로써 끝내 사양하지 못하고 삼가 이와 같이 기록한다.

갑오 가평절(甲午 嘉平節)[20]에 한산 이병원(韓山 李秉遠) 삼가 씀.

---

18 안분(安分): 휘는 지(篪). 자는 화보(和甫). 호는 안분당.

19 정악(鼎岳): 인당 14세손.

20 갑오 가평절: 1834년 음력 12월.

## 遺事(유사)

左議政 忠肅公 諱翊 實爲密城朴氏之上祖 事行肇卒 世遠無傳 譜牒所
좌의정 충숙공 휘익 실위밀성박씨지상조 사행조졸 세원무전 보첩소

載 只有爵諡 而亦未知 爵於何代 諡於何時也 往者 丹城居後孫某 得勝
재 지유작시 이역미지 작어하대 시어하시야 왕자 단성거후손모 득승

國時 八隱錄 於斷爛野史 始知其爲麗季逸民 密州舊誌 亦及自靖事 而
국시 팔은록 어단란야사 시지기위려계일민 밀주구지 역급자정사 이

語皆微而不章 未詳其何以致也 近歲 慈仁縣 孤嫠 箱篋間 有故紙一堆
어개미이부장 미상기하이치야 근세 자인현 고리 상협간 유고지일퇴

年久塵翳 其贅趙氏儒者 京洛人也 見而異之 以告諸諸朴而得焉 則詩文
년구진예 기췌조씨유자 경락인야 견이이지 이고제제박이득언 즉시문

記事 幷若干篇 淸道之北旨朴氏家 又出眞影 敎旨及碑表 諸作 而先生之
기사 병약간편 청도지북지박씨가 우출진영 교지급비표 제작 이선생지

本末具矣 蓋先生之仕於麗 官止禮部侍郞 而見時事日非 遂沈晦以行遯
본말구의 개선생지사어려 관지예부시랑 이견시사일비 수침회이행둔

則八隱之稱 乃其記實也 譜牒所記 左政丞 即聖祖龍興後 所徵之職 而
즉팔은지칭 내기기실야 보첩소기 좌정승 즉성조용흥후 소징지직 이

先生蓋未嘗應也 易名之典 春亭所建白 而侑墓之文 至擬之夷齊 則豈非
선생개미상응야 역명지전 춘정소건백 이유묘지문 지의지이제 즉기비

當世之惇史乎 夫何歷世之久 文獻愈泯 雖以雲仍之孝思 亦不能得其髣
당세지돈사호 부하역세지구 문헌유민 수이운잉지효사 역불능득기방

髴 則蓋以 靖獻之義 晦以愈晦 使人無得而稱焉 爛簡片牘 能不爲蠹食
불 즉개이 정헌지의 회이유회 사인무득이칭언 란간편독 능불위두식

蟲囓 始發於四百年之後者 殆亦天意歟 吾夫子稱逸民也 夷逸 朱張 不
충설 시발어사백년지후자 태역천의여 오부자칭일민야 이일 주장 불

見經傳 而幷列於夷齊虞仲之倫 則公之幷列 於八隱之林者 已足以得其
견경전 이병열어이제우중지륜 즉공지병열 어팔은지림자 이족이득기

大節 况 詩文之出 而其所表著 又不但如少連之記其居喪而已 則由今
대절 황 시문지출 이기소표저 우불단여소련지기기거상이이 즉유금

而 泝其名節 而豈不足 以爲百世廉立之風哉 或者 以奇偉之蹟 不顯於
이 소기명절 이기불족 이위백세염립지풍재 혹자 이기위지적 불현어

當時 而發於久遠 不藏於士大夫之家 而出於窮僻 謂不能無憾 於徵信者
당시 이발어구원 불장어사대부지가 이출어궁벽 위불능무감 어징신자

則此又有不然者 夫 虞書二十八字 正聖人贊德之實 而旣失於伏生之口
즉차우유불연자 부 우서이십팔자 정성인찬덕지실 이기실어복생지구

又缺於孔氏之藏 漢興後 亦千載而 始發於簫鸞時 大航頭 則其稀闊而難
우결어공씨지장 한흥후 역천재이 시발어소란시 대항두 즉기희활이난

明 亦甚矣 而朱子 直以爲 漏簡而不疑 夫 事之顯晦有時 而其終不泯則
명 역심의 이주자 직이위 누간이불의 부 사지현회유시 이기종불민즉

理也 後之讀是編者 只當論其世 而不必復詰 其沈晦之久 近徵發之微顯
이야 후지독시편자 지당론기세 이불필부힐 기침회지구 근징발지미현

也 又况 先生之四子 憂堂 忍堂 啞堂 拙堂 四公之蹟 幷顯於同時 而父
야 우황 선생지사자 우당 인당 아당 졸당 사공지적 병현어동시 이부

子兄弟 取義成仁之志 凛然可見 於殘章缺句之餘 則是豈人謀智力之 所
자형제 치의성인지지 름연가견 어잔장결구지여 즉시기인모지력지 소

可得而致哉 孤嫠亦朴氏世云 豈其前世 有守藏者歟 先生初諱天翊 字太
가득이치재 고리역박씨세운 기기전세 유수장자여 선생초휘천익 자태

始 高麗侍中 密城君 彦孚之後也 生忠肅王任申 恭愍朝登第 歷少監 翰
시 고려시중 밀성군 언부지후야 생충숙왕임신 공민조등제 역소감 한

林文學 禮部侍郎 伐島夷有功 麗社旣屋 晦迹自遯 號松隱 我朝屢徵 工
림문학 예부시랑 벌도이유공 려사기옥 회적자둔 호송은 아조루징 공

刑禮吏判 左政丞 皆不起 戊寅卒 年六十七 葬道州所古夜 春亭卞公 爲
형예이판 좌정승 개불기 무인졸 년육십칠 장도주소고야 춘정변공 위

請於朝諡之 有四子 融 文科 吏郎 昭 生員 縣監 調 進士 禮曹郎 聰 戶郎
청어조시지 유사자 융 문과 이랑 소 생원 현감 조 진사 예조랑 총 호랑

贈吏叅 卽四堂也 子孫蕃昌 遍於一道者 以千數 逍遙 慕先 十四義士
증이참 즉사당야 자손번창 편어일도자 이천수 소요 모선 십사의사

安分諸賢 皆祖於先生 則亦見其澤厚 而流益長也 遺文旣出 後孫 鼎岳
안분제현 개조어선생 즉역견기택후 이류익장야 유문기출 후손 정악

編其始末 爲家傳 使族人 光浩 旣以乞狀 於當世秉筆之家 而又命秉遠
편기시말 위가전 사족인 광호 기이걸장 어당세병필지가 이우명병원

以遺事之役 顧 秉遠之愚 何足以發微闡幽 則不敢當是寄 且旣有狀矣
이유사지역 고 병원지우 하족이발미천유 즉불감당시기 차기유장의

不必復爲遺事 以疊床上之床也 獨其於顯晦之蹟 有不勝感慨之思 而集
불필부위유사 이첩상상지상야 독기어현회지적 유불승감개지사 이집

中所載 唱酬諸什 又多是 先祖牧隱先生之作 則亦不敢終 以不文辭 謹
중소재 창수제집 우다시 선조목은선생지작 즉역불감종 이불문사 근

識之如此
지지여차

甲午 嘉平節 韓山 李秉遠 謹書
갑오 가평절 한산 이병원 근서

# 4

# 묘갈명 병서(墓碣銘 竝序)

고계 이휘령(古溪 李彙寧)

지금 임금[憲宗 헌종] 3년 가을에 내가 밀주부사(密州府事)로 되었고 밀주 남쪽에 고 예부시랑 송은 박선생의 사당(祠堂)이 있었다.

선생은 곧 전조 두문동(前朝杜門洞) 여러 현인 중에 한 분인데 매양 그의 기상(氣像)과 지절(志節)을 상상해 보았으나 알 수 없었다. 그러다가 그의 진영(眞影)을 우러러보니 긴 수염과 신장(身長)이 열자[十尺 십척]인 것은 포은 정선생의 시와 같고 범의 눈썹 봉의 눈은 야은 길선생의 시와 같았다. 불그레한 얼굴과 반백 머리에 정신이 살아 있는 듯하였다. 바라보면 엄숙하고 곁에 가면 온화(溫和)하여 사람에게 창송고죽(蒼松孤竹)의 느낌과 고산원수(高山遠水)의 뜻이 있게 하였다. 대저 칠분(七分) 단청(丹靑)으로 그린 화상(畵像)이 상전(桑田)이 벽해(碧海)로 되는 아득한 세월을 겪은 나머지에도 생생하고 늠름하였다. 천 년을 지났건만 보는 사람은 옷깃을 여미고 머리털이 꼿꼿해지게 됨을 깨닫지 못하였다. 하물며 그의 평생 행적(行蹟)과 조정에 있을 때의 이룩한 공로가 옥(玉)이 빛나고 구슬이 아름답듯 점점 나타나서 먼지도 다 비치는 해와 별 같고 우주(宇宙)에 뻗힌 동량(棟梁 큰기둥)같은즉 또 어찌 사문(斯文 유학계)의 후한 다행이 아니겠는가.

삼가 상고하니 선생의 휘는 익인데 처음 휘는 천익이고 자는 태시이다. 성은 박씨로서 신라 밀성대군의 후손이다. 휘는 언부(彦孚)이고 고려 때 시중(侍中)이며 밀성군(密城君)으로 봉호(封號)된 분이 있어 이분이 휘 효신(孝臣)을 낳았는데 고려조정(高麗朝廷)의 문하시중(門下侍中) 벼슬을 했고 시호는 문익(文翼)이다. 이분이 대장군(大將軍) 휘 공필(公弼)을 낳았고 이분이 이부상서 휘 육경(育慶)을 낳았으며 또 이분이 이부상서 휘 대화(大和)를 낳으셨고 이어서 이분이 이상 휘 간(幹)을 낳았는데 바로 선생의 조부이시다.

고(考 아버지)의 휘는 영균(永均) 삼재(三宰)였고 은산부원군(銀山府院君)으로 봉군(封君) 되었으며 시호는 문헌(文憲)이다. 비(妣)는 능성구씨(綾城具氏)인데 좌정승(左政丞) 문정공 위의 따님이다. 충숙왕(忠肅王) 임신년 7월 27일 밀성 삽포리에서 선생을 낳았는데 기도(氣度)가 거룩하고 문장이 뛰어났다. 공민왕 때 과거에 올랐고 소감(少監)을 거쳐서 한원(翰苑)에 여러번 천거되었으며 예부시랑 겸 중서령으로 옮겼다. 지극한 성품이 있어 효하면서 우애하고 사랑하면서 공경하였다. 몸을 닦으면서 뜻을 세우는 데에 잠(箴)이 있었고 남을 가르치면서 몸을 가지는 데에 법규(法規)가 있었다. 고려왕실(高麗王室)을 도와서 전벌(戰伐)하면 번번이 공을 아뢰니 사람들이 장상(將相)의 재주를 겸전(兼全)했음을 기렸다.

포은, 야은과 도의 사귐을 했고 성리(性理)를 강론해서 멀리 하도낙서(河圖洛書)도 거슬러 찾아내었다. 야은이 선생의 화상에 찬하면서「강상(綱常)을 붙들어 심어서 천년 세월에 우뚝하였다. 거룩할 손 덕스러운 얼굴이여 이학(理學)의 으뜸이었다」라 하였다.

고려국 운수가 끝나게 되자 선생은 아우 밀성군 천경과 더불어 기미를 보고 용감하게 물러 났다. 벼슬을 버리고 남쪽 시골로 돌아와서 스스로 송은이라 호했다. 휘파람 불고 시 읊조려서 스스로 즐거워하였다. 포은이 한가한 날에는 가끔 찾아와서 시국(時局)을 상심(傷心)하며 심사(心事)를 얘기하였다. 또 동은 이재홍(桐隱 李在弘) 만은 홍재(晩隱 洪載) 목은 이색(牧隱 李穡) 휴은 이석주(休隱 李錫周) 성은 김대윤(成隱 金大潤)과 더불어 충의(忠義)로 서로 사귐을 맺었는데 세상에서 팔은(八隱)이라 일컬었다. 당시 여러 현인이 시를 지어 준 것이 여러 편이어서 혹은「백세 종사(宗師)에 염낙(濂洛)과 추로(鄒魯)라」했고 혹은「충성된 혼은 솔의 절개보다 푸르고 의로운 넋은 대의 마음보다 곧았다」했으며 혹은「명절(名節)은 백이 숙제와 같고 마음은 기산 영수같이 맑다」하였다. 황보공이 신도비문을 지었고 춘정 변계량이 시장(諡狀)을 꾸몄으며 김삼족당이 유사를 써서 이미 다 말하였으니 다시 군말이 무슨 소용이겠는가.

대개 선생이 먼저 율리(栗里)의 송국(松菊)을 읊조리고 홀로 서산(西山)에 고비를 캤는데 어진 자손들이 대마다 그 아름다움을 더하지 않겠는가. 도덕과 절의로서 착함을 쌓아 경사가 포개지니 하늘이 선생에게 보답함이 또한 훌륭하였다. 홍무(洪武) 갑술년에 공조판서로 불렀고 또 형조, 예조, 이조의 판서로 불렀으며 병자년에는 좌상으로 불렀으나 모두 일어나지 않았다. 두견시(杜鵑詩)를 읊조려서 회포를 풀었는데「높고 넓은 하늘 땅 길 잃은 나그네, 달 지고 꽃도 지니 수심만 적막하구나」라는 글귀는 천고 지사(志士)의 옷깃을 눈물로 적시도록 하기에 족하다.

무인년 11월 27일 송계리 기산 아래에서 돌아가셨다. 전날 밤에 목욕하고 손톱을 깎은 다음 자리를 정돈하고 옷을 갈아 입었다. 네 아들을 불러서 유서(遺書)를 주며 「나는 왕씨의 혼령에게로 돌아 가거니와 너희들은 이씨의 세상에 있다. 이미 남의 신하로 되거든 충성을 힘껏 하라. 선천 후천에 부자간의 시대가 다르다」하였다. 솔을 심어서 시내 이름으로 했음도 옛 도읍을 생각한 것이고 산을 기산이라 한 것은 소부·허유와 같은 지취(志趣)였다. 도주(道州) 소고야 둔덕에 장사하였다.

부인[配 배] 성주 배씨는 이상(貳相) 현보의 따님이고 후배(後配) 창원 박씨는 보승랑장 충민의 따님이며 후배(後配) 고흥 류씨는 판결사 인기의 따님이다.

4남 3녀를 낳았다. 아들 융(融)은 문과에 올라 전한 벼슬을 했고 금산(金山) 함안(咸安) 고을을 역임(歷任)하여 청백(淸白)하다는 것으로써 저명(著名)하였다. 여러 고을 향교(鄕校)와 제기(祭器)를 수선했는데 탁영 김선생(濯纓 金先生)이 지은 『학궁기(學宮記)』에 「박선생 융(融)이 이 도(道)에 도사(都事)로 있으면서 크게 힘썼다」하였다. 호는 우당이다. 다음 소(昭)는 생원시에 합격했고 안음현감(安陰縣監)을 했는데 청백비(淸白碑)가 있었다. 예학(禮學)을 깊이 연구했고 스승에게 배움이 독실하여 야은, 도은(陶隱) 여러 현인과 더불어 도의 사귐이 긴밀(緊密)하였다. 호는 인당이다. 다음 조(調)는 진사시에 합격했고 이학(理學)을 깊이 연구해서 정미(精微)한 데에까지 깊이 알았다. 효성스러웠다는 것으로서 천거되어 예조정랑 벼슬까지 하였다. 호는 아당이다. 다음 총(聰)은 행실이 도타왔고 학문을 좋아했으며 부형(父兄)의 훈계를 삼가 지켰다. 효성스러웠다는 것으로서 천거되어 호조정랑까지 했고 이조참판으로 증직되었는데 호는 졸당이다. 따님은 군수 손혁(孫奕), 감찰 손억(孫億), 생원 조공현(曹功顯)에게로 출가했다.

전한공 우당은 아들이 둘이어서 진(震)은 문과에 올라 전적을 했고 참판으로 증직되었으며 간(乾)은 부사직이었는데 호는 소고(嘯皐)이다. 현감공 인당은 아들이 셋이어서 맹번(孟蕃)은 감찰이고 중번(仲蕃)은 별시위이며 계번(季蕃)은 호군이었다. 정랑공 아당은 흥문(興文)과 두문(斗文) 두 아들을 두었고 이조참판 졸당은 두 아들인데 승문(承文)은 동지이고 희문(熙文)은 현감이었다.

참판공 진(우당 장남)은 두 아들이어서 문손(文孫)은 진사시에 합격했고 통찬이었으며 다음은 승손(承孫)이었다. 사직공 간(우당 차남)은 아들 하나가 승원(承元)인데 충순위 부사직이고 호는 휴애(鵂崖)이다. 감찰 맹번(인당 장남)은 아들이 다섯이어서 계명(繼明), 계은(繼誾), 계장(繼章), 계어(繼語), 계손(繼孫)인데 계장은 직장(直長)이었다. 별시위 중번(인당 차남)은 한 아들 효순(孝順)이 교수였고 호군 계번도 아들 하나 수(琇)가 수의위(修義尉)였다. 흥문(아당 장남)은 아들 셋인데 의손(義孫)은 생원이고 다음은 예손(禮孫)과 신손(信孫)이다. 두문(아당 차남)은 두 아들이 덕림(德林)과 계창(繼昌)인데 계창은 진사였다. 동지 승문(졸당 장남)은 세 아들이어서 사림(士林)은 찰방(察訪)이고 서림(書林)은 생원이며 유림(儒林)은 습독(習讀)이었다. 현감 희문(졸당 차남)도 아들이 셋인데 세림(世林)은 현감이고 언림(彦林)은 만호(萬戶)이며 다음은 계림(係林)이었다.

통찬 문손(우당 손자)은 한 아들 성무(成武)가 이랑(吏郎)이고 이랑의 둘째 아들 밀(密)은 지평(持平)이며 지평은 아들이 여섯인데 숭인(崇仁)은 진사이고 숭의(崇義)는 생원이며 숭례(崇禮)는 문과에 올랐다. 숭례는 한 아들 주(冑)가 문과에 올라 군수였고 효행(孝行)으로 정문(旌門)되었다. 충순 승원(우당 손자)은 아들이 셋인데 하담(河淡)이 생원시에 합격했고 행의(行誼)로써 사평(司評)에 제수(除授)하여 세 번을 불렀으나 취임하지 않았으며 호는 소요당(逍遙堂)이다.

삼족당 김대유, 경재 곽순(警齋 郭珣)과 더불어 좋은 벗이었으며 선암서원(仙岩書院)에 향사(享祀)한다. 하청(河淸)은 예조정랑이었고 호는 성와(城窩)이며 하징(河澄)은 정언(正言)이고 호조판서로 증직되었으며 호는 병재(甁齋)이다. 계명(인당 손자)은 아들 셋이 철동(哲童), 무근(茂根), 수근(秀根)인데 수근은 문과에 올라 이조정랑을 지냈다. 계은(인당 손자)은 한 아들이 무성(茂成)이고 직장 계장(인당 손자)도 한 아들 희수(熙秀)가 현감이었고 교수 효순(인당 손자)도 한 아들 수견(秀堅)이 점필재 문인이었으며 3년을 시묘하였고 효행으로서 참봉에 제수되었으나 취임하지 않았고 홀로 모선재(慕先齋)라 했다. 후세 사람들이 그의 효행에 감복하여 그곳 산천과 동리를 모두 모선이라 부른다. 모선재(인당 증손)의 한 아들 환(芄)이 현감이었고 현감의 한 아들 승륜(承綸)은 호조참판으로 증직되었다.

참판공은 아들이 둘인데 이겸(以謙)은 임란(壬亂) 때 원종(原從)한 공으로서 공조참의로 증직되었고 이눌(以訥)도 임란 때 원종한 공으로서 가선품계(嘉善品階)로 승진(陞進)되었다. 계번의 아들 수의위수(인당 손자)의 외아들 생화(生華)는 통정(通政)이고 의손(아당 손자)의 외아들 한(瀚)은 현감이었다. 찰방 사림(졸당 손자)의 한 아들 분(賁)은 사복시정(司僕寺正)이고 사복시정의 외아들 인수(仁粹)는 부장(部將)

이며 부장은 두 아들인데 천정(天禎)은 판관(判官)이고 천우(天祐)는 진사로서 좌승지로 증직되었으며 호는 팔정(八亭)이다. 팔정의 외아들 창도(昌道)는 원종 일등공신으로서 통정(通政)으로 증직되었으며 호는 추탄(秋灘)이다. 서림(졸당 손자)은 아들이 셋인데 맏이는 번(蕃)이고 다음 훤(萱)은 생원이며 진(蓁)은 판결사로 증직되었다. 판결사는 두 아들을 두어서 원량(元亮)은 진사이고 인량(寅亮)은 학행(學行)과 문장(文章)이 있었으며 원종공신으로서 가선품계(嘉善品階)에 승진되었는데 호는 만수당(萬樹堂)이다. 습독 유림(졸당 손자)은 네 아들이 영(寧), 안(安), 빈(賓), 온(蘊)이고 현감 세림(졸당 손자)은 아들이 셋인데 난(蘭)은 주부(主簿)이고 다음은 전(筌) 다음 훈(薰)은 참봉이다. 만호 언림(졸당 손자)은 외아들 운(芸)이고 병사로서 호는 수성재(修誠齋)이다. 병사는 세 아들을 두었는데 사충(士忠) 찰방, 사침(士忱) 내금위, 사신(士信)은 만호이다. 찰방은 두 아들이어서 서린(瑞麟) 서귀(瑞龜)인데 서귀는 교수이고 호가 악견(岳堅)이다. 소요당 하담(우당 증손)은 두 아들인데 영(穎)은 효행으로서 참봉에 제수되고 형조참판으로 증직되었으며 호는 성효재(誠孝齋)이다. 다음 이(頤)는 장사랑(將仕郞)이다. 성와 하청(우당 증손)은 아들 옹(顒)이 참봉이었고 병재 하징(우당 증손)도 외아들 적(頔)이 효행으로서 참봉에 제수되었다. 호는 수모재(守慕齋)이고 도산문인(陶山門人)이었다.

형조참판 영(우당 현손)은 아들이 셋인데 경연(慶延)은 참의로 증직되었고 경신(慶新)은 선무 일등공신으로서 밀양부사로 제수되었고 병참으로 증직되었으며 호는 삼우재(三友齋)이다. 경인(慶因)은 임진왜란에 창의했다가 순절(殉節)하여 지평으로 증직되었고 호는 용연(龍淵)이다. 장사랑 이(우당 현손)는 네 아들이 있는데 경전

(慶傳)은 임란에 제일 먼저 창의해서 선무공으로 창녕현감에 제수되고 병조판서로 증직되었으며 호는 제우당(悌友堂)이다. 경윤(慶胤)은 첨정(僉正)으로서 창의하여 선무공이 있었으며 병조판서로 증직되었고 호는 국헌(菊軒)이다. 경선(慶宣)은 만호였는데 창의했다가 순절하여 승지(承旨)로 증직되었고 다음은 경준이다. 옹(우당 현손)도 4형제를 두어서 경승(慶承)은 장사랑이고 경생은 참봉이었으며 경서(慶緖)도 장사랑이고 경찬(慶纘)은 효행으로서 참봉에 제수되었으며 한강(寒岡)선생의 문인이었다. 참의 경연도 다섯 아들인데 환(瑍)은 참봉이고 찬(璨)은 우후(虞侯)이며 창의해서 선무공신으로 되었고 호는 운곡(雲谷)이다. 우(瑀)도 임란에 창의했고 이괄(李适)의 역란(逆亂)에는 진무 일등공신(振武 一等功臣)으로서 남포현감(藍浦縣監)에 제수되었으며 병자호란(丙子胡亂) 때에 쌍령(雙嶺)에서 순절하여 호조참의로 증직되었는데 호는 기포(杞圃)이다. 숙(琡)은 봉사(奉事)이고 선무공신(宣武功臣)이며 호는 용암(龍巖)이다. 규(珪)는 호조좌랑으로 증직되었다.

병조참판 경신은 아들 지남(智男)이 무과(武科)에 올라 부정(副正)이었고 창의하여 선무공신이었다. 또 아들 철남(哲男)은 부장(部將)이었고 선무공신이었다. 지평 경인도 외아들 선(瑄)이 우윤(右尹)이었고 창의하여 선무공신이며 호는 괴정(槐亭)이다. 제우당 경전도 외아들 정(珽)이 봉사였고 정랑(正郎)으로 증직되었다. 국헌 경윤은 두 아들 인(璘)이 주부이고 창의공신이며 호는 행와(杏窩)이다. 또 구(球)가 판관(判官)이었고 선무공신이었다. 참봉 경생은 외아들 근(瑾)이 진사이며 참봉이고 선무공신이었다. 나머지는 다 기록하지 않는다.

선생의 후손이 거의 천(千) 년을 이어 내려서 한 뜰에 네 봉새와 한

당(堂)에 열넷 의사가 성하고 빛났다. 그러나 세대가 더욱 멀어지니 문헌(文獻)이 점점 없어졌고 다만 을미년(乙未年)에 중건(重建)한 비문(碑文)을 후손이었던 진사 경림(瓊林)씨가 지은 것이 있어 관함(官銜)과 자손록(子孫錄)만 전해올 뿐이었다. 그러다가 근래에 비로소 밀주지 구본(密州志 舊本)과 자인 박씨 집 옛 편지 종이를 상고하고 북지 후손 집에 갈무리된 영정, 시, 찬, 시첩(諡牒)이 나와서는 선생의 유적을 환하게 기술할 만하였다. 한 고을 인사(人士)들이 의논해서 덕남사(德南祠)에 향사하고 영정(影幀)을 봉안하였다.

또 한 벌을 모사(模寫)하여 열넷 의사를 제사하는 용강사(龍岡祠)에 다 봉안했으니 사문(斯文)이 높이 보답하는 의전(儀典)은 진실로 다음 시기를 기다림이 있었거니와 무릇 덕을 좋아하는 우리 무리도 또한 소문을 듣고 권장함이 무엇인가를 알게 될 것이다.

선생의 후손 원경(元慶)이 나와 함께 사귀어 온 지 오래여서 그 숨겨졌던 사적을 밝혀 내는 글을 나에게 잘못 부탁했다. 이미 여러 번 사양했으나 되지 않으므로 감히 옛 기록을 안본(按本)[1]으로 해서 위와 같이 서술(敍述)했으나 망녕된 죄는 피할 데가 없다. 명(銘)하기를 「도리(桃李)로 되기 어려우니 자릉(子陵)[2]의 솔[松 송]이던가. 우뚝하게 빼어난 강후(康候)[3]의 솔이던가. 곡령(鵠嶺)[4] 오백년(五百年) 강상(綱常)을 심

1 안본(按本): 모든 사실이 잘 조사된 책.

2 자릉(子陵): 후한(後漢)사람. 엄광(嚴光)의 자(字)도 자릉이고 제오힐(第五頡)도 자릉인데 어느 사람인지 확실하지 못함.

3 강후(康候): 송(宋) 호안국(胡安國)의 자. 고종(高宗) 때에 겸시강(兼侍講) 벼슬을 했는데 왕안국(王安國)이 춘추(春秋 13경(經)의 하나) 강독(講讀)하는 것을 폐지하자 안국은 선성(先聖)의 마음을 전하는 요전(要典)을 임금이 듣지 못하고 학사(學士)가 듣지 못함이 가하겠는가 하고 드디어 춘추연구에 잠심(潛心) 하였다. 사량좌(謝良佐)가 칭찬하기를 그는 한 겨울 눈 속에 온갖 풀이 다말라 죽어도 송백(松柏)이 홀로 빼어났음과 같다 하였다.

4 곡령(鵠嶺): 개성 송악산(開城 松岳山)의 별칭. 『東國輿地勝覽 동국여지승람』

어서 아름답게도 홀로 청청(靑靑)한 송계(松溪) 솔이로다」.

숭정 기원후(崇禎 紀元後) 211년(1838년) 무술(戊戌 헌종4년) 5월

통훈대부 청주목사 청주진 병마첨절제사 상당 수성장(通訓大夫 淸州牧使 淸州鎭 兵馬僉節制使 上黨 守城將) 이휘령(李彙寧) 삼가 지음.

## 墓碣銘 竝序(묘갈문 병서)

上之三年秋 余知密州事 州之南有 故禮部侍郞 松隱朴先生祠 先生卽
상지삼년추 여지밀주사 주지남유 고예부시랑 송은박선생사 선생즉

前朝 杜門諸賢之一 每想見 其氣像志節 而不可得 及夫瞻仰眞影 長髥
전조 두문제현지일 매상견 기기상지절 이불가득 급부첨앙진영 장염

十尺 如圃隱鄭先生詩 虎眉鳳目 如冶隱吉先生詩 淡紅半白 精神不死
십척 여포은정선생시 호미봉목 여야은길선생시 담홍반백 정신불사

望之肅嚴 卽之溫粹 使人有 蒼松孤竹之感 高山遠水之想 夫以七分丹靑
망지숙엄 즉지온수 사인 유창송고죽지감 고산원수지상 부이칠분단청

得之滄桑浩劫之餘 而生生凜凜 不覺 斂衽豎髮 於千載之後 況其平生行
득지창상호겁지여 이생생늠름 불각 염임수발 어천재지후 황기평생행

治 若立朝大致 漸見玉輝珠媚 日星乎窮塵 棟梁乎亘宇 則又豈非 斯
치 약립조대치 점견옥휘주미 일성호궁진 동량호긍우 즉우기비 사

文之厚幸也哉 謹按 先生諱翊 初諱天翊 字太始 姓朴氏 新羅密城大君
문지후행야재 근안 선생휘익 초휘천익 자태시 성박씨 신라밀성대군

之後也 有諱彦孚 高麗侍中 密城君 生諱孝臣 中朝門下侍中 諡文翼 生
지후야 유휘언부 고려시중 밀성군 생휘효신 중조문하시중 시문익 생

諱公弼 大將軍 生諱育慶 兵部尙書 生諱大和 吏部尙書 生諱幹 貳相
휘공필 대장군 생휘육경 병부상서 생휘대화 이부상서 생휘간 이상

先生王考也 考諱永均 三宰 銀山君 諡文憲 妣綾城具氏 左政丞 文貞公
선생왕고야 고휘영균 삼재 은산군 시문헌 비능성구씨 좌정승 문정공

褘女 以忠肅王 壬申七月二十七日 生先生 于密城之鍤浦里 氣度英偉
위녀 이충숙왕 임신칠월이십칠일 생선생 우밀성지삽포리 기도영위

文章冲逸 恭愍朝登第 歷少監 屢薦翰苑 移禮部侍郞 兼 中書令 有至性
문장충일 공민조등제 역소감 루천한원 이예부시랑 겸 중서령 유지성

孝友愛敬 修己而立志有箴 誨人而持身有規 左右麗室 戰輒奏功 人推以
효우애경 수기이입지유잠 회인이지신유규 좌우려실 전첩주공 인추이

將相全才 與圃隱冶隱 爲道義交 講明性理 遠溯河洛 冶隱贊先生像曰
장상전재 여포은야은 위도의교 강명성리 원소하낙 야은찬선생상왈

「扶植綱常 特立千載 猗歟德容 理學之宗」 及當麗氏運訖 先生與第 密
「부식강상 특립천재 이여덕용 이학지종」 급당려씨운흘 선생여제 밀

城君天卿 見幾勇退 解歸南鄕 自號松隱 嘯詠自適 圃隱嘗以暇日委訪
성군천경 견기용퇴 해귀남향 자호송은 소영자적 포은상이가일위방

傷時話心 又與李桐隱在弘 洪晚隱載 李牧隱穡 李休隱錫周 金成隱大潤
상시화심 우여이동은재홍 홍만은재 이목은색 이휴은석주 김성은대윤

忠義以相結世所稱八隱也當時諸賢唱酬贈遺聯篇累牘而或以爲「宗師
충의이상결세소칭팔은야당시제현창수증유연편루독이혹이위「종사

百世 濂洛鄒魯」 或以爲「忠魂松節 義魄竹心」 或以爲「名同夷齊 心
백세 염낙추로」 혹이위「충혼송절 의백죽심」 혹이위「명동이제 심

淸箕穎」 皇甫公之續撰 卞春亭之諡狀 金三足之遺事 已盡之 後人無用
청기영」 황보공지속찬 변춘정지시장 김삼족지유사 이진지 후인무용

更贊 蓋其先賦 栗里之松菊 獨採西山之薇蕨 而賢子肖孫 世濟其美 道
갱췌 개기선부 율리지송국 독채서산지미궐 이현자초손 세제기미 도

德節義 積仁累慶 天之報先生 吁亦盛矣 洪武甲戌 以工判召 又以刑禮
덕절의 적인루경 천지보선생 우역성의 홍무갑술 이공판소 우이형예

吏判召 丙子又以左相徵 皆不起 詠杜鵑詩 以寄懷「天高地濶微茫客
이판소 병자우이좌상징 개불기 영두견시 이기회「천고지활미망객

月落花殘寂寞愁」之句 足以霑 千古志士之襟也 戊寅十一月二十七日
월락화잔적막수」지구 족이점 천고지사지금야 무인십일월이십칠일

考終 于松溪之箕山下 前夕沐浴剪爪 正席更衣 呼四子 付遺書曰「吾歸
고종 우송계지기산하 전석목욕전조 정석경의 호사자 부유서왈「오귀

王魂 汝在李世 旣爲人臣 忠則盡力 先天後天 父子異時」種松名溪 舊
왕혼 여재이세 기위인신 충즉진력 선천후천 부자이시」종송명계 구

都之思也 有山曰箕 巢許之趣也 葬於道州素古夜 坐艮原 配 星州裵氏
도지사야 유산왈기 소허지취야 장어도주소고야 좌간원 배 성주배씨

貳相賢輔女 后配 昌原朴氏 保勝郎將 忠敏女 后配 高興柳氏 判決事
이상현보녀 후배 창원박씨 보승랑장 충민녀 후배 고흥류씨 판결사

仁杞女 生四男三女 男 融 文科 典翰 歷典金山咸安 以淸白顯 修列邑
인기녀 생사남삼녀 남 융 문과 전한 역전금산함안 이청백현 수열읍

校宮祭器 濯纓 金先生 學宮記云「朴先生 融 以是路都事 大有力焉」
교궁제기 탁영 김선생 학궁기운「박선생 융 이시로도사 대유력언」

號憂堂 次 昭 生員 安陰縣監 有淸白碑 精深禮學 師受益篤 與冶陶諸賢
호우당 차 소 생원 안음현감 유청백비 정심예학 사수익독 여야도제현

道義契密 號忍堂 次 調 進士 窮硏理學 深造精微 孝薦至 禮曹正郎 號
도의계밀 호인당 차 조 진사 궁연이학 심조정미 효천지 예조정랑 호

啞堂 次 聰 篤實好學 謹守謀訓 孝薦至 戶曹正郎 贈吏曹叅判 號拙堂
아당 차 총 독실호학 근수모훈 효천지 호조정랑 증이조참판 호졸당

女 郡守孫奕 監察孫億 生員曺功顯 典翰二男 震 文科 典籍 贈叅判 乾
여 군수손혁 감찰손억 생원조공현 전한이남 진 문과 전적 증참판 간

副司直 號嘯皐 縣監三男 孟蕃 監察 仲蕃 別侍衛 季蕃 護軍 正郎二男
부사직 호소고 현감삼남 맹번 감찰 중번 별시위 계번 호군 정랑이남

興文 斗文 吏叅二男 承文 同知 熙文 縣監 叅判二男 文孫 進士 通贊
흥문 두문 이참이남 승문 동지 희문 현감 참판이남 문손 진사 통찬

承孫 司直一男 承元 忠順副司直 號鵂崖 監察五男 繼明 繼誾 繼章 直
승손 사직일남 승원 충순부사직 호휴애 감찰오남 계명 계은 계장 직

長 繼語 繼孫 別侍衛一男 孝順 教授 護軍一男 琇 修義尉 興文三男
장 계어 계손 별시위일남 효순 교수 호군일남 수 수의위 흥문삼남

義孫 生員 禮孫 信孫 斗文二男 德林 繼昌 進士 同知三男 士林 察訪
의손 생원 예손 신손 두문이남 덕림 계창 진사 동지삼남 사림 찰방

書林 生員 儒林 習讀 縣監三男 世林 縣監 彦林 萬戶 係林 通贊一男
서림 생원 유림 습독 현감삼남 세림 현감 언림 만호 계림 통찬일남

成武 吏郎 吏郎二男 密 持平 持平六男 崇仁 進士 崇義 生員 崇禮 文
성무 이랑 이랑이남 밀 지평 지평육남 숭인 진사 숭의 생원 숭례 문

科 崇禮一男 胄 文科 郡守 孝行旌門 忠順三男 河淡 生員 以行誼除司
과 숭례일남 주 문과 군수 효행정문 충순삼남 하담 생원 이행의제사

評 三徵不就 號逍遙堂 與金三足大有 郭警齋珣 友善 享仙岩書院 河清
평 삼징불취 호소요당 여김삼족대유 곽경재순 우선 향선암서원 하청

禮曹正郎 號城窩 河澄 南臺正言 贈戶曹判書 號瓶齋 繼明三男 哲童茂
예조정랑 호성와 하징 남대정언 증호조판서 호병재 계명삼남 철동무

根 秀根 文科 吏曹正郎 繼誾一男 茂成 直長一男 熙秀 縣監 教授一
근 수근 문과 이조정랑 계은일남 무성 직장일남 희수 현감 교수일

男 守堅 畢齋門人 廬墓三年 孝行參奉 不就 號慕先齋 後人感其孝 山
남 수견 필재문인 려묘삼년 효행참봉 불취 호모선재 후인감기효 산

川坊里 皆以慕先名 慕先一男 芄 縣監 縣監一男 承綸 贈戶曹叅判 參
천방리 개이모선명 모선일남 환 현감 현감일남 승륜 증호조참판 참

判二男 以謙 壬亂原從功 贈工曹叅議 以訥 壬亂原從功 陞嘉善 修義一
판이남 이겸 임란원종공 증공조참의 이눌 임란원종공 승가선 수의일

男 生華 通政 義孫一男 瀚 縣監 察訪一男 賁 司僕正 司僕一男 仁粹
남 생화 통정 의손일남 한 현감 찰방일남 분 사복정 사복일남 인수

部將 部將二男 天禎 判官 天祐 進士 贈左承旨 號八亭 八亭一男 昌道
부장 부장이남 천정 판관 천우 진사 증좌승지 호팔정 팔정일남 창도

原從一等功 贈通政 號秋灘 書林三男 蕃 萱 生員 蓁 贈判決事 判決二
원종일등공 증통정 호추탄 서림삼남 번 훤 생원 진 증판결사 판결이

男 元亮 進士 寅亮 有學行文章 原從功 陞資憲 號萬樹堂 習讀四男 寧
남 원량 진사 인량 유학행문장 원종공 승자헌 호만수당 습독사남 영

安 賓 蘊 世林三男 蘭 主簿 筌 薰 叅奉 萬戶一男 芸 兵使 號修誠齋
안 빈 온 세림삼남 난 주부 전 훈 참봉 만호일남 운 병사 호수성재

兵使三男 士忠 察訪 士忱 內禁衛 士信 萬戶 察訪二男 瑞麟 瑞龜 教
병사삼남 사충 찰방 사침 내금위 사신 만호 찰방이남 서린 서귀 교

授 號嶽堅 萬戶一男 瑞輝 宣武功 縣監 號退休軒 逍遙二男 穎 孝行叅
수 호악견 만호일남 서휘 선무공 현감 호퇴휴헌 소요이남 영 효행참

奉 贈刑叅 號誠孝齋 頤 將仕郎 城窩二男 顒 叅奉 頊 瓶齋一男 頔 孝
봉 증형참 호성효재 이 장사랑 성와이남 옹 참봉 욱 병재일남 적 효

行叅奉 號守慕齋 陶山門人 刑叅三男 慶延 贈叅議 慶新 宣武一等功
행참봉 호수모재 도산문인 형참삼남 경연 증참의 경신 선무일등공

除密陽府使 贈兵叅 號三友亭 慶因 壬亂倡義殉節 贈持平 號龍淵 將仕
제밀양부사 증병참 호삼우정 경인 임란창의순절 증지평 호용연 장사

郎四男 慶傳 壬亂首倡義 宣武功 除昌寧縣監 贈兵判 號悌友堂 慶胤
랑사남 경전 임란수창의 선무공 제창녕현감 증병판 호제우당 경윤

僉正 倡義宣武功 贈兵判 號菊軒 慶宣 萬戶 倡義殉節 贈承旨 慶俊 顒
첨정 창의선무공 증병판 호국헌 경선 만호 창의순절 증승지 경준 옹

四男 慶承 將仕郎 慶生 叅奉 慶緖 將仕郎 慶纘 孝行叅奉 寒岡門人
사남 경승 장사랑 경생 참봉 경서 장사랑 경찬 효행참봉 한강문인

參議五男 瑍 參奉 璨 虞侯 倡義宣武功 號雲谷 瑀 壬亂倡義 适變 以
참의오남 환 참봉 찬 우후 창의선무공 호운곡 우 임란창의 괄변 이

振武一等功 除藍浦縣監 丙子殉節雙嶺 贈戶議 號杞圃 琡 奉事 宣武功
진무일등공 제남포현감 병자순절쌍령 증호의 호기포 숙 봉사 선무공

臣 號龍巖 珪贈戶佐 號黃硯 兵參二男 智男 武副正 倡義宣武功臣 哲
신 호용암 규증호좌 호황연 병참이남 지남 무부정 창의선무공신 철

男 部將 宣武功臣 持平一男 瑄 右尹 倡義宣武功臣 號槐亭 悌友一男
남 부장 선무공신 지평일남 선 우윤 창의선무공신 호괴정 제우일남

珽 奉事 贈正郎 菊軒二男 璘 主簿 倡義功臣 號杏窩 球 判官 倡義宣
정 봉사 증정랑 국헌이남 인 주부 창의공신 호행와 구 판관 창의선

武功臣 叅奉一男 瑾 進士 叅奉 倡義宣武功臣 餘不盡錄 先生後承 綿
무공신 참봉일남 근 진사 참봉 창의선무공신 여불진록 선생후승 면

延幾千年 一庭而四鳳 一堂而十四義士 彬蔚華顯 逮夫 世級愈下 文獻
연기천년 일정이사봉 일당이십사의사 빈울화현 체부 세급유하 문헌

寢晦 只有乙未重建碣陰 後孫進士 瓊林氏所製 傳得官啣子孫錄而已 近
침회 지유을미중건갈음 후손진사 경림씨소제 전득관함자손록이이 근

始考出密州舊誌 慈仁朴氏 巾衍古紙 北旨遺裔家 藏影幀詩贊諡牒 而先
시고출밀주구지 자인박씨 건연고지 북지유예가 장영정시찬시첩 이선

生遺蹟 煥然可述 一邦人士議 享德南祠 又奉安影幀 又移模一本 安侑
생유적 환연가술 일방인사의 향덕남사 우봉안영정 우이모일본 안유

於十四義士之龍岡祠 斯文崇報之典 固有待於來後 而凡我好德之倫 亦
어십사의사지용강사 사문숭보지전 고유대어래후 이범아호덕지륜 역

應聞風而知勸矣 先生後孫 元慶 與余從遊之久 謬屬以闡幽之筆 旣屢辭
응문풍이지권의 선생후손 원경 여여종유지구 류촉이천유지필 기루사

不獲 敢以舊錄爲按本 而敍述如右 僭妄之誅 無所逃焉
불획 감이구록위안본 이서술여우 참망지주 무소도언

銘曰「難爲桃李 子陵松耶 特秀風雪 康候松耶 樹鵠嶺五百年綱常 亭亭獨也
명왈「난위도리 자릉송야 특수풍설 강후송야 수곡령오백년강상 정정독야

靑之 松溪松耶」
청지 송계송야」

崇禎紀元後 二百十一年 戊戌五月 日 通訓大夫 淸州牧使 淸州鎭 兵馬
숭정기원후 이백십일년 무술오월 일 통훈대부 청주목사 청주진 병마

僉節制使 上黨 守城將
첨절제사 상당 수성장

古溪 李彙寧 謹撰
고계 이휘령 근찬

5

# 신도비명 병서(神道碑銘[1] 竝序) (1)

연안 이병관(延安 李炳觀)

은(殷)나라에 세 분의 어진 사람이 있었는데 기자(箕子)도 그 중 한 사람이었다. 은나라가 망하자 주(周)나라의 신하 노릇을 하지 않고 우리 동국(東國)에 와서 홍범(洪範)[2]의 법으로써 여덟 조목(條目)의 가르침[3]을 베푸니 삼강(三綱)이 밝아지고 구주(九疇)[4]가 차례로 펴졌다. 그 후 수천 년을 지나 고려 말기(末期)에 팔은(八隱)이 있었는데 송은 박선생도 그 중 한 분이었다. 고려가 이미 망하자 섬기던 데에 충성을 다하다가 두문동(杜門洞)에 들어가서 스스로 조출하게 했으니[5] 그 윤기(倫氣)를 붙들고 떳떳한 도리를 세운 공은 백대(百代)

---

1 신도비명: 종2품(從二品) 이상의 관직을 지낸 사람의 공덕을 기려서 그 사람의 무덤에나 또는 큰 길거리에 세우던 비를 신도비라 하며, 명(銘)은 그 공덕을 요약해서 시가체로 지은 글.

2 홍범: 하(夏)의 우왕(禹王) 때에 낙수(洛水)에서 나온 거북이 등에 나타났다는 아홉가지 조목의 글로서 천하(天下)를 다스리는 큰 법이라 한다.

3 여덟 조목의 가르침: 살인(殺人) 상해(傷害) 투도(偸盜) 범간(犯姦) 등을 내용으로 하는 여덟 가지 법금(法禁).

4 구주: 천하를 다스리는 큰 법으로서 오행(五行) 삼덕(三德) 오사(五事) 팔정(八政) 오기(五紀) 황극(皇極) 삼덕(三德) 계의(稽疑) 서징(庶徵) 오복(五福) 이상 아홉 가지.

5 조출하게 했으니: 새 왕조에 신하 노릇하기를 거부하고 스스로 정절을 지킴.

에 뻗치도록 없어지지 않을 것이다. 멀리 은나라 기자의 도(道)를 이었고 민낙(閩洛)의 법[6]을 지켰다. 우리나라 문명(文明)의 훌륭함을 계발(啓發)하여 동국 사람에게 대대로 그 공덕(功德)을 이어 받도록 했음은 진실로 가히 헤아릴 수가 없다. 그 후에 유교(儒敎)가 융성(隆盛)하여져서 송(宋)나라의 원풍(元豐), 원우(元祐), 건도(乾道), 순우(淳祐)[7]때 같았는데 그 조종(祖宗)을 찾고 근원을 따르면 그 누구로부터 비롯했던가. 아아 선생은 옛 학문과 바른 도(道)로써 세상에 우뚝하였다.

충성은 일월(日月)을 꿰뚫고 덕행(德行)은 신명(神明)과 통했다. 그러므로 조정으로부터 사방에 이르도록 사대부(士大夫)로부터 여염집 소민(小民)에 이르도록 믿기를 시초(蓍草)와 거북이[8] 같이 여기고 우러르기를 태산(泰山) 북두칠성(北斗七星) 같이 하였다. 그리고 세상에 나서거나 집에 있거나 관직에 나서거나 초야(草野)에 물러나거나 뇌락광명(磊落光明)[9]하여 한가지도 지극히 공정한 데에서 나오지 않음이 없었다. 큰 일에 임해 큰 의리를 결단함에 하나라도 지성에서 나오지 않음이 없었다. 그러하여 비록 유속(流俗 세속(世俗))에 뜻을 달리하는 사람이 처음에는 미워하며 배척하다가도 물러가서 그의 의리를 듣고는 흠모(欽慕)해서 공경하지 않는 사람이 없었다.

선생은 거의 하늘에서 낸 사람이던가. 그러나 시운(時運)이 없고

6 민낙(閩洛)의 법: 민(閩)은 민중으로 주자가 있었고, 낙(洛)은 낙양으로 정호, 정이 두 형제가 있었다. 이 분들은 송나라 때 성리학 조종들이다. 따라서 성리학의 법도를 뜻한다.

7 원풍 원우 건도 순우: 원풍은 송신종(宋神宗) 연호(年號 1078~1085), 원우는 송철종(宋哲宗) 연호(1086~1093), 건도는 송효종(宋孝宗) 연호(1165~1173), 순우는 송이종(宋理宗) 연호(1241~1252).

8 시초와 거북이: 옛적에 의심되는 일이 있으면 시초와 거북이로 점을 쳐서 그 점괘에 따라 결단하고 다시 의심하지 않았다 함.

9 뇌락광명(磊落光明): 마음이 활달하고 기상이 밝은 모양.

천명(天命)도 없어 끝내 도(道)를 시행하지 못하고 간 것은 누가 시켜서 그러한 것이던가. 공부자(孔夫子)께서 주역(周易)을 논하면서 「향방(向方)에 따라 같은 류(類)가 모이고 사물(事物)로써 무리[羣 군]가 갈라진다」[10]하고 또 「사물(事物)은 구차스럽게 합칠 수 없다」했으니 그 이치를 알고 있었던 것이었다.

선생의 휘는 익(翊)이다. 처음 휘는 천익이고 자(字)는 태시(太始)이며 성은 박씨이다. 세계(世系)가 밀성(密城)에서 나왔고 신라 밀성대군(密城大君)의 후예(後裔)이다. 고려 시중(侍中) 밀성군 휘 언부(彦孚)에 이르러 벼슬은 문하시중 도평의사(門下侍中 都評議事)이이며 시호를 문익(文翼)이라 한 휘 효신(孝臣)을 낳으셨고 문익공은 벼슬은 대장군 도검사(大將軍 都檢事)였던 휘 공필(公弼)을 낳으셨다.

고조(高祖)의 휘는 육경(育慶)인데 병부상서(兵部尙書)이시고 증조(曾祖)의 휘는 대화(大和)인데 이부상서(吏部尙書)였다. 조부(祖父)의 휘는 간(幹)인데 문과(文科)에 합격(合格)해서 벼슬은 이상(貳相)이었으며 시호는 양효(良孝)이시다. 고(考)의 휘는 영균(永均)인데 삼재(三宰)로서 은산부원군(銀山府院君)으로 봉군(封君)되었으며 시호는 문헌(文憲)이시다. 비(妣)는 능성구씨(綾城具氏)로서 문하좌정승(門下左政丞) 문정공(文貞公) 위(褘)의 따님이신데 충숙왕(忠肅王) 임신년(壬申年) 七월 二七일 밀성군 삽포리(密城郡 鍤浦里) 집에서 선생을 낳으셨다.

선생은 어릴적부터 기이한 태도(態度)가 있었으니 엄연(儼然)하여 성인(成人)같았다. 어버이에게 효도(孝道)하고 아우와 우애(友愛)하

10 향방에 같은 류가 모이고 사물로서 무리가 갈라진다: 향하는 쪽이 선(善)한 데이면 선한 자가 모이고 악한 데이면 악한 자가 모인다. 사물에 따라 각자 좋아하는 데로 무리가 갈라진다라는 『주역(周易)』, 「계사상전(繫辭上傳)」에 있는 말.

여 공경과 사랑을 갖추어 지극하였다. 글 읽기를 좋아했고 성인의 학문에 뜻이 있더니 약관(弱冠)[11]이 못되어서 벌써 큰 선비가 되었다.

공민왕(恭愍王) 때 과거(科擧)에 올라 한림문학 소부감 예부시랑 세자이사 겸 중서령(翰林文學 小傅監 禮部侍郎 兼 中書令) 벼슬을 지냈다. 여러 번 왜구 및 변방(邊方) 호인(胡人)을 정벌(征伐)해서 전투(戰鬪)하면 번번이 공이 있으니 당시 사람들이 공을 장상(將相)[12]의 재목으로 지목했었다. 공양왕(恭讓王)이 선양(禪讓)[13]하자 심회(心懷)가 강개(慷慨)하여 세상사에 뜻을 끊었다. 정포은이 죽기를 맹세할 즈음에 선생을 불러서 울며 「하늘에는 두 개의 해가 없고 백성에게는 두 사람의 임금이 없다. 나는 우리 임금의 뜰에 돌아가거니와 나를 알아주는 자는 오직 공(公)과 이색(李穡), 길재(吉再)뿐이다」했다. 선생이 이르기를 「그렇다. 나 또한 이를 좇아 가겠으며 맹세코 이씨의 곡식은 먹지 않겠노라」하시었다. 임신년(壬申年)에 이르러 기년(紀年)이 고쳐지자[14] 포은은 순국(殉國)했고 도은(陶隱)은 멀리 귀양갔으며 목은(牧隱)은 쫓겨나서 돌아갔고 야은(冶隱)은 세상을 피해버렸다.

선생도 이에 아우 천경(天卿)과 더불어 관(冠)을 찢고 상(裳 옷)을 헐어버린 다음 밀주 향리(鄕里)에 돌아와서 산과 물 사이에 방랑(放浪)하였다. 떨어지는 꽃과 지는 달에 거문고와 술로써 휘파람 불고 읊조렸다. 그 시문(詩文)을 지은 것은 초(楚)나라 삼려대부(三閭大

11 약관(弱冠): 옛적에 남자 나이가 스물이 되면 관례(冠禮 六禮 중의 하나)를 올렸고 약관은 아직 관례를 올릴 나이가 모자라는 열아홉살을 가리키는 말.

12 장상(將相): 출장입상(出將入相)의 준말. 외방(外方)에 사변(事變)이 있으면 나가서 장수로 되고 조정(朝廷)에 들어오면 정승으로 되는 것을 말하는 것.

13 선양(禪讓): 임금 자리를 남에게 물려줌.

14 기년이 고쳐지다: 국호(國號)가 바뀌는 것. 또는 연호(年號)를 새로 정하는 것.

夫)[15]가 못가를 거닐면서 읊조리던 것과 송(宋)나라 문상(文相)[16]이 경구(京口)에서 남쪽을 가리키던 것 같아서 풍천(風泉)[17]의 감개함을 발(發)하고 진령(榛苓)[18]이 생각을 의탁하지 않는 것이 없다.

입지잠(立志箴)과 지신잠(持身箴)에 이르러는 말이 친근(親近)하면서 뜻은 원대(遠大)하고 글이 박아(博雅)하면서 이치는 절실(切實)하여 선생은 마음에 둔 바가 지극히 정미(精微)한 데에 묘(妙)하게 합치(合致)하고 수양(修養)한 바가 지극히 큰 데에 능히 짝했다.

진실로 천지(天地)의 정기(精氣)를 품수(稟受)하여 성현(聖賢)의 온오(蘊奧)한 학문(學問)을 궁구(窮究)하지 않았으면 어찌 능히 이 경지(境地)에 이르렀겠는가.

홍무 을해년(1395년 홍무는 명태조(明太祖)의 년호)에 태조(太祖)께서 한양(漢陽)에다 도읍(都邑)을 정하고 공(公)을 공조판서로 임명(任命)해서 불렀으나 일어나지 않았다. 또 형(刑), 예(禮), 이(吏) 세 조(曹)의 판서로 삼아 여러 차례 불렀으나 취임(就任)하지 않았고 병자년(丙子年 1396년)에는 특히 좌규(左揆 좌의정)로 뽑았으나 왕명(王命)에 응하지 않았다. 또 폐백을 보내고 은전(恩典)이 있었으나 눈 어

---

15 삼려대부(三閭大夫): 전국시대(戰國時代) 초회왕(楚 懷王) 때에 굴원(屈原)이 삼려대부로 있었는데 임금이 매우 신임하였다. 상관대부(上官大夫)가 시기하고 참소하여 원은 드디어 왕의 노여움을 받았고 양왕(襄王) 때는 다시 참소를 당해 강변(江邊)으로 귀양을 갔다. 원은 어부사(漁父辭) 등 여러 편 글을 지어서 자신의 뜻을 보이다가 五월 五일에 멱라수(汨羅水)에 빠져 죽었다.

16 문상(文相): 송(宋)나라 정승이었던 문천상(文天祥)을 가리킨 말. 군기대신(軍機大臣)으로 있으면서 총리아문(總理衙門)을 창설했고 남북안구대신(南北岸口大臣)을 설치했다. 그 후 참소를 당해 좌천되었고 송은 원(元)나라에게 멸망되었다.

17 풍천: 『시경(詩經)』, 「회풍(檜風), 비풍장(匪風章)」과 「조풍(曹風), 하천장(下泉章)」을 합쳐서 말한 것임. 비풍장은 국정이 혼란하여 화란(禍亂)이 미쳐 올 것을 걱정한 노래이고 하천장은 백성들이 나라정사가 잘 다스려짐을 생각해서 노래한 것임.

18 진령: 『시경(詩經)』, 「패풍(邶風), 간혜장(簡兮章)」에 산에 진(榛)이 있고 습지(濕地)에는 영(苓)이 있다는 데에서 따온 말로, 어진사람을 등용(登用)하지 않는 것을 풍자(風刺)한 노래임.

둡고 귀 어둡다는 핑계로 맞이하지 않았다. 예관(禮官) 권근(權近)이 돌아가서 보고(報告) 하기를 「박모(朴某)는 왕폐(王幣)[19]의 소중함을 돌아보지 않고 죽음을 사는 것 같이 여겼습니다」하니 임금께서 「이 사람이 우리 집에 대해서는 비록 순종(順從)하지 않으나 왕씨의 옛 신하이다. 내 어찌 탓하랴」하시었다. 그 후 무인년(戊寅年 1398년) 11월 27일에 삽포 송계리 기산(鍤浦 松溪里 箕山) 밑에서 고종(考終)[20]하였다.

운명(殞命)하던 전날 밤에 목욕하고 손톱도 깎은 다음 자리를 정돈(整頓)하고 앉아서 네 아들을 불러 이불을 들치고 수족(手足)을 보도록 하였다. 유서(遺書)가 있어 「나는 왕씨의 혼령(魂靈)을 따라 가지만 너희들은 이씨 세상에 있으니 충성한다면 힘껏 하라. 선천과 후천이라 부자간 시대(時代)가 다르다」하였다. 일찍이 소나무를 심어서 시내[溪 계] 이름으로 하고 이로 인해서 호(號)로 삼았다. 진실로 옛 도읍을 잊지 못하는 뜻에서 나온 것이며 그 산 이름을 기산(箕山)이라 했음도 또한 허유(許由)와 소부(巢父)[21]가 자취를 숨기던 뜻을 붙인 것이었다.

밀양군 청도면 고법리 소고야(密陽郡 淸道面 古法里 素古野) 간좌(艮坐) 둔덕에 장사했는데 부인과 합봉(合封) 했으며 67세를 누리었다. 부음(訃音)이 조정에 들리자 임금께서 크게 애도(哀悼) 하시고 특히 대광보국 숭록대부 의정부 좌의정 겸 영경연 춘추관 홍문관 예문관관상감사(大匡輔國 崇祿大夫 議政府 左議政 兼 領經筵 春秋館 弘文館 藝文館 觀象監事) 벼슬을 추증(追贈)하시었다.

---

19 왕폐: 임금이 보내는 폐백(幣帛).

20 고종: 고종명(考終命)의 준말. 제 명대로 편케 살다가 죽는 것을 이르는 말.

21 허유와 소부: 영수(穎水)와 기산(箕山) 주석 조 참조.

정종 기묘년(定宗己卯年) 1399년에 충숙(忠肅)이란 시호를 추증하고 경진년(庚辰年) 1400년에 예관(禮官)을 보내서 제사(祭祀)한 글에는「곧은 절개에 마음 오로지해서 사변(事變)을 임해도 변하지 않았다. 이것만으로도 천년 세월에 밝게 빛날만하다」하였다.

배위(配位) 정경부인 성산배씨(貞敬夫人 星山裵氏)는 이상(貳相) 현보(賢輔)의 따님이시고 배위 창원박씨(昌原朴氏)는 보승랑장(保勝郎將) 충민(忠敏)의 따님이시고 배위 고흥류씨(高興柳氏)는 판결사(判決事) 인기(仁杞)의 따님이시다. 4남 3녀를 낳아서 맏이 융(融)은 전한(典翰)이고 차남 소(昭)는 현감(縣監)이였으며 삼남 조(調)는 예조정랑(禮曹正郎)이고 사남 총(聰)은 호조정랑(戶曹正郎)인데 이조참판(吏曹叅判)으로 증직(贈職)되었다. 모두 충효(忠孝)하고 청백(淸白)한 것으로 명망(名望)이 드러났었다. 여서(女婿)는 군수(郡守) 손혁(孫奕), 감찰(監察) 손억(孫億), 생원(生員) 조공현(曺功顯)이다.

전한 우당은 아들이 둘이어서 진(震)은 전적(典籍)인데 참판(叅判)으로 증직되었고 간(乾)은 부사직(副司直)이었다. 현감 인당은 세 아들을 두어서 맹번(孟蕃)은 감찰이고 중번(仲蕃)은 진의부위(進義副尉)이며 계번(季蕃)은 호군(護軍)이다. 정랑 아당은 아들 둘인데 흥문(興文), 두문(斗文)이고 참판 졸당도 아들이 둘이어서 승문(承文)은 동지(同知)이고 희문(熙文)은 현감이다. 그리고 증손(曾孫) 현손(玄孫) 이하는 하도 번성(蕃盛)해서 다 기록하지 못한다.

그 중 두드러져서 일컬을만한 자를 말한다면 덕학(德學)으로 알려진 자는 징사(徵士)[22] 하담(河淡), 정언(正言) 하징(河澄)이고 문행(文行)으로 알려진 자는 사직(司直) 승원(承元), 통찬(通贊) 문손(文孫),

22 징사: 학문과 덕행이 높은 선비로서 임금이 불러도 나아가지 않는 사람.

정랑(正郎) 하청(河淸), 증호조참판 이(頤), 교수(敎授) 효순(孝順), 현감 환(茪)이다.

효행(孝行)으로 알려진 자는 군수(郡守) 주(胄), 징사 수견(守堅), 참봉(叅奉) 영(穎), 참봉 적(頔), 참봉 찬(讚), 경류(慶流), 좌랑(佐郎) 신윤(身潤)이다.

녹공(錄功)[23]된 자로서 참의(叅議) 이겸(以謙), 가선(嘉善) 이눌(以訥), 자헌(資憲) 인량(仁亮), 부사(府使) 경신(慶新), 증지평(持平) 경인(慶因), 증병조판서(贈兵曹判書) 경전(慶傳), 증병조판서 경윤(慶胤), 증좌승지(贈左承旨) 경선(慶宣), 현감 서휘(瑞輝), 통정(通政) 창도(昌道), 우후(虞侯) 찬(璨), 현감 우(瑀), 우윤(右尹) 선(瑄), 참봉 숙(琡), 첨정(僉正) 인(璘), 판관(判官) 구(球), 진사(進士) 근(瑾), 부정(副正) 지남(智男), 사복(司僕) 철남(哲男)이다.

의행(懿行 아름다운 행실)으로 알려진 자는 진사(進士) 승손(承孫), 증참의 경연(慶延), 증호조참판(贈戶曹叅判) 승륜(承倫), 처사(處士) 경준(慶俊), 처사 지(篪), 참봉 환(瑍), 좌랑(佐郎) 규(珪), 교수(敎授) 서귀(瑞龜)이다.

옛부터 충의(忠義)의 남은 공덕(功德)이 비록 무궁(無窮)하게 내려가지마는 그 대(代)마다 이어받아서 기구(箕裘)[24]같이 여긴 자는 드문데 이상하여라. 박씨 자손에 어진 사람이 많음이여, 무릇 물을 잘 보는 자는 그 흐름을 보고서 그 근원을 안다. 지금 밀성박씨의 여러 대 문헌(文獻)은 실상 선생이 기초(基礎)를 시작하거니와 하늘이 선

23 녹공: 군공(軍功)이나 기타 큰 공을 세워서 국가에 등록(登錄)된 사람.

24 기구: 활 만드는 사람이 단단한 나무를 구부리는 것을 보고 그 아들은 잘 구부려지는 버들가지로 키 만드는 일을 배우게 되고, 대장장이가 쇠를 녹여서 솥 만드는 것을 보고 그 아들은 부드러운 가죽으로 갑옷[裘 구] 만드는 일을 배우게 된다는 데에서 나온 말. 즉 가업(家業)을 이어받는 것을 이르는 말.

생에게 보답(報答)한 것이었다. 순묘 계사년(純廟癸巳年) 1832년에 사림(士林)이 논의(論義)하여 선생을 밀주 덕남서원(德南書院)에 제향(祭享)했는데 선생의 아들 우당(憂堂), 인당(忍堂) 두 분이 종사(從祀)되었다.

청도(淸道)의 용강 충렬사(龍岡 忠列祠)에 또 열네 분 의사(義士)를 거론(擧論)해서 제사하는데 선생이 주벽(主壁)[25]이었고 단성(丹城) 신계서원(新溪書院)에는 선생의 아들 아당(啞堂), 졸당(拙堂) 두 분이 배향(配享)되었으니 이것이 이른바 근원이 맑아야 깨끗하다는 것인가. 중간에 비록 서원(書院)이 훼철(毁撤)되는 재액(災厄)을 맞았으나 유상(遺像)이 늠연하고 오히려 각각 잘 봉안(奉安)되어 있다.

근래에 또 개성 두문동(開城 杜門洞)과 장성 삼태리(長城 三台里)에 서원을 창설(創設)해서 덕(德)이 같았던 여러 현인(賢人)을 아울러 향사(享祀)하니 그 떳떳한 도리(道理)를 지키는 공변된 논의(論議)가 오랠수록 더욱 없어지지 않음을 또한 볼 수가 있다.

아아 정포은과는 도의(道義)로 맺은 우정(友情)이 깊었다. 명(命)을 마치는 그 날 선생의 손을 잡고 울면서 영결(永訣)하기를 「나를 알아주는 이는 박모(朴某)이다」하였다. 길야은(吉冶隱)은 선생의 영정(影幀)에 찬(贊)하기를 「강상(綱常)을 붙들어 심어서 천년 세월에 우뚝하였다. 거룩할 손 덕스러운 얼굴이여 이학(理學)의 으뜸이었다」하였고, 변춘정(卞春亭)은 찬하기를 「공(功)은 북번(北蕃)에 빛났고 도학(道學)은 동국(東國)을 밝혔다. 천년(千年)의 으뜸이고 백세(百世)의 스승이다」하였다. 황방촌(黃厖村)이 지은 묘표(墓表)에는 「문장

25 주벽: 사(祠) 원(院) 따위에 위패(位牌)를 모시는 데에 가장 으뜸 되는 자리에 위치(位置)하는 것.

(文章)과 도덕(道德)이 대개 우리 동방의 명현(名賢)이다」했고, 김삼족당(金三足堂)이 지은 유사(遺事)에는 「맹세는 하해(河海)보다 깊고 지개(志槪)는 태산보다 높아서 고죽군(孤竹君) 아들의 절개(節介)와 같다」하였다. 대개 당시에 덕(德)을 알던 여러 분들이 이렇게 허여(許與)했은 즉 이 점은 백대(百代)에 전해 내려와도 의심이 없을 만하다. 어느 날 그의 후손 순병(淳炳)과 희돈(熙敦)이 문중 어른들의 명(命)으로 와서 나에게 부탁하기를 「삼가 문집(文集)을 상고하니 그 중에 신도비 고유문(神道碑 告由文)이 있다. 그런즉 예전에 명(銘)이 있었던 것이나 여러번 병화(兵火)를 만나 비석이 부서졌고 비문(碑文)도 따라서 전해지지 않은 듯하다. 한스러움을 참아온지 오래였는데 온 종족(宗族)이 비로소 서로 의논하고 큰 길 거리에 다시 세우기로 했다. 그런데 우리 조상의 감춰진 덕을 헤쳐내고 그윽한 빛을 들어내는 데에는 공(公) 만한 사람이 없으니 공은 끝내 사양할 수 없을 것이다」하였다. 돌아보건데 묘연(眇然)한 후생(後生)이 대 선생(大先生)의 학덕(學德)을 기려서 후세에 전하는 금석문(金石文)을 어찌 감당하겠는가. 그러나 병관(炳觀)의 선조(先祖) 은봉공(隱峰公)도 승국(勝國 고려) 전공판서(典工判書)였다.

원운곡(元耘谷 원천석의 호)과 덕이 같았고 의기(義氣)가 같았다. 벼슬을 버리고 속세(俗世)를 피해서 본조(本朝 조선왕조) 우상(右相 우의정)으로 제배(除拜)했으나 취임(就任) 하지 않았는데 이제 선생에 대해 오랜 세대이지만 감모(感慕)함이 있다. 의리상 그 일을 감당해 낼 사람이 아니라는 것으로써 감히 사양하지 못하고 외람됨을 잊고 이에 행장(行狀)을 상고한 다음 그 중 사실이 큰 것만을 잡아 다음과 같이 엮고 삼가 명(銘)하기를 요순(堯舜)같은 임금으로 만들려는 뜻이 있었는데 재기(才器)가 그 일을 이룩하기에 족했고 이윤(伊尹) 부열(傅說)[26]같이 보필(輔弼)할 그릇이었는데 후덕하여 감당해내기에 족하며 공자(孔子) 주자(朱子)를 잇달아서 후진(後進)을 개발(開發)할 뜻이 있었는데 문장(文章)이 그들을 흥기(興起)시키기에 족했다.

그러나 하늘이 이 분에게 큰 임무(任務)를 내리면서 그 시기(時期)를 주지 않았음에야 어찌하랴. 나랏일이 다난(多難)했을 때 변경(邊境) 호적(胡狄)과 왜구를 정벌(征伐)하여 승첩(勝捷)을 아뢰어서 방가(邦家)의 벼리[維 유(벼대)]로 되었다. 세 임금을 섬기는데에 힘을 다했고 척수(중심)로서 위태한 시국(時局)을 붙들었도다. 큰 집이 장차 넘어지는데 좋은 장인(匠人)이건만 지탱(支撑)하기 어렵다.

무너지는 물결 기울어지는 모래톱에도 물 가운데 서 있는 기둥은 움직이지 않았다. 갓을 벗어 걸고 남쪽으로 돌아가니 선비도 아녀자도 탄식하였다. 산중에 세월[甲子 갑자]이 한가로워서 희(羲) 희(熙)[27]가 꾸민 역서(曆書)도 없다. 답답하고 슬픈 마음을 시(詩)짓기와 노래에 붙였다. 두가지 잠(箴)에 드리운 가르침은 주자의 뜻이고 공자의 사상(思想)이었다. 몸은 출세했으나 도(道)가 궁(窮)함을 옛날 철인(哲人)이 슬퍼한 바다. 비록 궁하기는 했으나 아름다운 교훈(教訓)을 후세에 베풀었다. 육경(六經)이 몸에 있었는데 하늘에 올라 기성(箕星)을 탔다[28]. 나에게 바른 법을 가르쳐 주었으니 백대의 스승이로다.

---

26 이윤 부열: 이윤은 은 탕왕(殷 湯王)을 도와서 하걸(夏桀)을 정벌하고 드디어 탕을 천하의 임금으로 되게 했음. 부열은 은 고종(殷 高宗) 때의 어진 정승이었음.

27 희희: 희(羲)는 희씨(羲氏). 당 우(唐虞) 때에 역상(曆象)을 맡았던 사람. 희(熙)는 소호 금천씨(少昊金天氏)의 넷째 숙부(叔父)로서 오행(五行)을 추산(推算)하는데에 능했다 함.

28 하늘에 올라 기성(箕星)을 탔다: 부열(傅說)이 죽은 다음 그 신정(神精)이 기성과 미성(尾星) 사이에 걸쳐 있었다는 데에서 나온 말인데 사람이 죽은 것을 이르는 말로 쓰임.

기산(箕山)이 높고 높고[29] 송계(松溪)에 물 가득하다[30]. 내가 높은 비석(碑石)에 명(銘)하여 길이 후세에 밝힌다.

신라기원(新羅紀元)[31] 1994년 병자(丙子) 7월 가선대부 경연참찬관 원임 규장각 부제학(嘉善大夫 經筵參贊官 原任 奎章閣 副提學) 연안 이병관(延安 李炳觀) 삼가 지음.

## 神道碑銘 竝序(신도비명 병서) (一)

殷有三仁 箕師一也 殷社淪喪 罔爲臣僕 來我東土 以洪範之道 設八條
은유삼인 기사일야 은사륜상 망위신복 래아동토 이홍범지도 설팔조

之教 三綱明而 九疇叙矣 其後數千載 至麗季 有八隱 松隱朴先生其一
지교 삼강명이 구주서의 기후수천재 지려계 유팔은 송은박선생기일

也 麗社旣屋 盡忠所事 杜門自靖 其扶倫立彜之功 足以亘百世不泯矣
야 려사기옥 진충소사 두문자정 기부륜립이지공 족이긍백세불민의

遠承殷師之道 近守閩洛之法 以啓我朝 文明之盛 俾東表之人 世受其功
원승은사지도 근수민낙지법 이계아조 문명지성 비동표지인 세수기공

固不可量也 其後儒術之盛 如宋之豊祐乾淳 而尋宗溯源 伊誰之如 嗚乎
고불가량야 기후유술지성 여송지풍우건순 이심종소원 이수지여 오호

29 높고 높고[巖巖 암암]: 돌이 높이 쌓여 있는 모양.

30 물 가득하다[瀰瀰 미미]: 물이 철철 넘치는 모양.

31 신라기원(新羅紀元) 1994년(병자): 신라기원 1994년이면 서기로는 1937년이 되고, 이 해는 병축년이 된다. 병자는 1936년이다.

先生以古學直道 毅然獨立于世 忠誠貫日月 德行通神明 故自朝廷以至
선생이고학직도 의연독립우세 충성관일월 덕행통신명 고자조정이지

四方 自士大夫以至閭閻小人 無不信之如蓍龜 仰之如泰斗 而其出處進
사방 자사대부이지여염소인 무불신지여시귀 앙지여태두 이기출처진

退 磊落光明 無一不出於至正 臨大事決大義 無一不出至誠 於雖流俗異
퇴 뇌락광명 무일불출어지정 임대사결대의 무일불출지성 어수류속이

趣之人 始嘗齮齕 而排擯之者 退聽其義 無不誦慕 而起敬焉 噫 先生殆
취지인 시상의흘 이배빈지자 퇴청기의 무불송모 이기경언 희 선생태

天人也歟 然無時無命 道終不行而去者 孰使之然哉 蓋夫子論易曰「方
천인야여 연무시무명 도종불행이거자 숙사지연재 개부자론역왈「방

以類聚 物以羣分」又曰「物不可苟合」其知之也矣 先生諱翊 初諱天
이류취 물이군분」우왈「물불가구합」기지지야의 선생휘익 초휘천

翊 字太始 姓朴氏 系出密城 以新羅密城大君之後 至高麗侍中 密城君
익 자태시 성박씨 계출밀성 이신라밀성대군지후 지고려시중 미성군

諱彦孚 是生諱孝臣 門下侍中 都評議事 謚文翼 是生諱公弼 大將軍 都
휘언부 시생휘효신 문하시중 도평의사 시문익 시생휘공필 대장군 도

檢事 高祖諱育慶 兵部尙書 曾祖諱大和 吏部尙書 祖諱幹 文科貳相 謚
검사 고조휘육경 병부상서 증조휘대화 이부상서 조휘간 문과이상 시

良孝 考諱永均 三宰 銀山府院君 謚文憲 妣綾城具氏 門下左政丞 文貞
량효 고휘영균 삼재 은산부원군 시문헌 비능성구씨 문하좌정승 문정

公褘之女 忠肅王 壬申七月二十七日 生先生于密陽郡 鍤浦里第 幼有異度
공위지녀 충숙왕 임신칠월이십칠일 생선생우밀양군 삽포리제 유유이도

儼然如成人 孝親友弟 敬愛備至 好讀書 有志聖人之學 未弱冠 已成宏
엄연여성인 효친우제 경애비지 호독서 유지성인지학 미약관 이성굉

儒 恭愍朝登第 翰林文學 少傅監 禮部侍郎 世子貳師 兼 中書令 屢伐島
유 공민조등제 한림문학 소부감 예부시랑 세자이사 겸 중서령 누벌도

夷及邊胡 戰輒有功 時人以將相材擬之 及恭讓遜荒 心懷慷慨 絶意於世
이급변호 전첩유공 시인이장상재의지 급공양손황 심회강개 절의어세

鄭圃隱誓死之際 呼先生泣曰「天無二日 民無二君 吾歸吾王之庭 知我
정포은서사지제 호선생읍왈「천무이일 민무이군 오귀오왕지정 지아

者惟 公與李穡吉再」先生曰「唯唯 吾亦從此逝矣 誓不食李粟」至壬
자유 공여이색길재」선생왈「유유 오역종차서의 서불식이속」지임

申改紀 圃隱殉社 陶隱遠竄 牧隱放歸 冶隱遯世 於是 先生與第天卿 裂
신개기 포은순사 도은원찬 목은방귀 야은둔세 어시 선생여제천경 렬

冠毁裳 歸密州鄕里 自放於山水 殘花落月 琴酒嘯咏 其措諸詩文 如楚
관훼상 귀밀주향리 자방어산수 잔화락월 금주소영 기조제시문 여초

三閭之澤畔行吟 宋文相之 京口指南 無非發風泉之感 托榛苓之思 至若
삼려지택반행음 송문상지 경구지남 무비발풍천지감 탁진령지사 지약

立志之箴 持身之箴 言近而志遠 文博而理切 所存妙契於至精 所養能配
입지지잠 지신지잠 언근이지원 문박이리절 소존묘계어지정 소양능배

於至大 苟非禀天地之精靈 窮聖賢之蘊奥 曷能臻於此哉 洪武乙亥 太祖
어지대 구비품천지지정령 궁성현지온오 갈능진어차재 홍무을해 태조

定鼎漢陽 以工判召 不起 又以刑禮吏三曹判屢徵 不就 丙子 特簡左揆
정정한양 이공판소 불기 우이형예이삼조판루징 불취 병자 특간좌규

不膺命 又有聘幣之典 託盲聾而不迎 禮官權近 還報曰「朴某不顧王幣
불응명 우유빙폐지전 탁맹오이불영 예관권근 환보왈「박모불고왕폐

所重 視死如生」上曰「此人雖不順於吾家 乃王氏之遺老也 予何處焉」
소중 시사여생」상왈「차인수불순어오가 내왕씨지유로야 여하처언」

至戊寅十一月二十七日 考終于鍤浦 松溪里之箕山下 前夕 沐浴剪爪整
지무인십일월이십칠일 고종우삽포 송계리지기산하 전석 목욕전조정

座坐 呼四子啓手足 有遺書曰「吾歸王魂 汝在李世 忠則竭力 先天後天
좌좌 호사자계수족 유유서왈「오귀왕혼 여재이세 충즉갈력 선천후천

父子異時」嘗種松名溪 因以爲號 寔出於不忘舊都之意 名其山曰箕 亦
부자이시」상종송명계 인이위호 식출어불망구도지의 명기산왈기 역

寓許巢隱迹之趣也 葬于密陽郡 淸道面 古法里 素古野 枕艮之原 與夫
우허소은적지취야 장우밀양군 청도면 고법리 소고야 침간지원 여부

人合封 享年六十七 訃聞于朝 上震悼之 特贈 大匡輔國 崇祿大夫 議政
인합봉 향년육십칠 부문우조 상진도지 특증 대광보국 숭록대부 의정

府左議政 兼 領經筵 春秋館 弘文館 藝文館 觀象監事 定宗己卯 贈諡忠
부좌의정 겸 영경연 춘추관 홍문관 예문관 관상감사 정종기묘 증시충

肅 庚辰遣禮官 侑之以文曰「貞節專心 臨亂不貳 此可以炳煌 於千載矣」
숙 경진견예관 유지이문왈「정절전심 임란불이 차가이병황 어천재의」

配貞敬夫人 星山裵氏 貳相賢輔女 配昌原朴氏 保勝郎將 忠敏女 配高
배정경부인 성산배씨 이상현보녀 배창원박씨 보승랑장 충민녀 배고

興柳氏 判決事 仁杞女 生四男三女 長融典翰 次昭縣監 次調禮曹正郎
흥류씨 판결사 인기녀 생사남삼녀 장융전한 차소현감 차조예조정랑

次聰戶曹正郎 贈吏叅 皆以忠孝淸白著焉 女婿 郡守孫奕 監察孫億 生
차총호조정랑 증이참 개이충효청백저언 여서 군수손혁 감찰손억 생

員曺功顯 典翰二男 震典籍 贈參判 乾副司直 縣監三男 孟蕃監察 仲蕃
원조공현 전한이남 진전적 증참판 간부사직 현감삼남 맹번감찰 중번

進義副尉 季蕃護軍 正郎二男 興文 斗文 吏叅二男 承文同知 熙文縣監
진의부위 계번호군 정랑이남 흥문 두문 이참이남 승문동지 희문현감

曾玄以下 蕃不盡錄 以表表可稱者言之 德學聞者 徵士河淡 正言河澄也
증현이하 번불진록 이표표가칭자언지 덕학문자 징사하담 정언하징야

文行聞者 司直承元 通贊文孫 正郎河淸 贈戶叅 頣 教授孝順 縣監芄也
문행문자 사직승원 통찬문손 정랑하청 증호참 이 교수효순 현감환야

孝行聞者 郡守胄 徵士守堅 叅奉穎 叅奉頔 叅奉纘 慶流 佐郎身潤也
효행문자 군수주 징사수견 참봉영 참봉적 참봉찬 경류 좌랑신윤야

錄功者 參議以謙 嘉善以訥 資憲寅亮 府使慶新 贈持平慶因 贈兵判慶
녹공자 참의이겸 가선이눌 자헌인량 부사경신 증지평경인 증병판경

傳 贈兵判慶胤 贈左承旨慶宣 縣監瑞輝 通政昌道 虞侯瓚 縣監瑀 右尹
전 증병판경윤 증좌승지경선 현감서휘 통정창도 우후찬 현감우 우윤

瑄 叅奉琡 僉正璘 判官球 進士瑾 副正智男 司僕哲男也 懿行聞者 進
선 참봉숙 첨정인 판관구 진사근 부정지남 사복철남야 의행문자 진

士承孫 贈叅議慶延 贈戶叅承倫 處士慶俊 處士篪 叅奉瑍 佐郎珪 教授
사승손 증참의경연 증호참승륜 처사경준 처사지 참봉환 좌랑규 교수

瑞龜也 自古忠義餘烈 雖被於無窮 而求其世世相襲 視若箕裘者罕矣 異
서귀야 자고충의여열 수피어무궁 이구기세세상습 시약기구자한의 이

哉 朴氏子孫之多賢也 夫善觀水者 睹其流而 識其源 今夫 密城朴氏
재 박씨자손지다현야 부선관수자 도기류이 식기원 금부 밀성박씨

累世文獻 先生實始基之 而天所以 厚報於先生也 純廟癸巳 士林議享
루세문헌 선생실시기지 이천소이 후보어선생야 순묘계사 사림의향

密州德南書院 先生之子 憂忍二公 從祀焉 淸道之龍岡忠烈祠 又擧十
밀주덕남서원 선생지자 우인이공 종사언 청도지용강충렬사 우거십

四義士 尸祝之而 先生主壁焉 丹城之新溪祠 先生之子 啞拙二公 配享
사의사 시축지이 선생주벽언 단성지신계사 선생지자 아졸이공 배향

焉 此所謂 源淸而流潔者耶 雖中被撤院之厄 遺像凜然 尙各妥奉 近又
언 차소이 원청이류결자야 수중피선원지액 유상늠연 상각타봉 근우

開城之杜門洞 長城之三台里 設院幷享 同德諸賢 亦可見 秉彜之公議
개성지두문동 장성지삼태리 설원병향 동덕제현 역가견 병이지공의

愈久愈不泯也 嗚呼 若鄭圃隱 以道義深契 畢命之日 把手泣訣曰「知我
유구유불민야 오호 약정포은 이도의심계 필명지일 파수읍결왈「지아

者朴某」若吉冶隱 贊先生影幀曰「扶植綱常 特立千載 猗歟德容 理學
자박모」약길야은 찬선생영정왈「부식강상 특립천재 의여덕용 이학

之宗」卞春亭贊曰「功著北蕃 道名東土 千載之宗 百世之師」若黃厖村
지종」변춘정찬왈「공저북번 도명동토 천재지종 백세지사」약황방촌

撰墓表曰「文章道德 我東方名賢」若金三足堂 撰遺事曰「盟深河海 志
찬묘표왈「문장도덕 아동방명현」약김삼족당 찬유사왈「맹심하해 지

高泰山 若孤竹子之節」蓋當時知德諸公 以是推許 則此可傳 於百世無
고태산 약고죽자지절」개당시지덕제공 이시추허 즉차가전 어백세무

疑 日其後孫 淳炳 熙敦 以門兄老之命 來屬予曰「謹按 集中有神道碑
의 일기후손 순병 희돈 이문형노지명 래촉여왈「근안 집중유신도비

告由文 則想 古有銘而 累經兵燹 石剝落而亦無傳 歆恨之久 闔宗始相
고유문 즉상 고유명이 루경병선 석박락이역무전 음한지구 합종시상

謀 將重竪大逵矣 吾祖發潛闡幽 莫公若也 公不可終辭」顧以藐然後生
모 장중수대규의 오조발잠천유 막공약야 공불가종사」고이묘연후생

何敢當大先生 金石傳後之文哉 然炳觀先祖 隱峰公 勝國典工判書 與元
하감당대선생 금석전후지문재 연병관선조 은봉공 승국전공판서 여원

耘谷 同德同義 棄官遯世 本朝拜右相 不就 今於先生 有曠世之感 義不
운곡 동덕동의 기관둔세 본조배우상 불취 금어선생 유광세지감 의불

敢以非其人辭 忘其僭猥 乃按狀 撮其大者 如右系之 謹銘曰 有堯舜君
감이비기인사 망기참외 내안장 촬기대자 여우계지 근명왈 유요순군

民之志 而才足以致之 有伊傅輔弼之器 而德足以涖之 有孔朱繼開之旨
민지지 이재족이치지 유이부보필지기 이덕족이리지 유공주계개지지

而文章足以興起之 何天之降大任於斯 而不與之其時 王事多難 邊胡島
이문장족이흥기지 하천지강대임어사 이불여지기시 왕사다난 변호도

夷 薄伐奏捷 爲邦家維 三朝鞠躬 隻手扶危 大廈將顚 良匠難支 頹波傾
이 박벌주첩 위방가유 삼조국궁 척수부위 대하장전 량장난지 퇴파경

潏 砥柱不移 掛冠南歸 士女齎咨 山中甲子 書無羲熙 湮鬱慽慨 寓諸詩
율 지주불이 괘관남귀 사녀재자 산중갑자 서무희희 인울척개 우제시

詞 二箴垂訓 朱情孔思 身顯道窮 往哲攸悲 雖然窮矣 嘉惠孔施 六經在
사 이잠수훈 주정공사 신현도궁 왕철유비 수연궁의 가혜공시 육경재

躬 上爲騎箕 示我正軌 百世之師 箕山巖巖 松溪瀰瀰 我銘穹石
궁 상위기기 시아정궤 백세지사 기산암암 송계미미 아명궁석

新羅紀元 一千九百九十四年 丙子七月日
신라기원 일천구백구십사년 병자칠월일

嘉善大夫 經筵參贊官 原任奎章閣 副提學
가선대부 경연참찬관 원임규장각 부제학

延安 李炳觀 謹撰
연안 이병관 근찬

## 6

# 신도비명 병서(神道碑銘 竝序) (2)

안동 김영한(安東 金寗漢)

아아, 임금과 신하간에 큰 의리는 천지 사이에 피할 데가 없다. 무릇 횡목(橫目 사람을 일컫는 말) 축에 있는 자로서 누구인들 모르겠는가. 그러나 위태한 즈음을 만났을 때에 위엄으로 앞에서 두렵게 하고 부귀(富貴)로 뒤에서 유혹(誘惑)하면 이에 이마를 조아리고 무릎을 굽혀서 신하와 종으로 됨을 달게 여기는 자도 수없이 많다. 그런데 한사람 충성스러운 지개(志槪)를 가진 자가 죽기를 작정하고 절의를 온전히 하여 떳떳한 도리를 지켜서 만세신자(萬世臣子)의 모범(模範)이 되었다면 어찌 포창(褒彰)하고 숭봉(崇奉)해서 무궁한 세대(世代)에 전해지도록 하는 것이 옳지 않겠는가.

고려 말기에 남의 종 노릇을 하지 않고 스스로 정절을 지킨 신하가 가끔 있었으니 송은선생 박공도 그 중 한 사람이시다. 공을 밀양군 청도면 고법리 소고야 간좌 둔덕에 장사해서 묘표(墓表)도 있었고 비석도 있었으나 묘각[桓楹 환영]이 없었으므로 석물[墓儀 묘의]을 갖추지 못했다. 온 종중(宗中)이 서로 더불어 의논하여 큰 돌을 다듬어 큰 길거리에 세워서 공(公)의 큰 절의(節義)를 밝히려고 순병(우당 공 19세손)에게 명하여 그 명사(銘辭 비문)를 나에게 부탁한다. 스스로 돌아보건데 학식(學識)이 천박(淺薄)해서 감히 감당하지 못하겠으나 나도 조금은 본성(本性)을 갖추었으므로 끝내 사양할 수 없었다.

삼가 상고하건대 공의 휘는 익(翊), 자는 태시(太始)로 밀성박씨의 씨족 계통이 신라 왕실(王室)에서 나왔다. 고려 때에 와서 시중 언부(侍中彦孚)라는 분이 있어 밀성을 식읍(食邑)[1]으로 했으며 이 분이 휘 효신(孝臣)이고 시호는 문익(文翼)이라는 분을 낳았다. 문익공은 대장군(大將軍) 공필(公弼)을 낳았고 이분이 병부상서(兵部尙書) 육경(育慶)을 낳았는데 바로 송은공의 고조(高祖)가 된다. 증조(曾祖)는 대화(大和)라 하며 이부상서(吏部尙書)이고 조부(祖父)는 간(幹)이라 하는데 평장사(平章事)이다. 고(考 부친)는 영균(永均)이라 하며 판도판서(判圖判書)로서 은산부원군(銀山府院君)으로 봉호(封號)를 받았고 시호는 문헌(文獻)이다. 비(妣)는 능성구씨(綾城具氏)인데 좌정승 위(左政丞褘)의 따님이시며 공(公)을 충숙왕(忠肅王) 임신년에 낳았다.

공은 나면서부터 지극한 성품(性品)이 있어 효우(孝友)가 무리에서 뛰어났다. 자라나자 기개(氣槪)가 영걸차고 굳세었으며 문사(文詞)가 훌륭하였다. 공민왕(恭愍王) 때 과거(科擧)에 올라 소감(少監), 한림(翰林), 예부시랑(禮部侍郎) 겸 중서령(兼中書令)을 역임(歷任)하였다. 충성을 다해서 나라를 도왔으며 여러번 공(功)을 세우니 사람들이 장상(將相)의 재기(才器)로 비기었다. 그 후 국정(國政)이 날로 잘못되자 마음에 걱정과 분함을 품고 벼슬길에 생각이 없었다.

---

1 식읍: 옛날 공신(功臣)에게 한 고을을 떼어 주어서 그 땅의 조세(租稅)를 받아 먹도록 하던 데에서 나온 말.

그리하여 아우 천경(天卿)과 함께 벼슬을 그만두고 밀성 향리(密城鄕里)에 돌아와서 숨어 살았다. 본디 뜻을 지키면서 포은, 목은 여러 분과 도의(道義)로 사귀었다. 우리 태조가 도읍(都邑)을 한양에다 정하고 공을 공조판서 벼슬로 불렀으나 취임하지 않았고 또 형, 예, 이 세조(曹)의 판서로 연달아 불렀으나 모두 취임하지 않았다. 또 좌의정으로 불렀으나 마침내 왕명(王命)에 응하지 않았다.

드디어 부조현(不朝峴)에 갓을 걸고 거친 골짜기에 몸을 숨겨 시(詩)로써 뜻을 말하다가 공(公)의 연세가 예순일곱살이던 무인년(戊寅年) 동짓달 스무이렛날 기산(箕山) 밑에서 고종(考終)하였다. 운명할 무렵에 목욕하고 손톱을 깎았으며 옷을 갈아 입고 자리를 바로한 다음 아드님에게 글을 남겨서 충의(忠義)를 힘쓰도록 당부하였다. 아아, 이런 것을 정도(正道)를 얻어 죽었다고 이르는 바가 아니었던가.

배위(配位)는 정경부인 성산배씨이며 이상(貳相) 현보의 따님이신데 부묘(祔墓)[2]되었다. 후배(後配)는 창원박씨로서 낭장(郎將) 충민의 따님이고 삼배(三配)는 고흥류씨인데 판결사 인기의 따님이다.

아드님 넷 따님 셋을 낳았다. 아드님 융(融)은 전한이고 소(昭)는 안음 현감(安陰 縣監)이며 조(調)는 예조정랑이고 총(聰)은 호조정랑이었는데 이조참판으로 증직되었다. 모두 충효와 청백(淸白)했다는 것으로써 명망이 드러났다. 사위 손혁(孫奕)은 군수이고 손억(孫億)은 감찰이며 조공현(曺功顯)은 생원이었다. 백파(伯派)에 진(震)은 전적으로서 참판에 증직되었고 간(乾)은 부사직이었으며 중파(仲派) 맹번(孟蕃)은 감찰, 중번(仲蕃)은 별시위, 계번(季蕃)은 호군이었다. 숙파(叔派) 흥문(興文)은 정랑, 다음 두문(斗文)이고, 계파(季派) 승문(承文)

---

2 부묘(祔墓): 부부(夫婦)를 합장(合葬)한 것을 일컫는 말.

은 동지중추부사(同知中樞府事), 희문(熙文)은 현감이었다. 이하 증손 현손은 하도 번성하기에 다 기재하지 않는다. 그리고 특히 뛰어나서 일컬을 만한 자 중에 학행(學行)으로 알려진 자가 둘이고 효행(孝行)으로 알려진 자가 여섯이며 공신(功臣)으로 기록된 자가 열여덟 명이다. 그리고 숨은 덕과 아름다운 행실로써 알려진 자는 헤아릴 수도 없다. 아아, 이것이 이른 바 「오직 그 덕(德)이 있으므로 모두 닮는다」라는 것이 아닌가. 공이 젊었을 때에 입지(立志), 지신(持身) 두 잠(箴)을 짓고 자나 깨나 보고 살펴서 드디어 덕기(德器)를 이루었으니 그 천분(天分)[3]의 고매(高邁)함은 예사 사람이 미칠 바가 아니었다. 또 포은, 목은 여러 분과 의리(義理)를 강마(講磨)하여 집심(執心)한 바가 확연(確然)하니 마침내 수립(樹立)한 공덕이 이와 같았다.

우리 정종대왕(定宗大王)께서 충숙(忠肅)이라는 시호를 추증(追贈)하고 제문(祭文) 하기를 「정절(貞節)에 마음 오로지 해서 난(亂)을 임(臨)해도 변하지 않았다」하셨으니 이것으로써 천추(千秋)에 길이 남을 말씀이로다. 아아, 훌륭한지고 명(銘)하기를

송도(松都) 사직(社稷)[4]이 이미 망함에 절개 있는 신하가 많았다.

우뚝한 저 송은은 포은, 목은과 벗하였기에 도리로 임금 섬겨서 단성(丹誠 참된 충성)을 다하였다. 동으로 치고 서쪽으로 정벌해서 기이한 공을 많이 세웠다. 명망과 실덕이 함께 높아서 공보(公輔 재상)로 기대되었다. 큰 집이 넘어지는데 한 기둥이 어이 하리. 밀성에 전사(田舍)가 있어 하루아침에 귀거래(歸去來)했다. 산수간(山水間)에 방

3 천분: 타고난 성품(性稟) 천품(天稟) 천부(天賦)와 같다.

4 사직: 사(社)는 토지신(土地神) 직(稷)은 곡신(穀神). 옛날 나라를 새로 세웠을 때 새로 단(壇)을 모아서 평화와 풍년이 깃들기를 기구(祈求)하기위해 토지신과 곡신에게 제사하던 곳.

황(彷徨)하면서 다만 스스로 흐느꼈네. 하늘이 진역(震域)을 도와서 성인(聖人)이 용흥(龍興)하였다. 좋은 벼슬로 얽매어서 서너 다섯번이나 불렀다. 다섯번이나 불러도 나아가지 않고 한결 같은 마음 스스로 조촐했다. 먼 지역에 윤락(淪落)하여서 형체(形體)와 그림자가 서로 조상(弔喪)하였다. 아들에게 남긴 글이 있었는데 충성껏 하는 것이 요결(要訣)이었다. 유연(悠然)히 선화(仙化)해서 얼음같이 깨끗하고 옥처럼 조촐했다. 정묘(定廟)께서 사제(賜祭)하시어 돌보심이 정녕(丁寧)하였다. 두 글자로 명호(名號) 바꿔서 단청(丹靑)같이 빛났다. 이에 후손(後孫)에게 미치도록 남긴 훈계(訓戒)를 떨어뜨리지 않았도다. 효(孝)와 충(忠)으로 대대로 여운(餘韻)을 이었다. 우뚝한 저 마악(馬岳)[5]에 용[螭 리]머리[6]가 높고 험하다. 천백 년에 뻗치도록 풍우(風雨)에 닳지 않으리.

안동 김영한(金甯漢)[7] 삼가 지음.

## 神道碑銘竝序(신도비명병서) (二)

嗚呼 君臣大義 無所逃於天地之間 凡在橫目之到者 孰不知之 而値危亡
오호 군신대의 무소도어천지지간 범재횡목지도자 숙불지지 이치위망

5 마악(馬岳): 마는 마량으로 촉나라 충신 마백미(馬伯眉)이고, 악은 악비(岳飛)장군으로 송나라의 충신. 두 사람은 모두 유명한 충신임. 촉(蜀)이 위(魏)나라에 멸망할 때 마백미는 "나라가 망했으나 나는 두 임금을 섬길 수 없다(不事二主)"라 하며 자결하여 충성을 지켰다는 이야기가 후대 민간설화나 문학작품에 등장함.

6 용머리: 비(碑)머리 또는 돌기둥머리에 용의 형체(形體)를 세겨서 장식(裝飾)한 것을 말한 것임.

7 안동 김영한(安東 金甯漢): 1878~1950. 문신, 유학자. 9세에 경술(庚戌)의 국변(國變)으로 약을 먹고 순국(殉國)한 석진(奭鎭)에게 입양됨. 어려서부터 영특하여 1894년 17세 나이로 사마시에 합격하였으나, 을사조약(乙巳條約)이 체결되자 세상에 뜻이 없어져 조정에 나가지 아니함. 저서로 『급우재집』이 있다.

之際 威武怵於前 富貴誘於後 乃頓顙屈膝 甘爲臣僕者滔滔焉 一有忠志
지제 위무출어전 부귀유어후 내돈상굴슬 감위신복자염염언 일유충지

之士 矢死全節 守其常經 以爲 萬世臣子之模楷 則烏可 不褒之 崇之
지사 시사전절 수기상경 이위 만세신자지모해 즉오가 불포지 숭지

垂之 無窮乎 麗氏季葉 往往有罔僕自靖之臣 而若松隱先生朴公其一也
수지 무궁호 려씨계엽 왕왕유망복자정지신 이약송은선생박공기일야

公之葬 密陽郡 淸道面 古法里 素古野 負艮之原 嘗有表有碣 而桓楹
공지장 밀양군 청도면 고법리 소고야 부간지원 상유표유갈 이환영

之闕 墓儀不備 擧宗相與謀 將伐大石 峙大逵用 昭其大節 命淳炳 以銘
지궐 묘의불비 거종상여모 장벌대석 치대규용 소기대절 명순병 이명

辭 屬不佞 自顧淺學 不敢當者 然粗具彝性 而亦不可終辭 謹按 公諱翊
사 촉불녕 자고천학 불감당자 연조구이성 이역불가종사 근안 공휘익

字太始 密城之族 系出羅室 至麗朝 有侍中 彦孚 食采密城 是生侍中
자태시 밀성지족 계출라실 지려조 유시중 언부 식채밀성 시생시중

孝臣 謚文翼 是生大將軍 公弼 是生兵部尙書 育慶 寔闕高祖 曾祖曰大
효신 시문익 시생대장군 공필 시생병부상서 육경 식궐고조 증조왈대

和 吏部尙書 祖曰幹 平章事 考曰永均 版圖判書 銀山府院君 謚文憲
화 이부상서 조왈간 평장사 고왈영균 판도판서 은산부원군 시문헌

妣綾城具氏 左政丞 禕之女 公以忠肅王 壬申生 生有至性 孝友拔萃 及
비능성구씨 좌정승 위지녀 공이충숙왕 임신생 생유지성 효우발췌 급

長 氣宇英毅 文詞俊逸 恭愍朝登第 歷少監 翰林 禮部侍郞 兼 中書令
장 기우영의 문사준일 공민조등제 역소감 한림 예부시랑 겸 중서령

盡忠輔國 累立戰功 人皆擬之 以將相才 及乎 時政日非 心懷憂憤 念絶
진충보국 누립전공 인개의지 이장상재 급호 시정일비 심회우분 념절

仕進 與其弟天卿 解官 歸密城鄕 隱居守志 與圃隱牧隱諸賢 爲道義交
사진 여기제천경 해관 귀밀성향 은거수지 여포은목은제현 위도의교

我太祖定鼎漢陽也 以工曹判書徵之 而不就 又以刑禮吏三曹判書 連徵
아태조정정한양야 이공조판서징지 이불취 우이형예이삼조판서 연징

皆不就 又徵之以左議政 竟不膺命 遂掛冠不朝峴 竄身荒谷 以詩言志
개불취 우징지이좌의정 경불응명 수괘관부조현 찬신황곡 이시언지

距其生 六十七年 戊寅十一月 二十有七日 考終于箕山之下 將終 沐浴
거기생 육십칠년 무인십일월 이십유칠일 고종우기산지하 장종 목욕

剪爪 更衣正席 遺子以書 勉其忠義 嗚呼 此所謂得正而斃者非耶 配貞
전조 경의정석 유자이서 면기충의 오호 차소위득정이폐자비야 배정

敬夫人 星山裵氏 貳相賢輔女 墓祔 後配昌原朴氏 郎將忠民女 三配高
경부인 성산배씨 이상현보녀 묘부 후배창원박씨 랑장충민녀 삼배고

興柳氏 判決事仁杞女 生四男三女 男融 典翰 昭 安陰縣監 調 禮曹正
흥류씨 판결사인기녀 생사남삼녀 남융 전한 소 안음현감 조 예조정

郎 聰 戶曹正郎 贈吏曹叅判 皆以忠孝淸白著焉 女壻 孫奕郡守 孫億
랑 총 호조정랑 증이조참판 개이충효청백저언 여서 손혁군수 손억

監察 曺功顯生員 伯派曰 震典籍 贈參判 乾副司直 仲派曰 孟蕃監察
감찰 조공현생원 백파왈 진전적 증참판 간부사직 중파왈 맹번감찰

仲蕃別侍衛 季蕃護軍 叔派曰 興文正郎 斗文 季派曰 承文同知 熙文縣
중번별시위 계번호군 숙파왈 흥문정랑 두문 계파왈 승문동지 희문현

監 曾玄以下 蕃不悉載 特擧其表表可稱者 以學行聞者二 以孝行聞者六
감 증현이하 번불실재 특거기표표가칭자 이학행문자이 이효행문자육

錄功臣者 十有八 以隱德懿行聞者 不可數焉 嗚呼 此所謂「維其有之
록공신자 십유팔 이은덕의행문자 불가수언 오호 차소위「유기유지

是以 似之者」非耶 公於早歲 作立志持身之箴 夙夜觀省 遂成德器 其
시이 사지자」비야 공어조세 작입지지신지잠 숙야관성 수성덕기 기

天分之高邁 非夫人可及 而且與圃牧諸賢 講磨義理 確有所執 終焉樹
천분지고매 비부인가급 이차여포목제현 강마의리 확유소집 종언수

立者 如此其大 而若我定宗大王 贈謚忠肅 侑之以文曰「貞節專心 臨亂
립자 여차기대 이약아정종대왕 증시충숙 유지이문왈「정절전심 임란

不貳」斯可以永有辭 於千秋矣 嗚呼 其盛矣哉 銘曰 崧社旣屋 固多節臣
불이」사가이영유사 어천추의 오호 기성의재 명왈 숭사기옥 고다절신

卓彼松翁 圃牧爲隣 以道事君 竭其丹衷 東征西伐 多立奇功 望實俱隆
탁피송옹 포목위린 이도사군 갈기단충 동정서벌 다립기공 망실구륭

期以公輔 大廈之傾 焉用一柱 密城田舍 一朝賦歸 椒涯盤桓 只自歔欷
기이공보 대하지경 언용일주 밀성전사 일조부귀 초애반환 지자허희

天佑震域 聖人龍興 縻以好爵 三四五徵 五徵不就 一心自靖 剗地沈淪
천우진역 성인용흥 미이호작 삼사오징 오징불취 일심자정 잔지침륜

相弔形影 有書遺子 忠爲要訣 悠然觀化 氷淸玉潔 定廟恩侑 眷顧丁寧
상조형영 유서유자 충위요결 유연관화 빙청옥결 정묘은유 권고정녕

二字易名 炳若丹靑 爰及苗裔 不墜遺訓 曰孝曰忠 代有餘韻 節彼馬岳
이자역명 병약단청 원급묘예 불추유훈 왈효왈충 대유여운 절피마악

螭首峨峨 彌千百禩 風雨不磨
리수아아 미천백사 풍우불마

安東 金寗漢 謹撰
안동 김영한 근찬

# 제4편

# 사실척록(事實摭錄)

# 1

# 송경지 팔은사적(松京志 八隱事蹟)

포은, 목은, 야은, 도은이 소매를 잡고 통곡하면서 「시국(時局)이 이미 이와 같음은 천운(天運)이다. 누구를 원망하며 누구를 탓하겠나. 옛부터 지금까지 하늘에는 두 해[日 일]가 없고 신하에게는 두 임금이 없다」하였다. 포은이 죽기로 작정하던 날 천익(天翊)을 불러서 울며 말하기를 「삶은 이 세상에 기생하는 것이고 죽음은 저 세상으로 돌아 가는 것이다. 비록 천명(天命)이라 하나 나는 홀로 죽어서 우리 임금의 뜰에 돌아 가거니와 나를 알아줄 자는 이에 천익과 색(穡)과 재(再)이다」하였다.

## 松京志 八隱事蹟(송경지 팔은사적)

圃牧冶陶 把袖痛哭曰「時已若此 天也 誰怨誰咎 自古及今 天無二日
포목야도 파수통곡왈「시이약차 천야 수원수구 자고급금 천무이일

臣無二君」 圃老誓死之日 呼天翊 泣言曰「生寄死歸 雖曰天命 吾獨死
신무이군」 포로서사지일 호천익 읍언왈「생기사귀 수왈천명 오독사

歸 於吾王之庭 知我者 乃天翊 穡再也」
귀 어오왕지정 지아자 내천익 색재야」

云 松京志 八隱事蹟
운 송경지 팔은사적

# 2

# 화해사전(華海師全)[1] (1)

휴암 임선미(休庵 林先味), 원촌 조의생(遠村 曺義生), 용호 맹호성(龍湖 孟好性), 이우당 이경(二憂堂 李瓊), 정재 박의중(貞齋 朴宜中)은 모두 정축생(丁丑生)이었다. 또 포은과 더불어 동갑(同甲)이어서 홍무(洪武) 25년 임신(壬申)에는 모두 쉰 여섯 살이었다.

4월 4일에 정포은이 순절(殉節)하자 만장(輓章)과 제전(祭奠)이 있었다. 여러 현인(賢人)이 모두 왔고 이우당과 각자 뜻한 바를 말했는데 세상에 전해 오는 언지록(言志錄)이 이것이다. 도은은 도기(陶器) 굽는 데로 돌아가고 목은은 목축(牧畜)하는 데로 돌아갔다. 정재는 농사에 돌아갔고 수은(樹隱) 김충한(金冲漢)은 나무 심는 데로 돌아갔다. 송계 박태시는 고향으로 돌아갔고 운곡(耘谷)은 치악산(雉岳山)으로 돌아갔으며 이우당은 묘정(墓庭) 선산 밑으로 돌아갔다.

갓과 옷을 벗어서 송백(松柏)가지에 걸고 부조현(不朝峴)에 모여서 작별하였다. 이우당과 원촌, 용호, 휴암은 함께 두문동으로 들어 갔는데 이 때가 홍무 25년 10월 16일이었다.

---

1 화해사전(華海師全): 화(華)는 중국, 해(海)는 우리나라, 사(師)는 스승, 전(全)은 전집(全集)을 뜻함. 즉, 중국과 고려의 스승에 관한 전집이라는 뜻.

## 華海師全(화해사전) (一)

林休庵先味 曺遠村義生 孟龍湖好性 李二憂堂瓊 朴貞齋宜中 俱以丁丑
임휴암선미 조원촌의생 맹용호호성 이이우당경 박정재의중 구이정축

生 又與圃隱同甲 洪武二十五年壬申 皆五十六歲 四月四日 鄭圃隱殉節
생 우여포은동갑 홍무이십오년임신 개오십육세 사월사일 정포은순절

有輓哭奠 諸賢皆來 二憂堂各言其志 世所傳 言志錄 是也 陶隱歸於陶
유만곡전 제현개래 이우당각언기지 세소전 언지록 시야 도은귀어도

牧隱歸於牧 貞齋歸於農 樹隱金冲漢 歸於樹 松溪朴太始 歸於故庄 耘
목은귀어목 정재귀어농 수은김충한 귀어수 송계박태시 귀어고장 운

谷歸於雉岳 二憂歸於墓庭下 脫冠振衣 於松柏枝 共會不朝峴 而作別
곡귀어치악 이우귀어묘정하 탈관진의 어송백지 공회부조현 이작별

二憂 遠村 龍湖 休庵 同入杜門洞 乃洪武二十五年 十月十六日也
이우 원촌 용호 휴암 동입두문동 내홍무이십오년 십월십육일야

## 3

# 화해사전(華海師全) (2)

고려말 의사(義士) 20~30명 쯤이 해마다 원처사(元處士 원천석(元天錫))의 집에 모였다. 치악산 꼭대기에다 바위로 단(壇)을 만들고 변사(變祀)부터 혁사(革祀)까지 열성(列聖)을 제사해서 여흥왕(驪興王)[2], 강화왕(江華王)[3], 간성왕(杆城王)[4], 후왕(後王)[5]에 이르렀다.

열성(列聖)중에 단군(檀君)은 동방(東方)에다 국기(國基)를 창시(創始)한 임금이라는 것으로서 기자(箕子)는 동방 오랑캐의 풍습(風習)을 변화(變化)시켜서 중국제도를 시행한 임금으로서 열성으로 하였으나, 당시 국사(國史)가 모두 없어졌고 더구나 정중부(鄭仲夫)의 변란(變亂)에 사라져 버렸다. 왕태조(王太祖)는 개국(開國)한 임금인데 개국한 공(功)이라는 것이다. 공민왕(恭愍王)과 여흥왕, 강화왕, 후왕에 이르러서는 국세(國勢)가 변해서 망하게 되었으므로 변사(變祀)

---

2 여흥왕(驪興王): 고려 우왕(禑王). 위화도 회군한 이성계에 의해 폐출되어 강화도로 추방되었다가 여흥으로 옮겨졌다. 뒤에 강릉에서 서균형에 의해 시해됨.

3 강화왕(江華王): 고려 창왕(昌王). 우왕과 함께 신돈의 자식과 손자로 폐가입진(廢假立眞)의 명분을 내세워 강화도로 폐출된 후 유순(柳珣)에 의해 시해됨.

4 간성왕(杆城王): 고려 공양왕(恭讓王). 이성계의 등극과 동시에 원주로 퇴출된 후 간성으로 옮겨졌다가 3년 뒤 삼척에서 시해됨.

5 후왕(後王): 공양왕의 아들 세자 석(奭)을 말한다.

라 하고 간성왕은 혁명(革命)된 후에 나라를 개혁(改革)했으므로 혁사(革祀)라 하였다. 여흥, 강화, 간성을 왕이라 한 것은 주자(朱子)가 강목(綱目)을 기록하면서 제(帝)가 방주(房主)에 있었다 라는 뜻을 딴 것이고 또 후왕이라 이른 것은 후한 유선(後漢 劉禪)을 후주(後主)라고 이른 뜻을 딴 것이었다. 그리고 공양(恭讓)은 새[新 신] 나라에서 내린 시호(諡號)인 까닭에 의리상 쓰지 않은 것이었다.

도(道) 있는 선비 및 자신(自身)을 죽여서 의리에 죽고 기강(紀綱)을 붙들어서 인(仁)을 이룩한 자는 모두 배향(配享)하였다. 도 있는 선비로는 홍유후(弘儒侯 설총(薛聰)의 봉호(封號)) 문헌(文憲 최충(崔冲)의 시호) 문안(文安 유승단(兪升旦)의 시호) 회헌(晦軒 안향(安珦)의 호) 역동(易東 우탁(禹倬)의 호) 불훤제(不諼齊 신현(申賢)의 호) 간재(簡齊 이용희(李用羲)의 호)를 기자(箕子)의 사당 앞 단소(壇所)에 배향(配享)하였다.

포은도 당연히 배향되었을 것이나 의리에 죽은 분을 제사하는 데에 주(主)인 까닭으로 겹쳐 설시(設施)함에 구애(拘碍)되어서 배향되지 않았다. 홍유후의 배향에는 신수충(申守忠)이고 문헌의 배향에는 신씨(申氏) 3대 및 선생(최충)의 두 아들, 두 손자였다. 또 최민용(崔敏庸) 한자순(韓子純) 김행경(金行瓊)이 문안에게 배향되었고, 회헌의 배향에는 백문절 이정(白文節 頤正)의 부자 및 홍규(洪奎) 신연(申衍) 신숙(申淑) 주열(朱悅) 유경(柳璥) 설공검(薛公儉) 홍자번(洪子藩) 신장(辛藏) 권보(權溥) 이백겸(李伯謙) 김이용(金利用) 송영(宋英) 안우기(安于器) 등이고, 우역동의 배향에는 정선(鄭僐) 이성(李晟) 민종유(閔宗儒) 박전지(朴全之) 김개물(金開物) 김이(金怡) 김태현(金台鉉) 김승용(金承用) 한종유(韓宗愈) 이조년(李兆年) 최유엄(崔有渰) 윤신걸(尹莘傑) 박효수(朴孝修) 김윤(金倫) 최해(崔瀣) 한악(韓渥) 박원(朴遠)

윤선좌(尹宣佐) 김인연(金仁沇) 나익희(羅益禧) 허종(許悰) 최문도(崔文度) 등인데 본디 문성(文成)에게 수학(受學)하다가 문성이 죽은 후에 문성의 유명(遺命)으로써 역동을 스승으로 받들던 자였다. 그리고 이제현(李齊賢) 박충좌(朴忠佐) 이곡(李穀)은 백이정을 스승으로 섬기다가 후에 역동을 받들던 자이고 모두 역동을 배식(配食)하였다. 연기(年紀)가 후생(後生)이어서 늦게야 역동에게 배운 자는 신문정(申文貞 신현(申賢))과 함께 역동을 스승했으나 역동이 죽은 후에 역동의 유명으로써 연기는 비교하지 않고 모두 문정을 스승하였다. 그런 까닭으로 문정위차(位次)의 왼쪽 앞자리에 배석했는데 차례가 선생의 중계씨(仲季氏) 위차의 오른편 앞줄이었고 다음에는 원명(元明) 학자(學者)를 배향하였다.

문정의 후생 연기인 자는 비록 문정을 스승으로 받들었으나 또한 간재를 스승으로 한 까닭으로 모두 간재 위차의 앞줄 좌우(左右)에 배석하였다. 모두 당시에 높은 덕과 명망(名望)있는 사람이어서 기자 위차 앞 단소에 배향하였다. 그리고 공민왕(恭愍王)에서 간성왕 때까지 자신을 의리에 죽인 사람 및 남의 신하노릇을 하지 않은 자는 별도로 단을 만들어서 여러 선생의 위차 앞 한복판에서 왼쪽에 향사하였다. 성재 신치(省齋 申置)* 시직 신백청(矢直 申伯淸)은 동편 오른쪽을 주위(主位)로 했고 포은 정몽주 두문자 성사제(杜門子 成思齊)는 서편 왼쪽을 주위로 하였다. 양호 우현보(養浩 禹玄寶)가 동편 주위를 추동(追同) 했고 목은 이색이 서편 주위를 좇았는데 배향한 것인즉 모두 주위(主位)의 좌우에 따랐다.

---

* 성재 신치(省齋 申置)의 置가 책 원문에는 말씀언(言)변에 둘치(置)이다.(言+置)

태조(왕건)의 배향에는 오직 태사(太師) 신장절(申壯節 신숭겸의 시호)이 훈공(勳功)으로써 이름났으며 명망있는 사람은 한사람도 입향(入享)하지 못했는데, 이것은 명리(名利)를 숭상하지 않는다는 뜻이기도 하지마는 당시 속물(俗物)들이 일찍부터 흠모하는 것을 미워한 것이었다. 공민과 여흥, 강화, 후왕에게는 모두 배향이 없고 다만 그 변혁(變革)을 슬퍼하고 그 상사(喪事)를 곡(哭)하였다. 간성왕에게는 세자(世子) 석(奭)을 배향해서 그 변혁했음을 곡하였다. 대개 도(道)를 마음으로 전한 것과 행실에 덕이 있으며 몸을 죽여서 인(仁)을 이룩했고 남의 신하 노릇 하지 않아서 강상(綱常)을 붙들었음은 모두 이 도(道)의 연원(淵源)이오 계파(系派)였다. 그런 까닭으로 기자(箕子) 및 태조(太祖)의 위차 앞에 종향(從享)되었다.

그리고 제향(祭享) 때마다 지주(紙主) 위차를 베풀어서 영신사(迎神辭)와 송신사(送神辭)를 읽으며 제향을 마치면 축관(祝官)이 축사(祝辭)를 불태웠다. 의옹 황신안(衣翁 黃申晏)이 당질(堂姪) 호(浩)와 더불어 축문을 지었고 운곡(원천석의 호)이 스스로 폐백을 만들었다. 목은과 목양(牧養)이 지주(紙主) 뒤를 따랐고 탁신(卓愼 호 죽정(竹亭))이 고쳐 바루어서 위차를 베풀고 차례를 분간하였다. 비록 여러 사람이 함께 의논했으나 실상 운곡이 이론(理論)을 세워서 주장하였다. 단향(壇享)에 든 사람으로서 없는 성씨(姓氏)가 없었으나 오직 신씨(申氏)와 우씨(禹氏)가 가장 많았다. 단향에 참여된 분은 정재 박의중(貞齋 朴宜中) 원촌 조의생(遠村 曺義生) 수은 김충한(樹隱 金冲漢) 용호 맹호성(龍湖 孟好性) 휴암 임선미(休庵 林先味) 상촌 김자수(桑村 金自粹) 송계 박태시(松溪 朴太始) 순은 신덕린(醇隱 申德隣) 임탁(林卓) 민안부(閔安富) 신포시(申包翅) 전귀생(田貴生) 이맹운(李孟

芸) 고천상(高天祥) 전조생(田祖生) 이숭인(李崇仁) 채귀하(蔡貴河) 유순(柳洵) 변숙(邊肅) 고천우(高天祐) 서보(徐輔) 박영(朴寧) 서중보(徐仲輔) 이유(李裕) 조견(趙狷) 조안경(趙安卿) 박담(朴湛) 이수인(李守仁) 전오륜(全五倫) 정희(鄭熙) 조홍(趙洪) 이수생(李遂生) 이사경(李思敬) 남을진(南乙珍) 이행(李行) 김대비(金大庇) 이흡(李翕) 안종약(安從約) 변귀수(邊貴壽) 박침(朴忱) 김준(金浚) 윤규(尹珪) 구홍(具鴻) 민보(閔普) 이유인(李唯仁) 배상지(裵尙志) 차원조(車原頫) 박문수(朴門壽) 길인적(吉仁迪) 송(宋) 이(李) 엄(嚴) 장(蔣) 반(潘) 홍(洪) 한(韓) 칠인(七人) 등이었다. (종이가 헤어져서 이름을 알 수 없음)

새 나라에 신하 노릇 하지 않은 여러 분이 가끔 왕래했고 단을 모아서 제향하는 데에 참여했고 여러 사람은 절의(節義)가 같았다. 그리하여 이미 기울어진 천지(天地)에 강상(綱常)을 세웠고 벌써 어두워진 일월(日月)에 이륜(彝倫)을 밝혔다. 아울러 위와 같음.

## 華海師全(화해사전) (二)

麗末義士 二三十許人 每歲春秋 會元處士家 雉岳山頂 因巖爲壇 自變
려말의사 이삼십허인 매세춘추 회원처사가 치악산정 인암위단 자변

祀至革祀 祭列聖 至驪興 江華 杆城 後王 列聖檀君 以爲創啓東方始基
사지혁사 제열성 지여흥 강화 간성 후왕 열성단군 이위창계동방시기

之君 箕聖 以爲東方變夷行夏之君 當時 國史皆淪亡喪 泯消於仲夫之變
지군 기성 이위동방변이행하지군 당시 국사개륜망상 민소어중부지변

太祖 開國之君 以爲開國之功 至恭愍 驪興 江華 變以垂亡 故曰變祀
태조 개국지군 이위개국지공 지공민 여흥 강화 변이수망 고왈변사

杆城王 革命後革國 故改曰革祀 以驪興江華杆城王者 取朱子書綱目 帝
간성왕 혁명후혁국 고개왈혁사 이여흥강화간성왕자 취주자서강목 제

在房州之義 亦曰後王者 取後漢劉禪 謂後主之意 恭讓則新國爲諡 故義
재방주지의 역왈후왕자 취후한유선 위후주지의 공양즉신국위시 고의

不用之 有道之士 乃殺身死義 扶綱振紀 成仁者 皆配祀之 有道之士 祀
불용지 유도지사 내살신사의 부강진기 성인자 개배사지 유도지사 사

弘儒 文憲 文安 晦軒 易東 不諼 簡齊 配箕子之祀前壇 圃隱亦當配 而
홍유 문헌 문안 회헌 역동 불훤 간제 배기자지사전단 포은역당배 이

主於死義之祀 故 拘於疊設 未配 弘儒之配 申守忠 文憲之配 申氏三世
주어사의지사 고 구어첩설 미배 홍유지배 신수충 문헌지배 신씨삼세

及先生二子二孫 又 崔敏庸 韓子純 金行瓊 文安配 晦軒配 白文節 頤
급선생이자이손 우 최민용 한자순 김행경 문안배 회헌배 백문절 이

正父子 及洪奎 申衍 申淑 朱悅 柳璥 薛公儉 洪子藩 辛藏 權溥 李伯
정부자 급홍규 신연 신숙 주열 유경 설공검 홍자번 신장 권보 이백

謙 金利用 宋英 安于器 等 禹易東配 鄭僐 李晟 閔宗儒 朴全之 金開
겸 김이용 송영 안우기 등 우역동배 정선 이성 민종유 박전지 김개

物 金怡 金台鉉 金承用 韓宗愈 李兆年 崔有渰 尹莘傑 朴孝修 金倫
물 김이 김태현 김승용 한종유 이조년 최유엄 윤신걸 박효수 김윤

崔瀣 韓渥 朴遠 尹宣佐 金仁沇 羅益禧 許悰 崔文度 等 素從學文成
최해 한악 박원 윤선좌 김인연 나익희 허종 최문도 등 소종학문성

文成沒後 以文成命 宗師易東者也 如李齊賢 朴忠佐 李穀 初師白頤正
문성몰후 이문성명 종사역동자야 여이제현 박충좌 이곡 초사백이정

後宗師易東者也 皆從易東配食 年紀爲後生 晩學於易東者 與申文貞 雖
후종사역동자야 개종역동배식 년기위후생 만학어역동자 여신문정 수

同師易東 易東沒後 以易東之命 不較年紀 皆歸師文貞 故配食於文貞
동사역동 역동몰후 이역동지명 불교년기 개귀사문정 고배식어문정

之位左前 次序於先生仲季之位右前列 次配以元明之學者 文貞之後生
지위좌전 차서어선생중계지위우전열 차배이원명지학자 문정지후생

年紀者 雖宗師文貞 亦師簡齋 故皆以爲配食 簡齋位前左右 皆以當日
연기자 수종사문정 역사간재 고개이위배식 간재위전좌우 개이당일

碩德聞人 皆配箕子前壇 而自恭愍 至杆城時 殺身死義人 及罔僕者 別
석덕문인 개배기자전단 이자공민 지간성시 살신사의인 급망복자 별

爲檀祀 於諸先生位 前正中左 以申省齋置 申矢直伯淸 主東右 以鄭圃
위단사 어제선생위 전정중좌 이신성재치 신시직백청 주동우 이정포

隱夢周 成杜門子思齋 主西左 以禹養浩 玄寶 追同東主 以李牧隱穡 追
은몽주 성두문자사재 주서좌 이우양호 현보 추동동주 이이목은색 추

同西主 配享則 皆從主位左右 太祖之配 惟太師申壯節 以勳功名聞人
동서주 배향즉 개종주위좌우 태조지배 유태사신장절 이훈공명문인

無一入享參配 此不尙功名利之義 而惛出時輩人 夙慕者耳 恭愍 驪興
무일입향참배 차불상공명리지의 이증출시배인 숙모자이 공민 여흥

江華 皆無配 而但哀其變 哭其喪 杆城則 以世子奭配 而哭其革 蓋道
강화 개무배 이단애기변 곡기상 간성즉 이세자석배 이곡기혁 개도

之傳心 及行之有德 殺身成仁 罔僕扶綱 皆斯道之淵脈 故 享於箕聖及
지전심 급행지유덕 살신성인 망복부강 개사도지연맥 고 향어기성급

太祖之位前 而每祭時 紙主設位 讀迎送神辭 祭畢祝焚辭 黃衣翁申晏與
태조지위전 이매제시 지주설위 독영송신사 제필축분사 황의옹신안여

堂姪 浩 製祝耘谷 自製質 牧隱 牧養 追主後 卓愼 改正 設位分次 雖
당질 호 제축운곡 자제지 목은 목양 추주후 탁신 개정 설위분차 수

諸人公議 實耘谷立議主張 入享人 無姓無之 惟申禹氏最多 從參壇祀 貞
제인공의 실운곡입의주장 입향인 무성무지 유신우씨최다 종참단사 정

齋朴宜中 遠村曺義生 樹隱金冲漢 龍湖孟好性 休菴林先味 桑村金自
재박의중 원촌조의생 수은김충한 용호맹호성 휴암임선미 상촌김자

粹 松溪朴太始 醇隱申德隣 林卓 閔安富 申包翅 田貴生 李孟芸 高天
수 송계박태시 순은신덕린 임탁 민안부 신포시 전귀생 이맹운 고천

祥 田祖生 李崇仁 蔡貴河 柳洵 邊肅 高天祐 徐輔 朴寧 徐仲輔 李裕
상 전조생 이숭인 채귀하 유순 변숙 고천우 서보 박영 서중보 이유

趙狷 趙安卿 朴湛 李守仁 全五倫 鄭熙 趙洪 李遂生 李思敬 南乙珍
조견 조안경 박담 이수인 전오륜 정희 조홍 이수생 이사경 남을진

李行 金大庇 李瀹 安從約 邊貴壽 朴忱 金浚 尹珪 具鴻 閔普 李唯仁
이행 김대비 이약 안종약 변귀수 박침 김준 윤규 구홍 민보 이유인

裵尙志 車原頫 朴門壽 吉仁迪 宋 李 嚴 蔣 潘 洪 韓 (七人紙缺失名) 等
배상지 차원조 박문수 길인적 송 이 엄 장 반 홍 한 (칠인지결실명) 등

不僕新國諸公 源源往來 從參與立壇祀 諸人同節 樹綱常於 已傾之天地
불복신국제공 원원왕래 종참여입단사 제인동절 수강상어 이경지천지

明彜倫於 已晦之日月 並同上
명이륜어 이해지일월 병동상

# 4

# 동경통지(東京通志)

판관(判官) 박익(朴翊)이 겸 권농방어사(兼 勸農防禦使)로서 자금어대(資金魚袋)를 받았다. 우왕(禑王) 병인년(丙寅年) 9월에 도임(到任)하여 정묘(丁卯)년 8월 18일에 정사(政事)를 이룩하고 상경(上京)하였다. (수관편(守官篇)에서 나왔음)

## 東京通志(동경통지)

判官朴翊 以兼勸農防禦使 賜紫金魚袋 禑王丙寅九月 到任丁卯八月十
판관박익 이겸권농방어사 사자금어대 우왕병인구월 도임정묘팔월십

八日 政盛上京 (見守官篇)
팔일 정성상경 (견수관편)

# 5

# 밀양읍지(密陽邑志)

박익(다른 이름은 천익임)의 자(字)는 태시이다. 호는 송은이고 시호는 충숙인데 밀성이 본관이다. 공민왕 때 과거에 올라 벼슬이 예부시랑 겸 중서령에 이르렀다. 고려가 망하자 벼슬을 버리고 돌아와서 신하노릇을 하지 않기를 맹세하였다. 그리하여 태조가 다섯 차례나 불러 좌의정(左議政)까지 시켰으나 취임(就任)하지 않았다.

덕남서원 및 청도 용강, 단성 신계사에서 향사한다. 구본(舊本)에는 세종(世宗) 때 벼슬이 좌의정에 이르렀다 했음은 매우 오착(誤錯)된 것이었다.

## 密陽邑志(밀양읍지)

朴翊 一名 天翊 字太始 號松隱 謚忠肅 密城人 恭愍朝登第 官至禮部侍
박익 일명 천익 자태시 호송은 시충숙 밀성인 공민조등제 관지예부시

郎 兼 中書令 麗政失紀 棄官歸 矢以罔僕 太祖乙亥 五徵至左相 不就
랑 겸 중서령 려정실기 기관귀 시이망복 태조을해 오징지좌상 불취

享德南 及 淸道龍岡 丹城新溪祠(舊本云 世宗朝官至左議政者 甚錯誤)
향덕남 급 청도용강 단성신계사(구본운 세종조관지좌의정자 심착오)

# 6

# 두문동서원 합향 축문
# (杜門洞書院 合享 祝文)

의리로써 두 임금 섬기지 않았고 덕(德) 있으니 또 이웃 있었다.
백대토록 함께 향사하여서 우리들 후손을 흥기(興起) 시킨다.

**杜門洞書院 合享 祝文(두문동서원 합향 축문)**

義不事二 德又有隣 百世同享 起我後人
의불사이 덕우유린 백세동향 기아후인

# 7

# 장성 경현사 합향 축문 (長城 景賢祠 合享 祝文)

기질(氣質)은 산악(山岳)에서 타고 났고 정기(精氣)는 해와 별이 뭉쳤다. 고려 말기에 미쳐 나라 운수가 기울어졌다. 돌리기 어려운 건 천리(天理)인 듯 한 번 죽음이 영화로다. 두문동에서 뜻을 말한 것은 신명(神明)에게 맹서할 만하였다. 강상을 붙들고 윤기(倫紀) 심어서 천 년을 지났건만 산 것 같아라. 완부는 청렴해지고 나부는 자립하여서 크게 풍성(風聲)을 심는다.

**長城 景賢祠 合享 祝文(장성 경현사 합향 축문)**

氣稟山岳 精鍾日星 逮其麗季 邦運頹零 難回者天 一死是榮 杜門言志
기품산악 정종일성 체기려계 방운퇴령 난회자천 일사시영 두문언지

可質神明 扶綱植紀 千載如生 頑廉懦立 丕樹風聲
가질신명 부강식기 천재여생 완렴나립 비수풍성

# 제5편

# 상량문(上樑文), 봉안문(奉安文) 등

# 1

# 덕남서원 상량문(德南書院 上樑文)

진성 이가순(眞城 李家淳)

백대의 풍교(風教)를 세우니 모두들 사모함이 간절하고 한 묘(廟)의 법도를 밝혀서 비로소 경건한 마음으로 향사[揭虔 게건]를 올린다.

군신(君臣)간의 대의(大義)는 한 집안의 부자(父子)와 같다. 엎드려서 생각컨데 송은 박선생은 팔은(八隱)중 한 분이고 삼인(三仁 포은, 목은, 야은. 즉 삼은)이 사인(四仁 포은, 목은, 야은, 송은. 즉 사은)될만 하였다. 북번(北蕃)에 공을 세워서 일찌기 병한(屛翰)[1]으로의 부탁에 응하였고 남호(南湖)에 낙(樂)을 붙임은 벌써 창상(滄桑)[2]이 되는 변화(變化)를 보았다.

힘껏 오백 년 강상(綱常)을 붙들어서 무너지는 물결에도 홀로 섰고 자취는 칠십 현인의 의열과 같아 문을 닫고 숨어 살았다. 천명(天命)이 돌아가는데 있음을 알면서 어찌해서 탕·무(湯武)를 야박(野薄)하다 하고 요·순(堯舜)을 그르다고 하겠는가. 마음에 스스로 조

1 병한(屛翰): 병풍과 담[翰 한]. 바꿔 말해서 외적(外賊)의 침입을 막는다는 것.

2 창상(滄桑): 창(滄)은 즉 창해(滄海). 상전(桑田)이 벽해(碧海)로 된다는 뜻의 준말.

출함을 깨쳐서 거룩할 손 우뚝한 태산이고 해와 별같이 밝았다. 하물며 네 아드님이 아울러 정절(貞節)을 보전함은 더욱 선생으로부터 가르침이 이루어졌음을 본다. 가정(家庭)에 시례(詩禮)를 전수(傳授)해서 귀에 젖고 눈에 물들게 한 나머지 익히고 또 익혀 한 집안 내에 훈지(壎篪)[3]가 화답하여 사람의 도리와 만물(萬物)의 법칙의 아름다움을 서로 닦았다.

산야(山野)에 자취 숨기니 누가 내 참고[忍 인] 걱정함[憂 우]을 알며 시조(市朝)의 변혁(變革)을 보고 스스로 한 분은 벙어리[啞 아] 한 분은 못났다[拙 졸]고 핑계하였다. 슬프다 닭을 잡고 오리를 치는[4] 운수가 벌써 다시 회복할 기약 없으니 그러므로 색홍(色鴻)과 추봉(雛鳳)[5]의 무리가 드디어 서로 불쌍히 여겨 함께 숨기에 이르렀다. 지난 자취를 돌아보니 구름과 물 함께 조촐하고 누가 돈사(惇史 훌륭한 평가)를 써서 목천(木天)[6]의 깨끗함을 청사에 남길 수 있을까.

백암(白巖)[7]이 둔황(遯荒)[8]하던 마음과 함께 하여 명적(名跡)이 한가지로 없어짐을 달게 여겼고 춘정(春亭)이 청시(請諡)한 서장(書狀)만이 오직 가첩(家牒)에 서로 전해오고 있다. 상재(桑梓)[9]를 쳐다보고

---

3 훈지(壎篪): 훈은 질나발, 지는 저. 시경 소아 하인사장(『시경(詩經)』, 「소아 하인사장(小雅何人斯章)」)에 백씨(伯氏)가 훈을 부니 중씨(仲氏)는 지를 분다라는 데에서 나온 것인데 이것이 형제 간에 화락(和樂)함을 일컫는 말로 되었음. (壎篪相和)

4 닭을 잡고 오리를 치다: 변변치 못한 일이라는 뜻. 즉 고려국 운수가 변변치 못하게 되었다는 뜻.

5 색홍(色鴻)과 추봉(雛鳳): 문채가 아름다운 기러기와 새끼 봉새. 즉 아름다운 자제(子弟)를 일컫는 말.

6 목천(木天): 학사(學士)가 있는 곳. 비각(祕閣)의 이칭(異稱) 『몽계필담(夢溪筆談)』

7 백암(白巖): 문절공 이행(文節公 李行)의 호. 공민왕(恭愍王) 때에 벼슬을 했고 고려가 망하자 평해(平海)에 귀양가기도 했다.

8 둔황(遯荒): 먼 지역에 숨음. 황(荒)은 오랑캐 땅. 즉 먼 지역.

9 상재(桑梓): 옛날 집 주위에 뽕나무와 가래나무를 심어서 후세 자손들에게 조상(祖上)을 생각하도록 했는데 이것이 고향을 일컫는 말로 되었음.

흠모(欽慕)함을 일으켜서 운묘(雲苗)[10]의 하염없는 감상(感想)이 얼마나 많았던가. 송백(松柏)을 생각하고 뜻을 가다듬어서 풍의(風儀)의 아름다움이 서로 간절했다. 높은 소나무에 새[鳥 조] 자는데 진갑자(晋甲子)[11]를 홀로 보존함이 높힐만하고 달밤에 두견이 울어 은 화서(殷禾黍)[12]가 남기는 노래를 차마 듣겠나. 이에 의논을 모으고 금신(衿紳)[13]이 시작해서 정성스럽게 향사[俎豆 조두]를 받든다.

백성(百聖)을 기다려도 의심되지 않으니 어찌 사(社)에 선생을 제사하는 데 그치겠는가. 만세(萬世)토록 임금 업신여김이 염려되어 장차 남의 신하(臣下)되는 것을 권장하는 것이다. 이 아버지에 이 아들의 세대를 잇는 마음은 백일 청천(白日青天)에 징험(徵驗)할만하고 꼭 같은 명망에 대한 예(禮)로 황초 단려(黃蕉 丹荔)[14] 아울러 향사 한다.

면죽성(緜竹城)[15] 밑에는 제갈(諸葛)의 아첨(阿瞻)[16]이 어찌 그리도 많던가. 채약(採藥)하는 산 사이에는 형만(荊蠻)으로 가는 우중(虞仲)[17]을 다시 본다. 이리하여 향사를 일체 같이 하는데 저 두 가지 마

10 운묘(雲苗): 운은 운손(雲孫). 묘(苗)는 묘예(苗裔). 즉 대를 이어가는 후손이라는 뜻.

11 진갑자(晋甲子): 진나라의 역서(曆書)라는 뜻. 진나라 도연명(陶淵明)이 진나라가 망한 후에도 진나라의 역서만을 이용했다 함.

12 은화서(殷禾黍): 『시경(詩經)』, 「왕풍(王風), 서리장(黍離章)」에 주 대부(周大夫)가 여행하다가 주의 옛 도읍이었던 호경(鎬京)을 지나는데 종묘(宗廟)터에 벼와 기장이 가득한 것을 슬퍼하여 서리장을 지었다 했는데 여기에 은(殷)을 말했음은 이상하다. 하여튼 나라가 망한 것을 말한 것임.

13 금신(衿紳): 금은 금패(衿佩). 즉 학생을 일컫는 말이고 신은 진신(搢紳)으로서 벼슬아치의 총칭.

14 황초(黃蕉)와 단려(丹荔): 황초는 파초(芭蕉) 열매. 모두 중국 남방에 생산되는 과실로서 큰 제사에 바치던 것.

15 면죽성(緜竹城): 촉한 성도(蜀漢 成都)에 있었던 성.

16 제갈(諸葛)의 아첨(阿瞻): 촉한 제갈량(諸葛亮)의 아들인 제갈첨(諸葛瞻)을 지칭함. 아(阿)는 친근하게 부르는 접두어이다. 위장(魏將) 등애(鄧艾)가 성을 포위(包圍)하고 사자를 보내서 항복하기를 권했으나 거절하고 전사(戰死)했음.

17 형만(荊蠻)으로 가는 우중(虞仲): 우중은 주 대왕(周 大王)의 둘째 아들. 아우 계력(季歷)이 어질면서 성자(聖子) 창(昌)이 있었는데 대왕이 계력에게 전위(傳位)해서 왕위(王位)가 창에게 내려가게 하려는 뜻이 있음을 알고 형 태백(泰伯)과 함께 형만으로 피해서 갔다 함.

음 가진 자를 부끄럽게 하기에 족하다. 이른바 인(仁)을 구해서 인을 얻은 것은 타고 난 천성(天性)을 잃지 않음이고 이에 능히 청(淸)에 맞고 윤(倫)에도 맞으니[18] 사람을 모두 올바른 사람이 되도록 하자는 것이다. 저 임금의 옷을 입고 임금의 밥을 먹은 무리로서 용손(龍孫)[19]이 보록(寶籙)에서 떨어짐[20]을 차마 편하게 여길 것인가. 오직 신하로 되었으므로 신하의 절의(節義)를 다해서 홀로 봉모(鳳毛)[21]를 가지런하게 꽃다움을 본다. 여기 덕(德)을 좋아하는 사람의 하나같은 말로 인해 비로소 한 사당에 함께 향사를 거행한다.

우리 사림(士林)의 공변된 논의(論議)가 제대로 있어서 또 두 어진이의 뒤좇아 올림을 기다린다. 애오라지 아랑(兒郞)[22]의 짧은 글을 베풀어서 떳떳하게 장씨(匠氏 목수)의 좋은 덕담을 돕는다. 아랑위(兒郞偉) 동쪽에 상량(上樑)하니 봉래(蓬萊)바다 천 년인데 빛난 해가 붉다. 제상(堤上)[23]의 충성된 혼도 응당 죽지 않고 구원(九原)[24]에 서 함께 노닐음을 허락하겠지. 아랑위 서쪽에 상량하니 금오산(金烏山)[25]

18 청(淸)에 맞고 윤(倫)에 맞다: 자신(自身)은 조선왕조(朝鮮王朝)에 항복하지 않아서 조출함을 지켰고 아들에게는 시대가 다르니 임금을 섬기도록 해서 윤리(倫理)에 맞게 했다는 뜻.

19 용손(龍孫): 임금의 자손. 특히 고려 왕씨는 용의 외손(外孫)이어서 옆구리에 용비늘이 있었다 한다.

20 보록(寶籙)에 떨어지다: 보록(寶籙)의 뜻은 제왕(帝王)의 자리에 오를 전조(前兆)를 의미한다. 왕우(王禑)와 왕창(王昌)을 이성계(李成桂)가 신돈(辛旽)의 자손이라는 구실로 폐위(廢位)시킨 일을 가리킨 말.

21 봉모(鳳毛): 아들의 소질(素質)이 부조(父祖)보다 못하지 않는 것을 일컫는 말.

22 아랑(兒郞): 무거운 물건 따위를 들어 올릴 때에 부르는 소리.

23 제상(堤上): 신라의 충신 박제상. 고구려에 볼모[유질(留質) 또는 인질(人質)]로 잡혀 있는 왕제(王弟) 복호(卜好)를 데려왔고 또 일본(日本)에 잡혀 있는 왕자 미사흔(未斯欣)을 탈출(脫出) 시켰으나 일본군에게 잡혀서 살해(殺害)되었다. 그의 부인은 그가 돌아오기를 치술령(鵄述嶺 지금 울주군(蔚州郡)내에 있음)에서 밤낮 기다리다가 망부석(望夫石)으로 되었다는 전설(傳說)이 있음.

24 구원(九原): 전국시대(戰國時代) 진(晋)나라 경대부(卿大夫)의 묘역(墓域)에 있었는데 그 후 묘지(墓地) 또는 황천(黃泉)을 일컫는 말로 되었음.

25 금오산(金烏山): 경상북도 선산(善山)에 있는 산. 고려말 길야은(吉冶隱)이 숨어 살던 곳이고 그를 향사(享祀)하던 금오서원(金烏書院)이 있었음.

높이 솟아서 하늘과 가지런한데 중류(中流) 지주비(砥柱碑)[26] 밑 천 가지 대[竹 죽]는 가지마다 좋게도 진흙이 붙지 않았다. 아랑위 남쪽에 상량하니 박씨 왕의 성궐(城闕)[27]에 노을 끼었다. 상서장(上書庄)[28] 위의 사람[上人 상인(고운 최치원선생을 가리킴)] 은 어디로 갔나 낙엽(落葉)지는 계림(鷄林)은 옛 뜻을 머금었네. 아랑위 북쪽에 상량하니 곡령(鵠嶺)이 아득하게 고국(故國)을 둘렀다. 선죽교(善竹橋) 머리에 푸른 무덤이 원통해라. 넘어 지는 나라를 손으로 붙들기는 어려웠다. 아랑위 위쪽에 상량하니 남겁(藍刧)에 바람 높고 하늘이 넓다. 여러 임금의 혼령(魂靈)이 오르내리는데 해바라기 정성이 홀로 태양(太陽)을 향하고 있네. 아랑위 아래쪽에 상량하니 온 지역(地域) 어느 누가 주속(周粟)[29] 먹는 자 아닌가. 때로는 지팡이 짚고 흥따라 와서 도은, 야은과 함께 미가를 부르고 출주[30]를 마시네. 원하옵건대 상량한 후에 묘모(廟貌)가 더욱 무게 있고 유풍(儒風)이 비로소 새로와져서 그의 시를 외우고 그의 글을 읽어서 거의 완(頑)한 것이 청렴(廉)해지고 나약(懦弱)한 것이 자립(自立)하는 효과가 있게 하소서.

지금 세대에 살면서 옛일을 상고하여 죄다 효(孝)를 권하고 충(忠)을 공부하는 방식(方式)을 흠앙(欽仰)하는 장소가 되게 하소서.

---

26 중류 지주비(中流砥柱碑): 옛 중국 하(夏)나라 우(禹)임금이 홍수(洪水)를 다스리면서 산릉(山陵)이 막아 있으면 산을 파서 물을 통하도록 했는데 물이 산을 감돌면서 두 가닥으로 흐르기도하여 그 산을 보면 흡사(恰似) 우뚝한 기둥 같다 하여 그 산 이름을 지주라 하였다. 금오산 밑 낙동강(洛東江) 중류에도 비같은 돌이 우뚝하게 서 있다 한다.

27 박씨 왕의 성궐(城闕): 신라의 도읍. 경주 성궐을 일컫은 말.

28 상서장: 신라의 서울 경주 남산기슭에 고운 최치원이 공부하던 집.

29 주속(周粟): 주(周)나라의 곡식. 즉 주나라에 벼슬하여 받는 녹(祿)을 뜻하는 말.

30 미가(薇歌)·출주(秫酒): 미가는 고비를 캐면서 부르는 노래. 출주는 차조로 빚은 술. 모두 은자(隱者 숨어사는 사람)의 생활을 말함.

한겨울 외로운 풍표(風標)는 당·봉(堂峯)[31]이 아름다움을 잇는다는 것이 더욱 자랑스럽고 천 길 벼랑이 서 있는 듯하니 군욱(羣郁)[32]이 남긴 규모(規模) 떨어뜨림에 어찌 훈계함이 없으랴. 봄에 강(講)하고 여름에 거문고 타는 정해진 규칙은 대개 가깝게는 가정과 서숙(書塾)이며 멀리는 고을과 나라안이니 날로 새로와지고 달로 왕성하게 학문이 일어나서 또 나가서는 어른을 섬기고 들어와서 부형(父兄)을 섬기게 됨도 기대한다.

우리들의 본성도 다 하늘로부터 타고 났으니 어찌 선현(先賢)을 높게 보답할 곳을 생각하지 않으랴.

통훈대부 전행 홍문관 부교리 지제교 겸 경연 시독관 춘추관 기주관(通訓大夫 前行 弘文館 副校理 知製教 兼 經筵 侍讀官 春秋館 記注官) 진성 이가순(眞城 李家淳)[33] 지음.

## 德南書院 上樑文(덕남서원 상량문)

樹百世之風聲 擧切興慕 煥一廟之制度 聿覩揭虔 大義君臣 同堂父子
수백세지풍성 거절흥모 환일묘지제도 율도게건 대의군신 동당부자

---

31 당·봉(堂峯): 당은 소요당(逍遙堂) 제효당(悌孝堂) 여러 자손을 말한 것인듯하나 봉은 해당되는 데가 없는데 봉도 일반적으로 호(號)에 많이 쓰이는 글자이고 또 음운(音韻)에 맞추기 위해서 쓴 것인가 함.

32 군욱(群郁): 많은 꽃다움인데 즉 많은 후손이라는 뜻.

33 이가순(李家淳): 1768~1844. 퇴계 이황선생의 후손. 1823년 사헌부 지평에 제배되었으나 불취(不就). 1831년 홍문관 수찬, 사헌부 당령, 응교, 교리 등을 역임.

伏惟 松隱朴先生 居一八隱 可四三仁 北蕃樹勳 夙膺屛翰之委 寄南湖
복유 송은박선생 거일팔은 가사삼인 북번수훈 숙응병한지위 기남호

寓樂 已覘滄桑之貿遷 力扶五百年綱常 頹波獨立 迹同七十賢義烈 杜門
우락 이점창상지무천 력부오백년강상 퇴파독립 적동칠십현의열 두문

潛居 知天命之有歸 胡乃薄湯武 而非堯舜 得人心之自靖 猗歟 崒太山
잠거 지천명지유귀 호내박탕무 이비요순 득인심지자정 의여 줄태산

而昭日星 矧玆並四子葆貞 尤見自一已成教 家傳詩禮 服習乎濡目染之
이소일성 신자병사자보정 우견자일이성교 가전시례 복습호유목염지

餘 堂和塤篪 交修乎 民彝物則之懿 遯跡山野 誰知我忍而我憂 觀變市
여 당화훈지 교수호 민이물칙지의 둔적산야 수지아인이아우 관변시

朝 自托一啞而一拙 嗟 操鷄搏鴨之運已矣 重恢之無期 故 色鴻雛鳳
조 자탁일아이일졸 차 조계박압지운이의 중회지무기 고 색홍추봉

之羣 遂至惠好而偕隱 顧往跡俱 白於雲水 孰惇史 留靑於木天 偕白巖遯
지군 수지혜호이해은 고왕적구 백어운수 숙돈사 류청어목천 해백암돈

荒之心 自甘名跡俱泯 惟春亭節惠之狀 只有家牒相傳 瞻桑梓而起欽 幾
황지심 자감명적구민 유춘정절혜지장 지유가첩상전 첨상재이기흠 기

多雲苗之曠感想 松柏之勵志 胥切風儀之俟 興宿鳥喬陰 可尙晋甲子之
다운묘지광감상 송백지려지 서절풍의지후 흥숙조교음 가상진갑자지

獨保 啼鵑夜月 忍聽殷禾黍之遺音肆 用敦義衿紳 爰始虔奉俎豆 俟百聖
독보 제견야월 인청은화서지유음사 용돈의금신 원시건봉조두 사백성

而不惑 奚止可祭社先生 恐萬世之無君 將以勸爲人臣子 是父是子之繼
이불혹 해지가제사선생 공만세지무군 장이권위인신자 시부시자지계

世心 可質白日靑天 難兄難弟之齊名禮 幷享 黃蕉丹荔 綿竹城下 何多
세심 가질백일청천 난형난제지제명례 병향 황초단려 면죽성하 하다

諸葛之阿瞻 採藥山間 復見之荊之虞仲 是以祀同一體 足令愧彼二心
제갈지아첨 채약산간 부견지형지우중 시이사동일체 족령괴피이심

所謂求仁得仁 俱是天賦之不失 斯能淸中倫中 若將人皆以可爲 彼衣君
소위구인득인 구시천부지불실 사능청중윤중 약장인개이가위 피의군

食君之倫 忍恬龍孫墜籙 惟爲臣盡臣之節 獨見鳳毛齊芳 玆因好德之同
식군지윤 인념용손추록 유위신진신지절 독견봉모제방 자인호덕지동

聲 始擧一堂之幷享 自有吾林之公議 且待二賢之追躋 聊陳兒郞之短章
성 시거일당지병향 자유오림지공의 차대이현지추제 료진아랑지단장

庸相匠氏之善頌 兒郞偉抛樑東 萊海千秋烈日紅 堤上忠魂應不死 翶遊
용상장씨지선송 아랑위포량동 래해천추열일홍 제상충혼응불사 고유

也許九原同 兒郞偉抛樑西 金烏高出與天齊 中流碑下千竿竹 好是枝枝
야허구원동 아랑위포량서 금오고출여천제 중류비하천간죽 호시지지

不著泥 兒郞偉抛樑南 朴王城闕鎖寒嵐 上書庄上人何去 黃葉鷄林古意
불착니 아랑위포량남 박왕성궐쇄한람 상서장상인하거 황엽계림고의

含 兒郞偉抛樑北 鵠嶺迷茫還故國 善竹橋頭碧瘞寃 手扶傾鼎難爲力 兒
함 아랑위포량북 곡령미망환고국 선죽교두벽예원 수부경정난유력 아

郞偉抛樑上 藍刧風高天宇曠 列祖洋洋皇陟陞 葵忱獨自太陽向 兒郞偉
랑위포량상 남겁풍고천우광 열조양양황척승 규침독자태양향 아랑위

抛樑下 匝域誰非周粟者 杖屨時時遣興來 薇歌秫酒偕陶冶 伏願 上樑之
포량하 잡역수비주속자 장구시시견흥래 미가출주해도야 복원 상량지

後 廟貌增重 儒風載新 誦其詩 讀其書 庶有 廉頑立懦之效 居乎今 稽
후 묘모증중 유풍재신 송기시 독기서 서유 염완립나지효 거호금 계

乎古 擧仰勸孝課忠之方 大冬孤標 尤足尙堂 峯之趾美 千仞立壁 詎無
호고 거앙권효과충지방 대동고표 우족상당 봉지지미 천인립벽 거무

戒群郁之墜謨 春誦夏絃之成規 盖自近而家塾 遠而鄕國 日新月盛而興
계군욱지추모 춘송하현지성규 개자근이가숙 원이향국 일신월성이흥

學 且期出事長上 入事父兄 况是 吾性均得乎天 盍思先賢崇報之地
학 차기출사장상 입사부형 황시 오성균득호천 합사선현숭보지지

通訓大夫 前行 弘文館 副校理 知製敎 兼 經筵侍讀官 春秋館 記注官
통훈대부 전행 홍문관 부교리 지제교 겸 경연시독관 춘추관 기주관

眞城 李家淳 撰
진성 이가순 찬

## 2

# 덕남서원 입향 봉안문(德南書院 入享 奉安文)

풍산 류심춘(豊山 柳尋春)

고려말 팔은(八隱)에 공(公)도 그 중 한 분이었습니다. 벼슬을 버리고 표연(飄然)히 돌아오니 송계(松溪)에는 해도 저물었네. 맹세는 갈매기, 해오리와 깊게 했고 시는 포은, 목은과 화답했다. 「붉은 정성이 변치 않아서 피눈물이 뺨을 적시었네」「나라 흥망(興亡)한 일을 누가 묻는가. 산수(山水)에 거닐어서 스스로 족하다」「홀로 거닐면서 읊조리는데 두견화 꽃빛이 술잔에 비친다」하였다.

대개 공의 한 평생 일은 충과 효를 기약하였다. 세상 구제하고 백성 편하게 하는 것과 인(仁)으로 서로 돕고 덕을 닦는 일이었다. 푸른 대는 그의 곧은 마음이고 푸른 솔은 그의 만년(晩年) 절개였다.

성조(聖祖)께서 나라 세우고 여러 번 은륜(恩綸)[1]을 내리셔서 좌규(左揆 좌의정)로 부르셨다. 큰 나무에 새 봄을 맞았으나 그의 뜻을 뺏을 수 없는데 감히 불러다가 신하로 할 수 있었으랴. 동해(東海)에는

1 은륜(恩綸): 임금의 말을 윤음이라 하는데 즉 은혜로운 임금의 말이라는 뜻.

누가 빠졌나.[2] 서산(西山)을 이웃할 만하여라. 스스로 너그럽게 한 [自寬 자관] 시에서 그의 처음과 마침을 볼 수가 있다. 선현들이 평(評)한 바가 이미 훌륭한 역사를 이루었으니 공의 행적(行蹟)을 더듬고 찾아서 비로소 경영하고 의논하였다. 이에 사당(祠堂)을 세웠는데 저 고향 마을이었다. 어언 간에 신위(神位)를 편하게 모시고 좋은 날 가려서 재숙(齋宿)[3]을 한다. 이미 높혀서 향사(享祀)를 하니 공의 혼령이 계신 듯하다. 우리들 후배를 계도(啓導)하여서 천백 년을 계속하오리.

어진 사속(嗣續)으로서 이에 우당(憂堂)이 있었네. 공명(功名)은 여가에 하는 일이고 은일(隱逸)로서 풍표(風標)도 높았다. 재주는 왕좌(王佐)[4]라 일컬었고 공부는 성리학(性理學)에 깊었다. 「성학도설(聖學圖說)[5]」을 간행(刊行)하였고 성전기구(聖殿器具)를 수선하였네. 걱정한 바가 무엇이던가 범희문(范希文)[6]의 뜻과 같았다.

인당 그 분은 어진 부형 있음을 즐거워했다. 효우하는 지극한 행실은 본디 가정(家庭)에서 나온 것이다. 청백한 지조(志操)와 인애(仁愛)하는 정(情)이 남달랐다. 한 고을 맡아서 정사를 하니 만 사람의 칭송하는 말이 비(碑)로 되었다. 「비 온 뒤에 봄 뜻」이란 애연(藹

---

2 동해(東海)에는 누가 빠졌나: 노중련(魯仲連)의 고사(故事)를 일컬은 말. 당시 진(秦)나라가 조(趙)나라 수도 한단(邯鄲)을 포위하였을 때, 노중련은 "나는 진(秦)나라 신민이 되기 보다는 동해에 뛰어들어 죽겠다"고 단언했음.

3 재숙(齋宿): 제삿날 며칠 전부터 목욕 재계(齋戒)하면서 제사할 장소에 가서 유숙(留宿)하는 일.

4 왕좌(王佐): 왕을 보좌(輔佐)하는 것.

5 「성학도설(聖學圖說)」: 성인(聖人)의 학문. 즉 유교(儒敎)의 원리(原理)를 도(圖)로 만들고 그것을 해설(解說)한 것.

6 범희문(范希文)의 뜻: 송(宋)나라 범중엄(范仲淹)의 자가 희문임. 참지정사(參知政事)로 있었고 일찍기 말하기를 「천하 사람이 즐거워한 다음에 내가 즐거워함이 나의 임무(任務)이다」 하였다. 즉 우당(憂堂)의 우(憂)를 해설한 것임.

然)한 시 한편이 있다. 오직 이러한 세덕(世德)인데 감히 보답할 뜻을 잊을 것이랴.

한 사당에 철식(腏食)[7] 하는 것은 예문(禮文)에도 상고할 수가 있으니 이에 제부(隮祔)[8]하여서 공리(孔鯉)의 대(對)함[9]과 같이 하였다. 공의(公議)는 없어지지 않고 향사 함도 변함없으리라.

통정대부 돈녕부 도정(通政大夫 敦寧府 都正)

풍산 류심춘(豊山 柳尋春)[10] 지음.

## 德南書院 入享 奉安文(덕남서원 입향 봉안문)

麗季八隱 公居其一 解紱飄然 松溪斜日 盟深鷗鷺 詩和圃牧 丹忱不貳
려계팔은 공거기일 해불표연 송계사일 맹심구로 시화포목 단침불이

血淚霑臆 興亡誰問 山水自足 獨行孤吟 鵑花暎后 盖公平生 忠孝是期
혈루점억 흥망수문 산수자족 독행고음 견화영치 개공평생 충효시기

---

7 철식(腏食): 철은 강신제(降神祭). 제향(祭享)과 같은 뜻.

8 제부(隮祔): 제는 올린다는 것. 부는 소목(昭穆)에 따라서 부제(祔祭)하는 것. 즉 올려서 부제하는 것.

9 공리(孔鯉)의 대(對) 함: 공리는 공자의 아들 자는 백어(伯魚). 공자가 홀로 섰는데 공리가 뜰에 지나갔다. 공자가 시(詩 시경)를 배웠느냐. 아직 못 배웠습니다. 시를 배우지 않으면 바르게 말 할 수 없느리라 하였다. 공리는 물러가서 시를 배웠다. 그 후 공자가 또 홀로 섰는데 공리가 지나갔다. 예(禮 예기)를 배웠느냐. 아직 못 배웠습니다. 예를 배우지 않으면 바로 서지[立 립] 못하느리라 하였다. 공리는 물러가서 예를 배웠다 한다. 〈『논어(論語)』, 「계씨편(季氏篇)」, 『소학(小學)』, 「입교편(入校篇)」〉

10 풍산 류심춘(豊山 柳尋春): 생졸년 미상. 학행(學行)으로 천거되어 익위(翊衛) 등을 거쳐, 1830년 왕의 하교로 삼대가 과거에 급제한 것을 치하하고 돈녕부(敦寧府)의 도정(都正)에 임명되었고, 1854년 아들 후조(厚祚)가 급제하였기에 다시 통정대부(通政大夫)에 오름.

濟世安民 輔仁修德 綠竹貞心 蒼松晩節 聖朝立國 累降恩綸 招以左揆
제세안민 보인수덕 녹죽정심 창송만절 성조입국 루강은륜 초이좌규

喬木新春 其志莫奪 敢致爲臣 東海誰蹈 西山可隣 自寛之什 可觀終始
교목신춘 기지막탈 감치위신 동해수도 서산가린 자관지집 가관종시

前輩所評 已作惇史 以搜以訪 載營載謀 迺立祠廟 于彼桑梓 於焉妥侑
전배소평 이작돈사 이수이방 재영재모 내립사묘 우피상재 어언타유

吉蠲宿齋 旣右享之 精靈如在 啓我牖我 於千百祺 似續之賢 厥有憂堂
길견숙재 기우향지 정령여재 계아유아 어천백사 사속지현 궐유우당

功名餘事 隱逸高風 才稱王佐 工在性理 刊學圖設 修聖殿器 所憂維何
공명여사 은일고풍 재칭왕좌 공재성리 간학도설 수성전기 소우유하

希文之志 亦惟忍堂 樂有父兄 孝友至行 本乎家庭 淸百之操 仁愛之情
희문지지 역유인당 낙유부형 효우지행 본호가정 청백지조 인애지정

百里爲政 萬口成碑 雨後春心 藹然一詩 惟玆世德 敢忘追報 同堂腏食
백리위정 만구성비 우후춘심 애연일시 유자세덕 감망추보 동당철식

於禮可考 以躋以祔 若奉鯉對 公議不泯 享祀無替
어예가고 이제이부 약봉리대 공의불민 향사무체

通政大夫 敦寧府 都正
통정대부 돈녕부 도정

豊山 柳尋春 撰
풍산 류심춘 찬

3

# 덕남서원 상향 축문(德南書院 常享 祝文)

풍산 류심춘(豊山 柳尋春)

의리는 사직(社稷)을 위해 오로지 했고 사귐은 포은, 목은과 깊습니다. 유풍(遺風)이 아직 남아 있으니 높게 보답하여 끊임없으리.

통정대부 돈령부 도정(通政大夫 敦寧府 都正)

풍산 류심춘(豊山 柳尋春) 지음.

## 德南書院 常享 祝文(덕남서원 상향 축문)

義專社稷 契深圃牧 遺風尙存 崇報無斁
의전사직 계심포목 유풍상존 숭보무역

通政大夫 敦寧府 都正 豊山 柳尋春 撰
통정대부 돈령부 도정 풍산 류심춘 찬

# 4

# 덕남서원 영정 봉안문(德南書院 影幀 奉安文)

벽진 이화(碧珍 李鏵)

해동(海東)의 명현(名賢)이고 고려말 충신이었습니다. 영기(靈氣)는 물과 산이 뭉쳤고 학문은 하늘과 사람을 관통했습니다. 포은, 목은과 깊은 사귐이었고 정자(程子), 주자(朱子)의 바른 학맥(學脈)이었습니다. 높은 작위(爵位)로 조정에 들어서 부지런하게 국사(國事)를 맡았습니다. 시운이 끝날 때를 만나서 벼슬 버리고 표연히 떠났습니다. 세상일에는 맹오(盲聱 눈 멀고 귀 먹은 사람)라 핑계하였고 시편(詩篇) 지어서 감개(感慨)한 심정을 읊었습니다. 「맹세는 백구(白鷗)와 더불어 깊었고 뜻은 푸른 솔 보며 가다듬었다」「흥망한 일을 누가 묻는가」「산수간 한가로운 종적(踪跡)이었다」하였습니다.

성조께서 용비(龍飛)하신 후 여러 번 작록(爵祿)을 내렸으나 종시(終始)토록 마음이 변치 않은데 누가 그의 절의를 뺏을 것인가. 의리가 70 현인과 같았고 선생도 팔은(八隱) 중 한 분이었습니다. 임금께서 말씀이 「그 마음 내 안다. 누구가 더불어 짝할 것인가. 오직 제(齊)의 노중련, 진(晋)의 개자추(介子推)로다」하며 시호로 높게 보답하심은 세상에 드문 은택(恩澤)이었습니다. 아름다울손 그의 지난 행적은 구름과 물 함께 조출하였습니다. 번쩍 번쩍 빛나는 생초(生綃) 위에 칠분(七分)만큼 단청(丹靑)이 신기(神奇)하여라. 청수(淸秀)한 기질(氣質)이었고 원만(圓滿)한 모습이었습니다. 불행하게 오래도록 전해오지 않았는데 비통(悲痛)함이 그 몇 년이었던가. 창상겁란(滄桑刼亂)을 여러 번 겪어 정령(精靈)이 의지할 데가 없었는데 이치가 어찌 끝내 숨겨질 건가.

신명(神明)께서 실상 수고롭게 도와주었습니다.

먼지 덮힌 상자에서 받들어 내니 완연하게 깨끗한 화상이어서 사림(士林)이 즐거워서 경사라 했고 자손은 못내 감창하였습니다. 공경하게 꼭 같이 모사(模寫)해내니 새 영정, 묵은 영정 두 벌이었습니다. 어즈버 어느 곳에 받들어 모셔두었나. 오직 여기 덕남서원에 공의 영(靈)을 모신 곳입니다. 공중(公衆)의 논의도 함께 같으니 신께서도 바르고 옳다 하실 것입니다. 이에 제향(祭享)의 예(禮)로써 훌륭한 의식(儀式)을 거행합니다. 양양(洋洋)한 혼령(魂靈)이 계신듯하니 이 맑은 술잔을 흠향(歆享) 하소서.

통훈대부 전행 사헌부 지평(通訓大夫 前行 司憲府 持平)
벽진 이화(碧珍 李鏵) 지음.

## 德南書院 影幀 奉安文(덕남서원 영정 봉안문)

海東名賢 麗季忠臣 氣鍾河嶽 學貫天人 圃牧深契 程朱正脉 顯歇立朝
해동명현 려계충신 기종하악 학관천인 포목심계 정주정맥 현양립조

勤亮幹國 逢時運訖 解紱飄然 盲聱世事 感慨詩篇 盟深白鷗 志勵蒼松
근량간국 봉시운흘 해불표연 맹오세사 감개시편 맹심백구 지여창송

興亡誰問 山水閒蹤 聖朝龍飛 屢侈爵祿 終始不貳 孰奪其節 義同七十
흥망수문 산수한종 성조용비 루치작록 종시불이 숙탈기절 의동칠십

八隱居一 王曰知心 伊誰與儔 惟齊仲連 在晋子推 節惠崇報 曠世恩澤
팔은거일 왕왈지심 이수여주 유제중련 재진자추 절혜숭보 광세은택

猗歟往跡 雲水俱白 煌煌綃面 七分丹青 淸秀氣質 渾厚儀形 不幸失傳
의여왕적 운수구백 황황초면 칠분안청 청수기질 혼후의형 불행실전

痛在何齡 滄桑閱劫 精靈莫憑 理豈終閟 神實庸相 奉出塵笥 宛然淑像
통재하령 창상열겁 정령막빙 리기종비 신실용상 봉출진사 완연숙상

士林欣慶 雲仍感愴 一體敬摹 新舊兩幀 睠言何地 以奉以寧 惟玆德南
사림흔경 운잉감창 일체경모 신구양정 권언하지 이봉이녕 유자덕남

寔公妥靈 公議攸同 神理允宜 玆因享禮 載擧盛儀 洋洋如在 歆此洞庖
식공타령 공의유동 신리윤의 자인향례 재거성의 양양여재 흠차통치

通訓大夫 前行 司憲府 持平 碧珍 李鏵 撰
통훈대부 전행 사헌부 지평 벽진 이화 찬

# 5

# 용강사 영정 봉안문(龍岡祠 影幀 奉安文)

반남 박초수(潘南 朴楚壽)

팔은(八隱)의 한 분이시니 덕(德)은 이웃이 있어 외롭지 않았습니다. 성대(聖代 이조)의 일민(逸民)이었고 승국(勝國 고려)의 충신이었습니다. 벼슬 버리고 갓을 매달은 채 송계에 돌아와서 피눈물을 흘렸습니다. 동해에 뛰어 들어 죽겠다던 중련(仲連)의 의기로 동해(東海)로 갔고 서산에 올라 고비를 캔 백이·숙제의 절개였습니다. 어즈버 우리 성조의 은륜(恩綸)을 다섯 번이나 받았습니다. 위엄에 굴복하지 않았고 벼슬에도 마음이 흔들리지 않았습니다. 곧은 정성이 한결같이 변함이 없어 반폭(半幅)만큼 되는 생초 위에다 칠분(七分)으로 그려 낸 정신(精神)이었습니다. 장중(莊重)하고 단엄(端嚴)한 덕스런 얼굴이 순수(純粹)하였습니다. 여러 차례 병화(兵火)를 겪어서 영정(影幀)이 전해오지 못했습니다. 세월이 점점 아득해져서 의형(儀形)마저 적막하였습니다. 후손(後孫)이 못내 슬퍼하였고 사림(士林)도 애석(哀惜)해 했습니다. 하늘의 도리(道理)가 매우 밝은데 이치가 어찌 끝내 숨겨질건가. 다행하게도 후손 집에서 먼지 덮힌 상자를 수장(收藏)해 왔습니다. 영기(靈氣)어린 모습이 다시 새로와지니 천년을 지났건만 오늘 일 같습니다.

이런 일이 어찌 우연(偶然)이리오. 온 가문(家門)에 경사(慶事) 넘쳤고 정성스런 느낌이 드디어 통해 혼령도 아득하지 않은 듯했습니다. 장구(杖屨 지팡이와 짚신. 즉 현인의 흔적)를 새로이 받든 것 같고 말씀도 새롭게 들리는 듯하여라. 아름답도다. 어느 곳에다 받들어서 편케 모셔야 할텐데 무성할손 저 용강사에다 중엽(中葉)에 빛나던 혼령을 모셨습니다. 이 할아버지에 이 후손이어서 더구나 광채가 한층 더하였으며 오직 여기 이 세덕(世德)은 백대(百代)토록 향기로울 것입니다. 여기에다 편케 모시니 바로 그 곳을 찾아 날 좋고 때도 좋은 일진을 택하여 훌륭한 의식을 거행합니다.

통훈대부 행청도군수(通訓大夫 行淸道郡守)
반남 박초수(潘南 朴楚壽) 삼가 지음.

## 龍岡祠 影幀 奉安文(용강사 영정 봉안문)

八隱居一 德不孤隣 聖世逸民 勝國忠臣 解紱懸冠 血淚松溪 連義蹈東
팔은거일 덕불고린 성세일민 승국충신 해불현관 혈루송계 련의도동

夷節登西 粤我聖朝 恩綸五被 威武不屈 爵祿不侈 貞忱無貳 終始靡渝
이절등서 월아성조 은륜오피 위무불굴 작록불치 정침무이 종시미륜

半幅綃面 七分精神 莊重端嚴 德容粹然 兵燹累閱 寢幀失傳 日月倏遠
반폭초면 칠분정신 장중단엄 덕용수연 병선루열 침정실전 일월수원

儀形寂寞 雲仍痛纏 士林嗟惜 天道孔昭 理豈終閟 何幸姓孫 謹守塵笥
의형적막 운잉통전 사림차석 천도공소 이기종비 하행성손 근수진사

靈儀改新 千載今日 事豈偶爾 一門慶溢 誠感遂通 精靈不昧 如奉杖屨
영의개신 천재금일 사기우이 일문경일 성감수통 정령불매 여봉장구

若聞謦咳 猗歟何地 奉以爲寧 菀彼龍岡 中葉炳靈 是祖是孫 尤有其光
약문경해 의여하지 봉이위녕 울피용강 중엽병령 시조시손 우유기광

玆有世德 百歲芬芳 於焉妥侑 爰得其所 日吉辰良 盛儀肆擧
자유세덕 백세분방 어언타유 원득기소 일길진량 성의사거

通訓大夫 行淸道郡守 潘南 朴楚壽 謹撰
통훈대부 행청도군수 반남 박초수 근찬

# 6

# 용강사 상향 축문(龍岡祠 常享 祝文)

풍산 류태좌(豊山 柳台佐)

야은은 「강상을 붙들었다」고 찬했고 춘정은 「학문의 조종」이라고 썼다. 팔은의 충성된 절의는 영원토록 풍교를 후세에 드리우리라.

가선대부 예조참판(嘉善大夫 禮曹叅判)

풍산 류태좌(豊山 柳台佐) 지음.

## 龍岡祠 常享 祝文(용강사 상향 축문)

冶贊扶綱 春題祖學 八隱忠節 永垂風烈
야찬부강 춘제조학 팔은충절 영수풍열

嘉善大夫 禮曹叅判 豊山 柳台佐 撰
가선대부 예조참판 풍산 류태좌 찬

# 7

# 신계서원 영건실기(新溪書院 營建實記)

진양 류의한(晋陽 柳宜漢)

송은선생은 이에 고려말 팔은(八隱)의 한 분이다. 대저 충성을 권장(勸奬)하고 절의(節義)를 포창(褒彰)한 것이 전대(前代)보다 훨씬 나았건만 공같이 우뚝한 절의와 아름다운 행실을 천양(闡揚)하는 조치가 아직까지 없었음은 문헌(文獻)에 증험할 데가 없었던 까닭이었다. 그윽히 생각하건대 옛 도읍에 벼와 기장[黍 서]이 헝클어[1]졌건만 새 왕조에 신하 노릇하지 않으려는 뜻은 뺏을 수 없었고 서산(西山)에 고비와 고사리를 캐면서 주(周)의 곡식 먹기를 부끄러워하던 절개는 더욱 굳었다. 문을 닫고 스스로 조촐(새 왕조 신하되기를 거부하고 스스로 정절을 지키는 것)케 하고 자취를 숨겨 세상을 하직하면서 공산 초목(空山 草木)과 함께 시들어짐을 달게 여겼은 즉 이름과 자취가 숨겨짐이 반드시 공의 본 뜻이 아님도 아니었다.

그런데 그의 유문(遺文)이 한 번 나오자 천 년을 지난 오늘날 이를 많은 사람들이 우러러보고 향례(享禮)를 거행하니 이것은 하늘이 공

1 옛 도읍에 벼와 기장이 헝클어졌다: 덕남서원 상량문(德南書院 上樑文) 주석12 참조(參照).

에게 후하게 보답하는 바였다. 또 승국(勝國 고려)말 70명 여러 분은 의열(義烈)한 사람 아님이 없은 즉 공의 충절도 사람들이 함께 아는 바이다. 그러나 공의 도학(道學)과 문장이 지난 시대의 성인(聖人)의 가르침을 잘 이어서 오는 세대의 사람을 개도(開導)하는 바는 능히 아는 사람이 드물었으니 이것을 내가 깊이 애석하게 여기는 바이다.

지금 입지(立志), 지신(持身) 두 잠(箴)을 보니 그 내용에는 「반드시 성철(聖哲)을 기약하라」「그 당초의 성품을 회복하라」「말은 충성스럽고 행실은 돈독하게 하라」「아홉 가지 용모와 아홉 가지 생각」이라 하였다. 차례가 환하고 절목(節目)이 자세히 갖추어져 있다. 선생의 전집(全集)이 세상에 일찍 나왔더라면 우리 후인(後人)을 계도(啓導)한 바를 어찌 다 이를 수 있겠는가. 또 선생께서 네 분 아드님을 경계하면서 「선천과 후천에 부자간 시대가 다르다」하였다. 대저 성현(聖賢)이 귀하게[所貴 소귀] 여기는 바는 시기였다. 그런 즉 선천, 후천이라는 경계는 이른 바 백대 성인을 기다려도 의혹될 것이 없다라는 것이 아니겠는가. 삼가 방촌 황공(厖村 黃公)이 지은 묘표(墓表)를 상고하니 「공의 네 아들이 효도했고 또 네 며느리가 효도하여 정려(旌閭)하는 은지(恩旨)를 받았다」하였다.

대저 효(孝)는 온갖 행실의 근본이다. 한 가문(家門)에 여덟이 효도한 일은 예부터 드물게 있는 것이다. 그런즉 선생께서 그의 몸을 닦고 집을 가지런하게 한 효과는 이와 같음이 있었다.

또 화상찬(畵像贊)을 상고하니 「거룩할 손 덕스러운 얼굴이여 이학(理學)의 으뜸이었다」 했음은 길야은이 일컬은 바이고 「천년의 으뜸이고 백세의 스승이다」 했음은 변춘정이 쓴 바이다. 이것이 어찌 전대 학자들의 돈사(惇史 훌륭한 평가)가 아니겠는가.

공의 휘는 익(翊)이다. 처음 휘는 천익(天翊)이고 성은 박씨인데 밀양이 본관(本貫)이다. 고려 때 판도판서(版圖判書) 은산부원군(銀山府院君)이고 시호 문헌(文憲)이고 휘 영균(永均)이란 분이 곧 공의 고(考)이다. 공이 고려를 섬겨서 벼슬이 예부시랑 세자이부(世子貳傅) 겸 중서령이었다. 고려 정사(政事)가 기강(紀綱)을 잃자 벼슬을 버리고 밀주에 돌아왔다. 송계에 숨어 살면서 이것으로 스스로 호(號)로 했고 포은, 목은, 야은, 도은과 더불어 한 마음을 변치 않았다. 그 걱정하고 감분(感憤)하는 뜻이 가끔 창수(唱酬)한 시편(詩篇)에 발견되는데 「설송(雪松)」「화견(花鵑)」이라는 시를 보면 알 수가 있다. 그 후 성조(聖祖)가 용흥(龍興)하게 되자 병을 핑계하고 곡식을 먹지 않았으며 다섯 차례나 높은 벼슬로 불렀으나 일어나지 않았다.

아들 넷이 있어 맏이는 융(融), 호가 우당이고 다음은 소(昭), 호는 인당이며 다음은 조(調), 호는 아당이고 끝은 총(聰), 호는 졸당인데 세상에서 사우당(四友堂)이라 일컫는다. 아울러 포은선생에게 배워서 덕기(德器)를 이룩했고 그들의 문장과 덕행이 모두 당시 여러 현인(賢人)의 추중(推重)하는 바가 되었다. 그리고 우당의 거가장(居家章), 인당의 계사장(戒辭章), 아당의 양춘시(陽春詩), 졸당의 신심편(愼心篇)은 몸을 닦고 학문을 하는 요결(要訣)이 아님이 없다. 그런즉 참으로 이 아버지에 이 아들이며[是父而是子 시부이시자] 형 되기도 어렵고 아우 되기도 어렵다[難兄難弟 난형난제]고 이를 만 하였다.

대저 이치의 나타남과 숨겨짐도 또한 시기가 있는 것이던가. 임진년(壬辰年 1832년)과 을미년(乙未年 1835년)에 문집과 영정이 차례대로 잇달아 나와서 선생의 유적(遺蹟)이 세상에 다시 환하게 밝았은 즉 하늘의 뜻이 마침 발(發)함은 이와 같이 신기하고 이상하였다.

덕남사를 창설(創設 1833년)한 것은 문적이 발견된 다음 해이고 영정 봉안한 것이 또 재 명년이었다. 그런 즉 사람의 타고 난 성품이 덕을 좋아하여 이와 같이 민첩하였다. 다만 덕남사에 배향(配享)하면서 홀로 우당(憂堂), 인당(忍堂)에게만 제향(祭享)을 거행하고 아당(啞堂), 졸당(拙堂)에게는 미치지 않아서 결점(缺點)있는 의전(儀典)됨을 면치 못했다. 그러므로 선비들의 논의가 강우(江右)에 잇달아 나와서 여기 단성읍 신천(丹城邑 新川)에다 별도로 사당(祠堂)을 영건(營建)했는데 대개 그 근처에 사는 후손들이 그 일을 맡았고 사림(士林)이 도왔다.

한 해를 지나서 사당이 낙성되고 또 두어달 만에 강당(講堂)도 공역(工役)을 마쳤다. 고을 원 평강(平康) 채신영(蔡臣永)이 그 일을 아름답게 여기고 이에 의식(儀式)대로 향사[虔薦 건천]하기로 고을 유사(儒士)와 의논하여 진신장보(搢紳章甫)[2]가 날을 받아 봉안(奉安)하였다. 주벽(主壁)은 송은선생이고 배향(配享)은 아(啞)·졸(拙) 이공(二公)인데 곧 덕남사를 창건하지 7년 되는 기해년(己亥年 1839년)이었다.

얼마 후에 졸당의 후손 치현(致現)이 나에게 글을 지어서 기문하기를 청하였다. 사양하지 못하여 대략 경위(經緯)를 거론(擧論)하고 또 잘못 지은 것이나마 사운(四韻)을 드려서 경모(景慕)하는 뜻을 붙인다. 충현(忠賢) 다섯 분이 한 집에 어울렸음은 청사(靑史)를 엮어봐도 또한 많지 않으리. 팔은(八隱)의 높은 명절(名節)은 일월(日月)과 다투고 사당(四堂)의 원기(元氣)는 산하(山河)에 품수(稟受)하였다. 우

---

2 진신(搢紳) 장보(章甫): 진신은 벼슬아치의 총칭. 장보는 유사(儒士)가 쓰던 관(冠)인데 이것이 바로 유사를 가리키는 말로 되었음.

하(虞夏)의 태평가를 전하려 했으나[3] 아아 미치지 못했다.

생(生)이 고려가 망하고 조선왕조가 일어난 때로 은주(殷周)에 즈음했으니[4] 어찌할 수 있으랴. 의리(義理)를 서로 믿어서 선천, 후천이 합쳤는데 천 년토록 송악(松岳)은 높고 높아라.

숭정후(崇禎後) 넷째 기해(己亥)[5] 八월 상한(上澣)에 후학 성균 생원(後學 成均 生員) 진양 류의한(晋陽 柳宜漢) 기문(記文)하다.

## 新溪書院 營建實記(신계서원 영건실기)

松隱先生 乃麗季八隱之一也 夫 以我東之 將忠褒義 遠過前代 而如公
송은선생 내려계팔은지일야 부 이아동지 장충포의 원과전대 이여공

之卓節懿行 迄未有 闡揚之擧者 文獻無徵故也 竊惟 故都禾黍 罔僕之
지탁절의행 흘미유 천양지거자 문헌무징고야 절유 고도화서 망복지

志莫奪 西山薇蕨 恥粟之節彌堅 杜門自靖 斂跡謝世 空山草木 甘與
지막탈 서산미궐 치속지절미견 두문자정 렴적사세 공산초목 감여

同枯 則名跡之沈晦 未必非公之本志 而及其遺文一出 千載今日 多士
동고 즉명적지침회 미필비공지본지 이급기유문일출 천재금일 다사

瞻仰享禮斯擧者 乃天所以 厚報公也 且勝國之 七十諸賢 無非義烈 則
첨앙향례사거자 내천소이 후보공야 차승국지 칠십제현 무비의열 즉

---

3 우하(虞夏)의 태평가를 전하다: 우(虞)는 순(舜)임금 시대, 하(夏)는 우(禹)임금 시대.

4 은주(殷周)에 즈음했다: 은이 망하고 주가 일어나던 때와 같이 고려가 망하고 조선왕조가 일어난 때에 살았다는 뜻.

5 숭정후(崇禎後) 넷째 기해(己亥): 숭정은 명나라 의종의 연호로 그 원년은 1628년이며, 네째 기해년은 1839년임.

公之忠節 人所共知 而若乃公之道學文章 所以繼往開來 則人鮮能知之
공지충절 인소공지 이약내공지도학문장 소이계왕개래 즉인선능지지

是則 不佞之所深惜也 今觀立志持身二箴 則其曰「必期聖哲也」其曰
시즉 불녕지소심석야 금관입지지신이잠 즉기왈「필기성철야」기왈

「復其初性也」其曰「言忠行篤也」其曰「九容九思也」次第瞭然 節目
「복기초성야」기왈「언충행독야」기왈「구용구사야」차제료연 절목

詳備 使先生之全集 早得出世 則其所以 啓我後人者 何可勝道哉 且先
상비 사선생지전집 조득출세 즉기소이 계아후인자 하가승도재 차선

生誡四子曰「先天後天 父子異時」夫聖賢之所貴者 時也 則先天後天之
생계사자왈「선청후천 부자이시」부성현지소귀자 시야즉선천후천지

誡 非所謂 百世以俟聖人 而不惑者耶 謹按 尨村 黃公 撰墓表曰「公有
계 비소위 백세이사성인 이불혹자야 근안 방촌 황공 찬묘표왈「공유

子四孝 又有四婦之孝 蒙恩旌閭云」夫孝者百行之源也 一門八孝 自古
자사효 우유사부지효 몽은정려운」부효자백행지원야 일문팔효 자고

罕有 則其身修家齊之效 有如是 夫又按 畵像贊則有曰「猗歟德容 理學
한유 즉기신수가제지효 유여시 부우안 화상찬즉유왈「의여덕용 이학

之宗」云者 吉冶隱之所稱也 有曰「千載之宗 百世之師」云者 卞春亭
지종」운자 길야은지소칭야 유왈「천재지종 백세지사」운자 변춘정

之所題也 玆豈非前輩之惇史乎 公諱翊 初諱天翊 姓朴氏 密陽人 高麗
지소제야 자기비전배지돈사호 공휘익 초휘천익 성박씨 밀양인 고려

版圖判書 銀山府院君 謚文憲 諱永均 卽公之考也 公事麗朝 官禮部侍
판도판서 은산부원군 시문헌 휘영균 즉공지고야 공사려조 관예부시

郞 世子貳傅 兼 中書令 麗政失紀 棄官歸密州 隱於松溪 因以自號 與圃
랑 세자이부 겸 중서령 려정실기 기관귀밀주 은어송계 인이자호 여포

牧冶陶 同心不貳 其憂傷感憤之意 往往發之酬唱 觀於雪松花鵑之篇什
목야도 동심불이 기우상감분지의 왕왕발지수창 관어설송화견지편집

則可知已矣 及聖祖龍興 稱病辟穀 五徵不起焉 有四子 長曰融 號憂堂
즉가지이의 급성조용흥 칭병피곡 오징불기언 유사자 장왈융 호우당

次曰昭 號忍堂 次曰調 號啞堂 季曰聰 號拙堂 世稱 四友堂 並師圃隱
차왈소 호인당 차왈조 호아당 계왈총 호졸당 세칭 사우당 병사포은

鄭先生 成就德器 其文章學行 俱爲 當世諸賢 所推重 而憂堂之居家章
정선생 성취덕기 기문장학행 구위 당세제현 소추중 우이당지거가장

忍堂之戒辭章 啞堂之陽春詩 拙堂之愼心篇 無非行己爲學之要訣 則眞
인당지계사장 아당지양춘시 졸당지신심편 무비행기위학지요결 즉진

可謂 是父而是子 難兄而難弟矣 夫理之顯晦 其亦有時焉 乃於壬辰乙未
가위 시부이시자 난형이난제의 부리지현회 기역유시언 내어임진을미

之歲 文集影幀 繼次並出 而先生之遺蹟 煥然復明於世 則天意之會發
지세 문집영정 계차병출 이선생지유적 환연부명어세 즉천의지회발

若是 其神且異矣 德南新創 在於文籍 見發之翌年 影幀奉安 又在再明年
약시 기신차이의 덕남신창 재어문적 견발지익년 영정봉안 우재재명년

則人彝之好德 若是 其敏於事也 第德南配享 獨擧憂忍 未及啞拙 不免
즉인이지호덕 약시 기민어사야 제덕남배향 독거우인 미급아졸 불면

爲闕典 士論繼發 於江右 玆於丹邑之新川 別營立祠 盖雲仍之居近者
위궐전 사논계발 어강우 자어단읍지신천 별영립사 개운잉지거근자

掌其事 士林相之 歷年而祠宇告成 又數月而講堂亦告訖 地倅 平康 蔡
장기사 사림상지 역년이사우고성 우수월이강당역고흘 지쉬 평강 채

侯 臣永 嘉其事 乃與邑之儒士謀 所以如儀虔薦 於是 搢紳章甫 卜日奉
후 신영 가기사 내여읍지유사모 소이여의건천 어시 진신장보 복일봉

安 主松隱先生 配啞拙二公 卽德南創建之 七年己亥也 迺者 拙堂之裔
안 주송은선생 배아졸이공 즉덕남창건지 칠년기해야 내자 졸당지예

孫 致現 屬不佞 爲文以記 辭不獲 略擧梗槩 且呈拙構四韻 以寓景慕之
손 치현 촉불녕 위문이기 사불획 략거경개 차정졸구사운 이우경모지

意 云爾 忠賢五並一人家 靑史編來亦不多 八隱高名爭日月 四堂元
의 운이 충현오병일인가 청사편래역불다 팔은고명쟁일월 사당원

氣禀山河 歌傳虞夏嗟無及 生際殷周可奈何 義理相孚先後契 千年
기품산하 가전우하차무급 생제은주가내하 의리상부선후계 천년

松嶽欝嵯峨
송악울차아

崇禎後 四己亥 八月 上澣 後學 成均 生員
숭정후 사기해 팔월 상한 후학 성균 생원

晋陽 柳宜漢 記
진양 류의한 기

# 8

# 신계서원 상량문(新溪書院 上樑文)

순천 박민한(順天 朴民翰)

충렬(忠烈)로 이룩한 가문이라 타고난 천성(天性)이 덕을 좋아함이 간절하고 상서(庠序 배움)[1]에 법도(法度)가 있어 문(文)을 높이는 훌륭한 의전(儀典)을 비로소 본다. 우주(宇宙)에 뻗친 윤상(倫常)이고 사당(堂)을 함께 할만한 소목(昭穆)[2]이었다. 생각하건대 송은 박선생은 삼조(三朝)에 남은 어진 분이고 팔은(八隱)과 함께 정절이 곧았다.

이학(理學)과 문장은 이미 춘정의 찬(贊)에 나타났고 충효(忠孝)와 도의(道義)는 이에 야은의 평(評)이 있었다. 천명(天命)의 덧없음이 슬퍼라. 종사(宗社)의 오백 년 운수가 다해서 인심의 조출함을 구해서 두문동 70명 현인이 자정하여 이에 돌아 갔다. 만세(萬歲)의 강상을 붙들어 무너지는 물결에 버티어 선 기둥이고 오징(五徵)하는 예폐(禮幣)도 돌아보지 않아서 궁벽한 골짜기에 눈 덮인 소나무였다.

어찌 한 몸만 먼저 닦음에 그쳤을 뿐이랴. 또한 네 아들 아울러 착

1 상서(庠序): 옛날 학교(學校). 상은 부현(府縣)에 있는 학교.

2 소목(昭穆): 옛 종묘(宗庙)의 신위를 모시는 제도. 시조(始祖)의 위패(位牌)가 복판에 있고 그 다음에 부(父)가 소(昭) 자(子)는 목으로 되는데 소는 왼쪽에 목은 오른편에 있다.

함이 있었다. 집에 시례(詩禮)를 전해서 이 아버지에 이 아들이 잇달아 아름다웠고, 당(堂)에 훈지(壎篪)로 화답해서 형 되기도 아우 되기도 어려워 함께 아름다웠다. 당(堂)을 이름해서 스스로 깨우치며 우당(憂堂), 인당(忍堂)이라 했고 호(號)로 인해 경계하면서 한 분은 아(啞), 한 분은 졸(拙)이라 했다. 네 아들이 효도해서 방옹(厖翁)의 지문(誌文)에 이미 기재(記載)되었고 신하로서 충성하여 선고(先考)의 명명(明命)에 더럽힘 없었다. 돌아보건대 수운(水雲)이 분진(汾晋)[3]에 아득하고 어찌하랴. 문헌(文憲)을 하·은(夏殷)[4]에 증험할데 없다. 청액(請額)[5]하는 상언(上言)이 한결 같이 매몰(埋沒)하라고 누가 일렀나. 절혜(節惠 시호를 내림)한 은전(恩典)으로 두 글자가 겨우 전해오고 있을 뿐이다. 유고(遺稿)를 먼지 덮힌 상자에서 찾았으니 이치는 끝내 숨김이 없고 진영(眞影)을 비단폭에서 뵙게 됨은 귀신이 실상 보호하였다.

후손의 감창(感愴)이 더욱 새롭고 많은 선비들의 경모(景慕)함도 아울러 간절했다. 아름다운 말씀과 착한 행적이 쓸쓸하게 몇 해나 숨겨졌던가. 우뚝한 절개와 곧은 충성이 환하게 오늘날에 나타났다.

삽포(鍤浦) 밝은 달은 선죽교(善竹橋) 머리를 비치고 덕봉(德峯) 외로운 구름은 금오산(金烏山) 위에 광채 빛난다. 생각컨대 앙지(仰止)[6]하는 뜻은 큰 길과 높은 산인데 하물며 오르내리는 영(靈)은 물이 땅

3 분진(汾晋): 분은 단성(丹城)의 별칭이고 진은 진주(晋州)임.

4 하·은(夏殷): 하(夏)나라와 은나라. 진시황(秦始皇)이 서적(書籍)을 불태운 후에 문헌(文獻)이 아주 없어졌음.

5 청액(請額): 서원(書院)에 게시(揭示)할 편액(扁額)의 원호(院號) 내려 주기를 임금에게 청하는 것. 그리하여 임금이 원호를 내려 주면 그 서원을 사액서원(賜額書院)이라 하였다.

6 앙지(仰止): 훌륭한 덕(德)이 높은 산 같은 사람이면 흠모(欽慕)해서 우러러 모신다는 뜻. 〈『시경(詩經)』, 「소아(小雅), 거할장(車舝章)」, 고산앙지(高山仰止)〉

에 있음[7] 같으랴. 여기 후예(後裔)가 있는 곳으로 인해서 이에 선현(先賢) 모시기를 도모한다. 대 푸르고 솔 푸르러서 백대(百代)에 남긴 충렬(忠烈)을 따르고 꿩이 날 듯 새 날개 치듯 사당이 새로 빛난다.

덕남(德南)을 설시(設施)해서 이미 백중씨(伯仲氏)를 아울러 배향했으니 신계의 봉향(奉享)에는 숙계씨(叔季氏)를 제부(隮祔)함이 마땅하다. 선인(先人)의 지사(志事)[8]를 우러러서 잘 잇달아 사당을 잘 지었으며 현제(賢弟)의 일월(日月)을 아끼어서[9] 일을 빨리 잘 진행했었다. 어찌 지금의 관청(觀聽)을 위한 것이겠는가. 장차 후세(後世)의 신자(臣子)들을 권장(勸奬)함이로다. 강성(江城 단성) 대나무는 한겨울 외로운 표송(標松)과 완연히 마주했고 진지(晋地 진주) 산천은 포옹(圃翁)의 새 서원(書院)과 아주 가깝다. 네 번창하고 네 치성(熾盛)하니 이 후손의 모여 삶이 좋고 내 제향(祭享)하고 내 받드니 여기 변두(籩豆)[10] 차림이 즐겁다. 이에 짧은 노래를 엮어서 긴 들보 들어 올리는 데에 돕는다.

동쪽에 상량하니 노련(魯連)의 밝은 달이 맑은 하늘에 가득하다. 한마디 말로 주(周)나라 의리가 높았음을 깨닫게 함이고 천년 세월에 오히려 바다에 가던 기풍(氣風)을 전했다. 서쪽에 상량하니 저 수양산(首陽山) 길이 아득하지 않구나. 지금에 이르도록 그렇게 흠모(欽慕)하는데 고비 캐던 자취는 누구 있어 같이하랴. 남쪽에다 상량

---

7 물이 땅에 있다: 물이 땅에 있으면 그 물은 낮은 곳으로 밖에 흐르지 못한다. 그러나 사람의 영혼은 하늘로 언제든지 오르고 내리게 모셔야 한다. 따라서 영혼을 물이 땅에 있듯이 모실 수 없다는 말이다.

8 지사(志事): 하려고 마음먹었던 일.

9 일월(日月)을 아끼다: 공부하는 사람이 시간을 아끼는 것.

10 변두(籩豆): 제사(祭祀) 때에 쓰는 그릇. 변은 실과나 건어(乾魚) 따위를 담는 대[竹 죽]로 만든 그릇. 두는 김치 젓갈 따위를 담는 나무로 된 그릇.

하니 진양성(晉陽城) 밑에 물빛이 쪽 같다. 물결 속엔 응당 영혼(靈魂)이 있을 것이다. 떨기대와 난초가 그림자 일렁인다. 북쪽에다 상향하니 송악산 천 년인데 파란빛이 속절없다. 오직 당시 하늘이 모았던 영기(靈氣)가 있다. 해와 별, 산과 물이 어찌 끝이 있으랴. 위쪽에다 상량하니 남겁(藍刧)이 아득한데 하늘이 넓다. 전현(前賢)이 부식(扶植)한 공이 없었더라면 지금에 인문(人文)이 어찌 밝았겠는가. 아래쪽에 상량하니 혼혼(混混)한 시냇물이 끊임없이 흐른다. 이 근원 위에서 새 물이 흘러오니 여기에 대어서 나의 잔을 씻을 만하다.

원하옵거니와 상량한 후에 사당은 무게를 더하고 유풍(儒風)은 비로소 새로워지리라. 거문고 타고 시 외워서 강론(講論)함이 때가 있으니 아아(峩峩 씩씩한)한 장보(章甫 학생) 들이여 거기에서 공부하며 놀고 쉬는 곳이 있으니 제제(濟濟)한 많은 금신(衿紳 학생과 벼슬아치) 들이로다. 풍성(風聲)을 듣고서 흥기(興起)하니 어찌 완(頑)한 자는 염(廉 청렴)해지고 나약(懦弱)한 자가 자립(自立)할 뿐이랴. 차례를 따라서 진학(進學)하니 거의 날마다 나아 가고 달마다 나아 가리라. 그의 시 외우고 그의 글 읽으니 갱장(羹墻)[11]에 사모(思慕)함이 더욱 간절하고 지금에 살면서 옛일을 상고하여 관감(觀感)하는 공부를 이에 돕는다. 예(禮) 세우고 시(詩) 일으켜서[12] 성사(聖師)의 밝은 훈계에 따르고 충(忠)을 매기고 효(孝) 권해서 회암(晦庵 주자)의 가르침을 흠앙(欽仰)하도다. 오직 제 몸 닦을 방도(方途)를 다한다면 또한 어진이

---

11 갱장(羹墻): 선인(先人)을 추모(追慕)한다는 뜻으로 옛적에 요(堯)가 죽은 후에 순(舜)이 三년을 사모해서 앉으면 요의 얼굴이 담벼락에 보이고 식사할 때에는 요의 얼굴이 국물에 보였다는 데에서 나온 말.

12 예 세우고 시 일으킨다: 공자가 그의 아들 공리(孔鯉)에게 한 말임. (불학시(不學詩), 무이언(無以言). 불학예(不學禮), 무이립(無以立): 『논어(論語)』, 「계씨편(季氏篇)」) 덕남서원 입향 봉안문(入享奉安文) 주석9 참조.

를 높이는 곳이 될 것이다.

통훈대부 행 사헌부 지평 겸 문신 선전관(通訓大夫 行 司憲府 持平 兼 文臣 宣傳官) 순천 박민한(順天 朴民翰) 지음.

## 新溪書院 上樑文(신계서원 상량문)

忠烈成家 擧切 秉彛之好德 庠序有制 聿覩右文之盛儀 亘宙倫常 同堂
충렬성가 거절 병이지호덕 상서유제 율도우문지성의 긍주윤상 동당

昭穆 伏惟 松隱朴先生 三朝遺獻 八隱同貞 理學文章 已著春亭之贊 忠
소목 복유 송은박선생 삼조유헌 팔은동정 리학문장 이저춘정지찬 충

孝道義 厥有冶隱之評 嗟 天命之靡常已矣 宗社之五百運 得人心之自靖
효도의 궐유야은지평 차 천명지미상이의 종사지오백운 득인심지자정

歸歟 杜門之七十賢 用扶萬世之綱常 頹波砥柱 不顧五徵之禮幣 窮壑雪
귀여 두문지칠십현 용부만세지강상 퇴파지주 불고오징지예폐 궁학설

松 豈止自一己先修 亦有並四子克肖 家傳詩禮 是父是子 而承休 堂和
송 기지자일기선수 역유병사자극초 가전시례 시부시자 이승휴 당화

壎篪 難兄難弟 而齊美 名堂而自警 曰憂曰忍 因號以爲箴一啞一拙 有
훈지 난형난제 이제미 명당이자경 왈우왈인 인호이위잠일아일졸 유

子四孝 旣載厖翁之誌文 爲臣盡忠 無忝先考之明命 顧 水雲俱邈於汾晋
자사효 기재방옹지지문 위신진충 무첨선고지명명 고 수운구막어분진

奈 文獻無徵於夏殷 請額上言 誰謂一向埋沒 節惠恩典 菫有二字相傳 得
내 문헌무징어하은 청액상언 수위일향매몰 절혜은전 근유이자상전 득

遺稿 於塵箱 理無終閟 瞻眞影於繡幅 神實冥扶 裔孫之感愴愈新 多士
유고 어진상 리무종비 첨진영어수폭 신실명부 예손지감창유신 다사

之景慕並摯 嘉言善行 蓼蓼堙晦於幾年 卓節貞忠 赫赫昭著於今日
지경모병지 가언선행 료료인회어기년 탁절정충 혁혁소저어금일

鍤浦明月 流照於善竹橋頭 德峰孤雲 耀彩乎金烏山上 顧惟仰止之義 景
삽포명월 류조어선죽교두 덕봉고운 요채호금오산상 고유앙지지의 경

行高山 矧伊陟降之靈 如水在地 玆因後裔 見在乃圖先賢妥寧 竹碧松
행고산 신이척강지영 여수재지 자인후예 견재내도선현타령 죽벽송

蒼 溯百載之遺烈 翬飛鳥革 煥一堂之新輝 德南設施 已有伯仲並配 新
창 소백재지유렬 휘비조혁 환일당지신휘 덕남설시 이유백중병배 신

溪奉享 亶宜叔季追隮 仰志事於先人 善繼而善述 惜日月於賢弟 斯邁而
계봉향 단의숙계추제 앙지사어선인 선계이선술 석일월어현제 사매이

斯征 豈徒爲 今之聽觀 將以勸 後之臣子 江城竹樹 宛對乎大冬孤標 晋
사정 기도위 금지청관 장이권 후지신자 강성죽수 완대호대동고표 진

地山川 密邇乎圃翁新院 爾昌爾熾 好是 雲苗聚居 我享我將 樂此籩豆
지산천 밀이호포옹신원 이창이치 호시 운묘취거 아향아장 락차변두

有踐 爰綴短唱 助擧脩梁 抛樑東 魯連明月滿晴空 一言扶得尊周義
유천 원철단창 조거수량 포량동 노련명월만청공 일언부득존부의

千載猶傳蹈海風 抛樑西 瞻彼首陽路不迷 民到于今欽素節 採薇高躅
천재유전도해풍 포량서 첨피수양로불미 민도우금흠소절 채미고탁

有誰齊 抛樑南 晋陽城下水如藍 波中應有英魂在 叢竹芳蘭靜影涵
유수제 포량남 진양성하수여람 파중응유영혼재 총죽방난정영함

抛樑北 松嶽千年空黛色 惟有當時天鍾靈 日星山海何終極 抛樑上
포량북 송악천년공대색 유유당시천종영 일성산해하종극 포량상

藍刧微茫天宇曠 不有前脩扶植功 至今 那得人文朗 抛樑下 混混前溪
남겁미망천우광 불유전수부식공 지금 나득인문랑 포량하 혼혼전계

流不捨 爲是源頭活水來 往茲可以洞吾斝 伏願 上梁之後 院宇增重
류불사 위시원두활수래 왕자가이동오가 복원 상량지후 원우증중

儒風載新 絃誦講論之以時 峩峩兮 章甫藏修 遊息之有所 濟濟乎 衿紳
유풍재신 현송강론지이시 아아혜 장보장수 유식지유소 제제호 금신

聞風而興 奚止頑廉懦立 循序而進 庶幾 日就月將 誦其詩 讀其書 尤切
문풍이흥 해지완염나립 순서이진 서기 일취월장 송기시 독기서 우절

羹墻之慕 居乎今 稽乎古 爰資觀感之功 立禮興詩 遵聖師之明訓 課忠
갱장지모 거호금 계호고 원자관감지공 립예흥시 준성사지명훈 과충

責孝 仰晦庵之遺謨 若惟 盡修己之方 抑亦爲尊賢之地
책효 앙회암지유모 약유 진수기지방 억역위존현지지

通訓大夫 行 司憲府 持平 兼 文臣宣傳官
통훈대부 행 사헌부 지평 겸 문신선전관

順天 朴民翰 撰
순천 박민한 찬

# 9

# 신계서원 봉안문(新溪書院 奉安文)

전주 이정하(全州 李正夏)

팔은(八隱)이 저명(著名)한 것은 고려가 망한 때부터였다.

누가 시켜서 우주(宇宙)에 뻗혔나. 큰 집을 버티기엔 힘이 미치지 않았다. 오직 사람에겐 기강(紀綱)이 있다. 이것 없으면 끝장이 난다.

신하 되어서 절의(節義) 다함도 대개는 경우(境遇)에 따른 것이다. 어찌 평소(平素)에 강(講)한 바 없으랴. 포은, 야은과 서로 도와 공부하였다. 길이 풍성(風聲)을 품었으나 소고(素古)의 들이로다.

선천(先天) 후천도 한 이치이다. 의리를 밝힘이었다. 무엇으로써 아들을 가르쳤나. 네 섬기는 데에 충성껏 하라. 일찍부터 시·례(詩禮)를 공부하여서 모두가 난(鸞)새와 따오기[鵠 곡][1]였다.

훈(壎)같고 지(篪)같아서 그 집에 맞는 두 어려움[2][難兄難弟 난형난

---

1 난(鸞)새와 따오기[鵠]였다: 현사(賢士)라는 뜻.
〈한유(韓愈), 「전중소감마군묘지(殿中少監馬君墓誌)」: 난곡정치(鸞鵠停峙) 능수기업자야(能守其業者也)〉

2 두 어려움: 형 되기도 어렵고 아우 되기도 어렵다는 뜻. 즉 형제는 똑같이 훌륭해서 누가 낫고 누가 못함이 없다는 뜻.

제]이었다. 높은 산 우러러보고 큰 길을 감[3]도 아아 우리들도 덕을 좋아함이로다. 이에 조두(俎豆)를 받들어서 예(禮)를 본받아 함께 배향함에 있어 소(昭) 하나에 목(穆)도 함께 했는데 또한 정례(情禮)에 마땅하였다. 신사(紳士)들이 의식(儀式)대로 하여 백세(百世)토록 향기롭게 하리라.

통훈대부 행 삼가현감(通訓大夫 行 三嘉縣監)

전주 이정하(全州 李正夏) 지음.

## 新溪書院 奉安文(신계서원 봉안문)

八隱著名 自麗屋社 誰使亘宙 莫賴支厦 惟人有紀 無是則斁 爲臣盡節
팔은저명 자려옥사 수사긍주 막뢰지하 유인유기 무시즉역 위신진절

盖亦隨遇 豈無素講 麗澤圃冶 永懷風聲 素古之野 一理先後 亦在甄義
개역수우 기무소강 려택포야 영회풍성 소고지야 일리선후 역재견의

何以詔子 忠爾所事 早服詩禮 摠是鵠鸞 如壎如箎 稱家二難 高山景行
하이조자 충이소사 조복시례 총시곡란 여훈여지 칭가이난 고산경행

緊我好德 迺奉俎豆 禮倣共食 一昭同穆 亦允情文 紳士攸式 百世苾芬
예아호덕 내봉조두 예방공식 일소동목 역윤정문 신사유식 백세필분

通訓大夫 行 三嘉縣監 全州 李正夏 撰
통훈대부 행 삼가현감 전주 이정하 찬

---

3 높은 산 우러러 보고 큰 길을 감: 높은 산은 훌륭한 덕이 있는 사람을 뜻하고 큰 길은 사람이 말미암는 도(道)라는 뜻.
〈『시경(詩經)』, 「소아(小雅), 거할장(車舝章)」, 고산앙지(高山仰止)〉

# 10

# 신계서원 상향문(新溪書院 常享文)

평강 채신영(平康 蔡臣永)

의기는 해와 별처럼 밝았고 학문은 염계(濂溪) 낙양(洛陽)[1]을 따랐다. 가르침 이룩함이 가정에 연유(緣由)했으니 지키던 원칙과 요약(要約)[2]이 더욱 증험되어라.

통훈대부 행 단성현감(通訓大夫 行 丹城縣監)

평강 채신영(平康 蔡臣永) 지음.

## 新溪書院 常享文(신계서원 상향문)

義炳日星 學遡濂洛 成教由家 益驗守約

의병일성 학소렴낙 성교유가 익험수약

---

1 염계(濂溪) 낙양(洛陽): 성리학(性理學)의 정통계보이다. 염계(濂溪)는 주돈이(1017~1073)의 성리학 토대마련(開相)에 기여했고, 이 분의 제자인 정호(程顥)·정이(程頤) 형제가 낙양(洛陽)에서 성리학을 철학적·도덕적 체계로 발전시켰다. 이들의 학문을 합쳐 '염낙학(濂洛學)'이라 지칭함.

2 요약(要約): 언어로 약속하는 것.

通訓大夫 行 丹城縣監 平康 蔡臣永 撰
통훈대부 행 단성현감 평강 채신영 찬

## 11

# 신계서원 영정 봉안문(新溪書院 影幀 奉安文)

정언 김인섭(正言 金麟燮)

생각컨대 선생께서는 산과 강의 영기(靈氣)가 뭉쳤습니다.

삼한(三韓) 화벌(華閥)의 후손이고 한 시대의 이름난 공경(公卿)입니다. 조선국(朝鮮國) 초기(初期)와 고려 말엽(末葉)에 상제(上帝)께서 태조(太祖)에게 명(命)하여 어지러움과 가짜 임금을 소제(掃除)토록 하시니 산하(山河)가 판국(版局)을 바꾸었고 천지(天地)는 위치를 바꾸었습니다. 오직 그때 팔은(八隱)은 절의(節義)로써 항거(抗拒)하였습니다. 혹 죽기도 하고 혹은 운수가 막혀서 섬기던 곳에 충성을 다했습니다. 죽음이 눈 앞에 닥쳐와도 맹세한 마음을 변치 않았고 광채는 밝은 해와 다투고 의기(義氣)는 청사(靑史)에 빛났습니다.

공(公)께서도 그 중에 한 분이어서 종시(終始)토록 함께 하셨습니다. 문 닫은[杜門 두문] 골이며 갓을 걸던 마을이었습니다. 지나간 사적(事蹟)이 하 분명하니 여기 지나는 자의 마음이 흥기(興氣)됩니다.

생각컨대 공의 한 몸은 나라 위했고 공도(公道)를 위했습니다.

현릉(玄陵 공민왕의 능호(陵號)) 때 처음 벼슬을 해서 빛나는 관직(官

職)을 두루 거쳤으니 한림(翰林) 소감(少監)과 예부(禮部)의 시랑(侍郞)으로 부지런한 마음과 바른말로서 세 임금을 내리 보필(輔弼)하셨습니다. 돌아보건대 당시 의리가 크게 옳지 않음이 있어 벼슬 버리고 돌아오시니 낙동강(洛東江) 왼쪽이었습니다. 나아가도 복(福)을 구하지 않았고 물러나도 화(禍)를 피하지 않았습니다. 솔 심어서 호(號)를 삼고 시 읊어 노래하였습니다. 한마음으로 자정(自靖)해서 딴 임금 섬기지 않겠다 맹세했습니다. 포은, 목은 여러 분들이 술을 싣고 서로 찾았고 이야기가 왕실(王室)에 미치게 되면 하염없는 눈물을 펑펑 쏟았습니다. 살아 있은들 무엇이 즐거우랴.

죽음을 도리어 영화라 하였으며 오직 의리(義理)만이 중했기에 이로써 몸뚱이는 가볍게 여겼습니다. 공의 말씀도 「그렇지. 나의 뜻도 정해져 있다」고 하였고 한 분이 부르면 한 분이 화답해서 또렷히 말씀이 들리는 듯하였습니다. 주(周)나라 운수가 한창 성하니 상(商)나라 정조(鼎祚 국운)가 문득 변하여 충신(忠臣)들은 통곡(痛哭)했고 지사(志士)는 슬퍼했습니다. 옛 도읍의 일어남과 망한 그 소식을 누구에게 물으리. 당·우(唐虞)의 다스림은 이미 멀어지고 아아 운명(運命)이 쇠잔(衰殘)하였습니다. 내가 옛 사람을 사모하여 아침저녁으로 정신을 모아보니 동해(東海)에 간 노중련(魯仲連)과 서산(西山)에 숨은 백이(伯夷)였습니다. 성조(聖祖)께서 아름답게 여기고 예폐(禮幣)로 빈번이 불렀으나 황각(黃閣) 위에 정승 직위도 내 마음에 둔 바가 아니었습니다. 글 지어서 아들을 훈계했는데 충성된 마음[忠肝 충간]과 의로운 마음[義膽 의담]으로 선천(先天)과 후천(後天)이라는 말은 밝게 빛나서 단심(丹心) 같았습니다. 학문(學問)이 올바르고 수립(樹立)한 공도 컸습니다. 속 마음에 가득 쌓여서 바깥 얼굴에 비쳐 나왔을 것입니다.

세월이 아득하게 멀어져서 유문(遺文)이 흩어져 없어졌습니다. 아울러 공의 화상(畵像)도 서로 따라서 없어져 버렸습니다. 높았던 풍표(風標 풍채)를 아득히 생각하니 한갓 한스러운 우러름만 더할 뿐입니다. 하늘이 우리 사문(斯文)을 도우셔서 옛 상자에 깊숙히 감춰져 있었습니다. 후손이 비로소 발견해 내고 슬픔과 경사(慶事)가 엇갈렸고 아름다운 자취와 사실 전기(傳記)를 환하게 기술(記述)할 수 있게 되었습니다. 이에 본뜨고 이에 그려서 편하게 모시고 제사(祭祀) 드립니다. 덕남서원과 용강사가 차례차례로 이룩되었습니다. 여기 이 신계사(新溪祠)에도 공을 위해 제사하는 곳이라 다시 한 벌을 모사(模寫)하여서 여기에다 봉안하였습니다. 경영(經營)한 지 그 몇 해 이던가. 이제 비로소 이룩되었도다. 사림(士林)이 발의했고 운잉[子孫 자손]이 온 정성을 쏟았습니다. 이에 좋은 날 가려서 훌륭한 예(禮)로 여기 받들었습니다. 금패(衿佩 학생)들이 분주하였고 맛난 음식이 향기로왔습니다. 창상백겁(滄桑百劫 오랜 세월)을 겪어 왔으나 공의 죽음은 삶과 같다 하겠습니다. 천 년을 지낸 그의 풍채(風彩)는 외적 태도와 모습이 충분히 갖추어졌습니다. 헌출한 열자 키에 봉의 눈과 범의 눈썹입니다. 혼령(魂靈)이 끊임없이 오르내리는 듯하니 추모(追慕)함이 더욱 간절하여라.

추모하는 것은 그 무엇인가. 오직 그 충성과 절개가 우뚝하여서 만고(萬古)에 본으로 될만합니다. 이제부터 이 다음에는 대대로 그것을 서로 추구할 것입니다. 감히 문자(文字)로 기술(記述)하여서 공경하게 그 연유(緣由)를 고하옵니다.

숭정 네째 무술[1] 삼월 하순(崇禎 四戊戌 三月下旬)

통훈대부 전행 사간원 정언(通訓大夫 前行 司諫院 正言) 김인섭(金麟燮)

## 新溪書院 影幀 奉安文(신계서원 영정 봉안문)

恭惟先生 河嶽鍾靈 三韓華冑 一代名卿 在國之初 當麗之季 帝命太祖
공유선생 하악종영 삼한화주 일대명경 재국지초 당려지계 제명태조

除亂掃僞 山河改局 天地易位 惟時八隱 秉節抗義 或死或否 盡忠所事
제란소위 산하개국 천지역위 유시팔은 병절항의 혹사혹비 진충소사

鼎鑊在前 誓心不二 光爭白日 義炳青史 公居其一 與之終始 杜門之洞
정확재전 서심불이 광쟁백일 의병청사 공거기일 여지종시 두문지동

掛冠之里 往蹟分明 過者興起 言念公身 國耳公耳 始仕玄陵 歷敭華美
괘관지리 왕적분명 과자흥기 언념공신 국이공이 시사현릉 역양화미

翰林少監 禮部侍郎 謇謇諤諤 輔弼三王 顧惟時義 有大不可 投紱歸來
한림소감 예부시랑 건건악악 보필삼왕 고유시의 유대불가 투불귀래

洛江之左 進不徼福 退不避禍 養松爲號 詠詩當歌 一心自靖 永矢靡他
낙강지좌 진불요복 퇴불피화 양송위호 영시당가 일심자정 영시미타

圃牧諸賢 載酒相過 語及王室 涕泗滂沱 生也何樂 死之爲榮 惟其義重
포목제현 재주상과 어급왕실 체사방타 생야하락 사지위영 유기의중

是以身輕 公曰唯唯 吾志亦定 一唱一酬 歷歷如聽 周運方盛 商鼎遽移
시이신경 공왈유유 오지역정 일창일수 역력여청 주운방성 상정거이

1 숭정 네째 무술: 1838년

忠臣痛哭 志士傷悲 故都興亡 消息問誰 唐虞已遠 呼嗟命衰 我思古人
충신통곡 지사상비 고도흥망 소식문수 당우이원 호차명쇠 아사고인

朝莫神馳 東海魯連 西山伯夷 聖祖嘉乃 禮召頻繁 黃閣上相 匪心所存
조모신치 동해노련 서산백이 성조가내 예소빈번 황각상상 비심소존

作書告子 忠膽義肝 先天後天 炳然如丹 學問之正 樹立之大 充積於內
작서고자 충담의간 선천후천 병연여단 학문지정 수립지대 충적어내

彪發其外 歲月綿邈 遺文散失 並與公像 相隨而逸 緬懷高標 徒增恨仰
표발기외 세월면막 유문산실 병여공상 상수이일 면회고표 도증한앙

天相斯文 古笥深藏 姓孫始見 愴慶交切 懿迹實傳 渙然可述 乃模乃畵
천상사문 고사심장 성손시견 창경교절 의적실전 환연가술 내모내화

乃妥乃侑 德南龍岡 次第俱就 睠玆新溪 繄公是祀 更寫一本 奉安于此
내타내유 덕남용강 차제구취 권자신계 예공시사 갱사일본 봉안우차

經紀幾年 今始告成 士林發議 雲仍殫誠 乃蠲吉辰 盛禮是將 衿佩駿奔
경기기년 금시고성 사림발의 운잉탄성 내견길진 성례시장 금패준분

飶饙馨香 滄桑百劫 公死如生 千秋風範 七分儀形 頎然十尺 鳳目虎眉
필분형향 창상백겁 공사여생 천추풍범 칠분의형 기연십척 봉목호미

陟降洋洋 益切追思 追思維何 維忠維節 忠節之嵬 萬古柯則 自今以後
척강양양 익절추사 추사유하 유충유절 충절지외 만고가칙 자금이후

世世相求 敢述以文 虔告厥由
세세상구 감술이문 건고궐유

崇禎四戊戌 三月下浣 通訓大夫 前行 司諫院 正言
숭정사무술 삼월하완 통훈대부 전행 사간원 정언

商山 金麟燮 謹撰
상산 김인섭 근찬

## 12

# 신계사 영당 천향시 고유문 (新溪祠 影堂 薦享時 告由文)

박상태(朴尙台)

정기(情氣)는 산과 강이 뭉쳤고 학문은 하늘과 사람을 꿰뚫었습니다. 포은, 목은은 스승이자 벗이었고 낙양(洛陽)과 민중(閩中)[1]의 연원(淵源)이었습니다. 승국(勝國 고려)의 운수가 끝나자 내 몸을 스스로 조출케 했습니다. 다섯 차례 불러도 가지 않아서 의리와 절개를 함께 다하였습니다. 시를 수창하여 뜻을 보인 것은 우리 팔은(八隱)이 한가지였습니다.

아들을 보내서 응소(應召)했는데 그 훈계하심에 엄절(嚴截)함이 있었습니다. 덕 있는 그 말씀을 받고 잘 전했습니다. 봉의 눈과 범의 눈썹이 남은 화상(畫像)은 지금도 늠연합니다. 창상(滄桑)을 백겁(百刼)이나 겪었고 불에 들어도 타지 않았습니다. 천 년이 되었건만 공경히

1 민중(閩中): 민(閩)은 중국 복건성(福建省)을 가리키고, 민중(閩中)은 복건성의 중부지역을 말하며, 이곳이 주희(朱熹. 1130~1200)가 태어나고 학문을 닦고 제자를 가르친 중심지였음. 따라서 그의 학문을 '민중지학(閩中之學)'이라고 불리게 되었음.

뵈오니 나부(懦夫)는 자립(自立)시키고 완부(頑夫)를 청렴케 합니다. 많은 선비가 바쁘게 움직이고 자손들은 정성을 다합니다.

두려운 마음과 씩씩한 모습으로 경건히 향사올리니 밀성이고 단성입니다. 예조에서 표방(標榜)은 비록 붙였으나 편액(扁額)은 아직 반사(頒賜)되지 않았습니다. 지난번에 조정(朝廷) 칙령(勅令)이 있어 여러 사당과 서원이 훼철(毁撤)되었습니다. 높여 추모(追慕)할 곳이 없어져서 영당(影堂)을 여기 세웠습니다.

법령(法令)이 오히려 엄절하기에 정성스런 향례(享禮)를 펴지 못했습니다. 오로지 궤안(几案)에 받들었을 뿐 세월이 몇 번이나 바뀌었던가. 봄 가을에 살피고 배례(拜禮)하여서 정성스런 마음이 더욱 간절하였습니다. 때를 헤아리고 공론을 모아서 감히 천과(薦稞 햇곡식)를 받들었습니다. 향기로운 벼와 기장이 있고 조촐한 두(豆 나무로 만드 제기)와 변(籩 대로 만든 제기)이 있습니다. 후손들이 뜰에 둘러서 모시고 주선(周旋)하는 듯하오니 바라옵건대 흠양하심 내리시어 영구한 세월에 밝게 드리우소서.

후손 상태(尙台) 삼가 지음.

## 新溪祠 影堂 薦享時 告由文(신계사 영당 천향시 고유문)

氣鍾河嶽 學貫天人 師友圃牧 淵源洛閩 勝朝運訖 自靖吾身 五徵不就
기종하악 학관천인 사우포목 연원낙민 승조운흘 자정오신 오징불취

義節攸盡 唱酬見志 同我八隱 送子赴召 有截其訓 有德有言 有受有傳
의절유진 창수견지 동아팔은 송자부소 유절기훈 유덕유언 유수유전

鳳目虎眉 遺像凛然 百劫滄桑 入火不燃 千載瞻敬 立懦廉頑 多士駿奔
봉목호미 유상늠연 백겁창상 입화불연 천재첨경 립나렴완 다사준분

子姓誠殫 虔享畏壘 于密于丹 標雖付曹 額未宣頒 嚮有朝勅 毁諸祠院
자성성탄 건향외루 우밀우단 표수부조 액미선반 향유조칙 훼제사원

崇慕無地 影堂攸建 令甲尙嚴 誠禮莫展 奉于几格 星曆幾換 春秋省拜
숭모무지 영당유건 령갑상엄 성례막전 봉우궤격 성역기환 춘추성배

罙切哀懇 量時採公 敢將薦祼 有馨稻黍 有靜豆籩 有仍繞庭 宛侍周旋
미절애간 량시채공 감장천관 유형도서 유정두변 유잉요정 완시주선

庶賜歆格 昭垂永年
서사흠격 소수영년

後孫 尙台 謹撰
후손 상태 근찬

# 13

# 신계사 영각 창건시 봉안문 (新溪祠 影閣 創建時 奉安文)

박상태(朴尙台)

높으신 우리 할아버님은 고려 말에 꼿꼿하게 사신 분입니다. 일찍부터 이학(理學)을 제창(提唱)하셨고 연원(淵源)이 내려온 데가 있었습니다. 생각컨대 정포은 문충공은 실로 우리의 동지(同志)였습니다. 주(周)나라가 천명(天命)을 받게 되자 백이(伯夷)가 의리를 붙들었듯이 오백 년 고려 사직(社稷)에 한 몸으로 강상(綱常)을 부지(扶持)하였습니다. 돌아가 스스로 조촐케 해서 선왕(先王)에 대해 충성을 다했습니다. 가운데 서서 기대지 않고 유서를 남겨서 아드님을 훈계하셨으나 선천과 후천이 시기 다르니 그만 둘 만도 벼슬할 만도 했습니다.

엄연(嚴然)한 화상이 남아 있으니 나부(懦夫)는 자립케하고 완부(頑夫)를 청렴하게 합니다. 곤륜산(崑崙山)같은 불에도 타지 않았고 백겁(百劫)을 겪었건만 완전합니다. 천 년이 지났으나 옛날 아닌 듯 말씀과 웃음이 들리는 듯합니다. 후손이 슬프게 추모를 하고 많은 선비가 바쁘게 움직여서 비로소 모시어서 제사하오니 여기 신계서원에 받들었습니다. 조령(朝令)으로서 서원이 훼철 당하니 허둥지둥 어찌할 바를 몰랐습니다. 임시로 서숙(書塾)에 봉안했으나 슬퍼하고 탄식한 지도 여러 해가 되었습니다. 현산(賢山)의 서쪽에 도천(道川) 냇물이 빙 둘러 있고 천 그루 옛 소나무 있어 동천(洞天)이 울창(鬱蒼)합니다. 여기에 비로소 의논을 하여 좋은 날을 택하여 목수와 일꾼들이 부지런히 바삐 일해서 바쁘게 말라 해도 빠르게 일하였습니다.

새가 날을 듯한 사당집에 맑고 깨끗한 사당 뜰입니다. 화기로운 좋은 때에 후손들이 많이 모였습니다. 희생(犧牲 제물)도 살쪘는데 서직(黍稷 빚은 음식)도 향기롭습니다. 이제부터 시작해서 천만년을 내려 갈 것입니다.

후손 상태(尙台) 삼가 지음.

## 新溪祠 影閣 創建時 奉安文(신계사 영각 창건시 봉안문)

顯允我祖 挺生麗季 肇倡理學 淵源有自 惟鄭文忠 實我同志 有周受命
현윤아조 정생려계 조창이학 연원유자 유정문충 실아동지 유주수명

佰夷扶義 五百麗社 隻身綱常 行矣自靖 獻于先王 中立不倚 遺書告子
백이부의 오백려사 척신강상 행의자정 헌우선왕 중립불의 유서고자

先天後天 可止可仕 有儼遺像 立懦廉頑 崑火不燃 百劫全完 千祀匪昔
선천후천 가가가사 유엄유상 립나렴완 곤화불연 백겁전완 천사비석

謦欬如聞 遺昆愴慕 多士趨奔 載妥載侑 奉于新溪 有令毁院 遑遑棲棲
경해여문 유곤창모 다사추분 재타재유 봉우신계 유령훼원 황황서서

權安書塾 齎咨有年 賢山之西 有縈道川 千章古松 欝欝洞天 爰始爰謀
권안서숙 재자유년 현산지서 유영도천 천장고송 울울동천 원시원모

爰卜于吉 工勤役敏 勿亟而疾 翼翼廟宇 肅肅祠庭 藹藹今辰 濟濟雲仍
원복우길 공근역민 물극이질 익익묘우 숙숙사정 애애금진 제제운잉

牲牢惟腯 黍稷惟馨 其始自今 於千萬齡
생뢰유돌 서직유형 기시자금 어천만령

後孫 尙台 謹撰
후손 상태 근찬

# 14

# 신계서원 복원기
# (新溪書院 復元記)

이헌주(李憲柱)

산청군(山淸郡)의 진태리(進台里)에 옛 신계서원(新溪書院) 정충사(貞忠祠)가 있었으니, 송은(松隱) 박선생(朴先生)을 위하여 설치(設置)하였고, 그 아드님 아당(啞堂), 졸당(拙堂) 두 분을 배향(配享)하였다. 그 창건(創建)은 헌종(憲宗) 5년 기해년(己亥年 1839년)인데, 고종(高宗) 5년 무진년(戊辰年 1868년)에 이르러 조정(朝廷)의 명령(命令)으로 훼철(毁撤)되었다.

수년(數年) 후에 사림(士林)과 자손(子孫)들이 서로 더불어 모의(謀議)하여 정사(精舍)와 영당(影堂)만 세우고 해마다 사채지례(舍菜之禮)[1]를 행(行)하였다.

지난 을축년(乙丑年 1925년)에 이르러 다시 서로 더불어 의논(議

1 사채지례(舍菜之禮): 옛날 학교에서 공자(孔子)에게 행하였던 제사 의식. 사(舍)는 석(釋)으로 둔다(置)의 뜻이고, 채(菜)는 채소의 뜻. 『주례(周禮)』에 「봄에 입학하여 채소 제물(祭物)을 내려 놓고 춤춘다. (春入學 舍菜 合舞)」라 했다.

論)하기를 「서원(書院)이 철폐(撤廢)되자 백성들의 여정(輿情)[2]은 슬픔과 울분의 극치(極致)였다. 어찌 옛 제도(制度)를 복원(復元)하도록 다시 도모(圖謀)해야 하지 않겠소」하니 모두들 「옳다」고 했다.

드디어 정사(精舍)를 수리(修理)해서 서원(書院)으로 하고, 또 사우(祠宇)와 외문(外門)을 증축(增築)하여서 규모(規模)와 제도(制度)를 환연(煥然)히 다 갖추니 마을은 새로운 빛이 더했고 산천(山川)은 빛을 바꾸었다. 공역(工役)을 이미 마치고 서원(書院)과 사당(祠堂)은 옛 이름으로 쓰고, 외문(外門)은 불이문(不貳門)이라고 했다.

후손 성도(聖道), 종환(鍾奐), 종락(鍾洛) 세 분이 여러 사람과 의논(議論)해서 그 사실(事實)을 기록하고, 헌주(憲柱)에게 기문(記文)을 요구(要求)한다. 돌아보건대 나는 말학(末學) 멸식(蔑識)이라 어찌 감히 이일을 맡을 수 있으랴만, 다만 경묘(景慕)함이 깊었고 더불어 일함이 다행스러워서 드디어 사양(辭讓)하지 않고 참람(僭濫)히 말한다.

선생은 휘(諱)가 익(翊)이고 고려말(高麗末) 팔은(八隱)의 한 분이다. 문(文)과 무(武)에 다 능하였고, 세 조정(朝廷)을 두루 섬겼으며, 내수(內修 내직에서 일하는 것) 외양(外攘 외직에서 적을 물리치는 것)하면서 진충(盡忠) 보국(輔國 나라를 도움)하였다.

고려(高麗) 국운(國運)이 다하자 벼슬을 버리고 고향(故鄕)으로 돌아와서 다시 세상(世上)과 상통(相通)하지 않고, 산수간(山水間)에 노닐면서 시(詩)를 읊어 회포(懷抱)를 풀었으니, 그 시는 강개(慷慨 분하고 의기심이 일어나서 한탄함) 우상(憂傷 나라를 걱정해 마음 아파함)의 말이

2 여정(輿情): 어떤 사실에 대하여 일반 사회의 정적(情的)인 반응. 여기서는 조정의 서원 철폐에 대하여 백성들의 일반적인 정신적 반응을 뜻한다. 즉 여론(輿論) 또는 공론(公論)에 해당된다.

많아서 읽는 사람으로 하여금 눈물을 흘리게 한다.

태조(太祖 이태조)께서 즉위하시고 다섯 차례나 불렀으나 나아가지 않고 마침내 자정(自靖 망한 나라 신하가 새 왕조의 신하되기를 거부하고 스스로 숨어서 정절을 지키는 것)하면서 세상을 마쳤다.

아! 조선이 혁명(革命)할 즈음 포은선생(圃隱先生)은 죽고, 선생은 그 자취를 숨겼다. 비록 그 죽고 살았음은 다르나 새 왕조(王朝)를 섬기지 않겠다는 의리(義理)는 같은 것이다.

그런데도 후세(後世)에 조가(朝家 조정)의 숭장(崇奬 높이어 권장함)함과 사림(士林)의 추중(推重 높이 받들어 귀중하게 여김)함에 저는 먼저 하고 이는 뒤에 하니, 나는 마음속으로 가만히 의심이 된다. 은(殷)나라의 삼인(三仁 기자, 미자, 비간)도 혹은 죽었고 혹은 떠났지만 부자(夫子 공자)께서는 아울러서 인(仁)이라 일컬어 말씀했다. 퇴도선생(退陶先生 퇴계 이황)[3]도 율리시(栗里詩)에서 「아사수양무내애(餓死首陽無乃隘 수양산에서 굶어 죽었다고 해서 자신의 뜻과 절개를 지킨 것을 그 어찌 좁다고 하겠는가!), 남산가기[4]갱초연(南山佳氣更超然 남산에 고운 기운은 오히려 초연하게 빛나는구나)」했으니, 이로 말미암아 본다면 죽었고 숨었다는 것으로서 그 사이에 높고 낮게 할 수 없음을 알 수 있다. 오직 세상에서 선생을 자랑[尙 상]하고 논(論)할 때에 포은(圃隱)

---

3 퇴도선생(退陶先生): 이황(李滉). 1501~1570. 학자요 문신. 자(字)는 경호(景浩), 호(號)는 퇴계(退溪), 도옹(陶翁), 퇴도(退陶), 또는 청량산인(淸凉山人). 이름은 이황(李滉). 본관은 진보. 진사 이식(李埴)의 아들. 예안(禮安)사람. 1528년 진사시에 합격. 1534년 문과급제, 박사, 전적, 호조좌랑. 1539년 수찬, 정언, 형조좌랑. 1542년 검상(檢詳)으로 충청도 암행어사, 사인, 장령. 1543년 사예, 대사성. 1545년에 을사사화에 연류 사직, 곧 사복시정. 1547년 응교. 1548년 단양·풍기 군수. 1552년 대사성. 1554년 형조·병조의 참의. 1556년 부제학. 1558년 공조참판. 1566년 공조·예조의 판서. 1568년 우찬성. 1569년 은퇴. 주자학을 집대성한 대유학자.

4 남산가기(南山佳氣): 남산은 종남산(終南山)으로 주나라 서울 풍호(豊鎬)의 남쪽에 있는 산. 가기(佳氣)는 아름다운 기운, 기상으로 해석한다. 혹자는 남산가기(南山佳器)로 이해하기도 한다.

과 더불어 일규(一揆)[5]로 같이 보고 이 분들을 함께 높이는 그것이 옳지 않겠는가.

선생은 포은(圃隱), 목은(牧隱), 도은(陶隱), 야은(冶隱) 여러 현인(賢人)과 더불어 도의(道義)의 친교(親交)를 맺었고, 성리학을 연구하여 지극히 정미(精微)함을 이루었다. 춘정(春亭) 변공(卞公)이 일찍이 찬(贊)하기를 「천재지종(千載之宗 천재의 종사요) 백세지사(百世之師 백세의 사표로다) 학소염낙(學遡濂洛 학문은 염낙을 연원했고) 문성추로(門成鄒魯 문도는 공자와 맹자 같았네)」라 했다. 대저 선생(先生)의 정충대의(貞忠大義)는 일월(日月)과 같이 빛났고, 또 학문(學問)이 깊었으며 교유(交遊)의 성대(盛大)함이 이와 같으니, 선생을 사당(祠堂)에 제향(祭享)함은 마땅하며 백세(百世)에 많은 선비들의 자랑스런 의식(儀式)이 될 것이다.

오직 한 때이나 서원(書院)의 철폐(撤廢)는 심히 한스러움이 되었는데, 이제 공의(公議)로 옛 모습을 하나같이 복원(復元)하였으니, 숭모(崇慕)함이 끝이 없고, 민이(民彝 사람이 지켜 행하여야 할 떳떳한 도리)가 다 멸하지 않았음을 볼 수 있다. 또한 아름답지 아니한가.

서원(書院)의 설치는 단지 제사(祭祀)하는 일뿐만 아니고, 이에 학문(學問)을 강론(講論)하는 곳이다. 이곳을 출입하는 모든 사람은 그 글을 외우고 그 도(道)를 닦아서 선생의 남기심을 바꾸지 말고 더욱 베풀 것이니, 이는 곧 선생을 후(厚)하게 보답(報答)하는 바요, 또한 후인(後人)들에게 선생이 바라는 것이다. 힘쓸만하지 아니한가.

아당공(啞堂公)은 휘(諱)가 조(調)이고 벼슬은 예조정랑(禮曹正郎)

---

5 일규(一揆): 뜻을 두 가지로 이해함. 1) 뜻을 같이 함. 2) '함께 실천하는 의로운 행동'으로 이해하기도 함.

이며, 졸당공(拙堂公)은 휘(諱)가 총(聰)이고 이조참판(吏曹參判)으로 증직(贈職)되었다. 모두 충효(忠孝) 청백(淸白)으로 세상에 드러났다. 세상 사람들이 「이 아버지 밑에 이 아들이 있음은 마땅하다」고 했다.

해는 신미년[6] 삼월 상순에(歲 辛未年 三月 上瀚)
성산 이헌주 기문 함(星山 李憲柱 記)

## 新溪書院 復元記(신계서원 복원기)

山淸之進台里　舊有新溪書院貞忠祠　爲松隱朴先生設　而以其子啞堂
산청지진태리　구유신계서원정충사　위송은박선생설　이이기자아당

拙堂兩公配焉　其創在於憲宗五年己亥　而至高宗戊辰　爲邦令所毁矣
졸당양공배언　기창재어헌종오년기해　이지고종무진　위방령소훼의

後數年士林與子孫　相與謀議　建精舍及影堂　歲行舍菜之禮　至往年乙
후수년사림여자손　상여모의　건정사급영당　세행사채지례　지왕년을

丑復相與謨　曰自院之廢　而輿情之慨鬱極矣　盍更圖之　以復舊制乎　僉
축부상여모　왈자원지폐　이여정지개울극의　합갱도지　이복구제호　첨

曰可　遂葺治精舍爲院　又增築祠宇及外門　規模制度煥然備具　足令閭
왈가　수즙치정사위원　우증축사우급외문　규모제도환연비구　족령려

里增輝　而山川動色　工旣完院與祠仍用舊名　而門曰不貳　后孫聖道鍾
리증휘　이산천동색　공기완원여사잉용구명　이문왈불이　후손성도종

6 신미년(辛未年): 1931년이다.

奐鍾洛三君 以僉議 錄其事實 求記於憲柱 顧余未學蔑識 何敢任此
환종락삼군 이첨의 록기사실 구기어헌주 고여미학멸식 하감임차

第以景慕之深 而與事之爲幸 則遂不辭 而僭爲之言 曰先生諱翊 麗季
제이경모지심 이여사지위행 즉수불사 이참위지언 왈선생휘익 여계

八隱之一也 以文武全才 歷仕三朝 內修外攘 盡忠輔國 及麗運訖 解
팔은지일야 이문무전재 역사삼조 내수외양 진충보국 급려운흘 해

紱歸鄕 不復與世相通 徜徉山水 賦詩遺懷 而其詩多慷慨憂傷之語 讀
불귀향 불부여세상통 상양산수 부시유회 이기시다강개우상지어 독

之令人淚下 逮太祖卽位 五徵不就 竟自靖以歿世 嗚呼 當鼎革之際
지영인누하 체태조즉위 오징불취 경자정이몰세 오호 당정혁지제

圃隱先生死之 先生則隱遯 其跡雖殊 其義一也 而後世朝家之崇奬 士
포은선생사지 선생즉은둔 기적수수 기의일야 이후세조가지숭장 사

林之推重 乃先彼而後此 余竊惑焉 殷之三仁 或死或去 而夫子幷稱曰
림지추중 내선피이후차 여절혹언 은지삼인 혹사혹거 이후자병칭왈

仁 退陶先生栗里詩曰 餓死首陽無乃隘 南山佳氣更超然 由此觀之 不
인 퇴도선생률리시왈 아사수양무내애 남산가기갱초연 유차관지 불

可以死與隱 爲軒輊於其間也審矣 惟世之尙論 先生者 與圃隱視同一
가이사여은 위헌지어기간야심의 유세지상론 선생자 여포은시동일

揆 而幷尊之其可矣乎 先生與圃牧陶冶諸賢 爲道義交 講究性理之學
규 이병존지기가의호 선생여포목도야제현 위도의교 강구성리지학

極造精微 春亭卞公嘗贊曰 千載之宗 百世之師 學遡濂洛 門成鄒魯
극조정미 춘정변공상찬왈 천재지종 백세지사 학소염낙 문성추로

夫以先生之貞忠大義 炳如日月 而又有學問之邃 交遊之盛 如此 宜其
부이선생지정충대의 병여일월 이우유학문지수 교유지성 여차 의기

廟食 百世爲 多士之所矜式也 雖一時之廢 甚爲可憾 然今因公議 而
묘식 백세위 다사지소긍식야 수일시지폐 심위가감 연금인공의 이

一復于舊 則可見崇慕之無窮 而民彛之未盡泯也 不亦休歟 抑院之設
일복우구 즉가견숭모지무궁 이민이지미진민야 불역휴여 억원지설

不但祀事 而乃講學之所也 諸凡出入於斯者 誦其書 講其道 使先生之
부단사사 이내강학지소야 제범출입어사자 송기서 강기도 사선생지

遺緖 勿替愈張 則是乃所以厚報先生 而亦先生之有望於後人者也 可
유서 물체유장 즉시내소이후보선생 이역선생지유망어후인자야 가

不勉歟 啞堂公諱調 官禮郎 拙堂公諱聰 贈吏參 俱以忠孝淸白著 人
불면여 아당공휘조 관예랑 졸당공휘총 증이참 구이충효청백저 인

謂是父之下 宜有是子云
위시부지하 의유시자운

歲 辛未 三月 上澣
세 신미 삼월 상완

星山 李憲柱 記
성산 이헌주 기

# 15

# 보본재 기문 (報本齋 記文)

진성 이가원(眞城 李家源)

까마귀는 그의 어미에게 반포(反哺)하였으므로 효조(孝鳥)의 이름을 얻었고, 호랑이도 하나의 효수(孝獸)였으므로 어린 호랑이 종이(宗彛)가 용포구장(龍袍九章) 중의 하나로 꾸며지지 않았던가. 이러한 보본적(報本的)인 일은 금수(禽獸)에도 없지 않았거든 하물며 만물영장인 인류일까 보냐.

보본재(報本齋)는 밀성박씨(密城朴氏)의 일문(一門)이 그의 선조 송은(松隱) 박익 상공(朴翊 相公)을 위해 세운 묘재(墓齋)이다. 공(公)의 체백(體魄)은 일찍이 조선태조 7년인 1398년 무인(戊寅)에 청도면(淸道面) 고법리(古法里) 소고야(所古夜)에 안장(安葬)되었으나, 중간에 실전(失傳)되었다가 임란(壬亂)이후에 찾아 향화(香火)가 이어졌다. 1794년 정조(正祖) 갑인(甲寅)에 후손 감찰(監察) 정원(鼎元), 진사(進士) 윤덕(潤德) 등이 추모재(追慕齋)를 세웠고, 1803년 순조(純祖) 계해(癸亥)에 중수(重修)하여 보본재(報本齋)라 개편(改編)하였으며, 1925년 을축(乙丑)에 구사(舊榭)를 철거하고 중건(重建)하였다.

공(公)은 1332년 고려 충숙왕 임신(壬申)에 태어나 공민왕조에 등과(登科)하여 벼슬이 중서령(中書令)에 이르렀으며, 여러 차례 도이(島夷)를 정벌하여 대공을 세웠다. 급기야 공양왕이 손위(遜位)하자 불식이속(不食李粟)을 맹세하고 밀양 고장(故庄)에 귀은(歸隱)하여 1398년 무인(戊寅)에 졸(卒)하니 향년 67세(歲)였다.

좌의정과 충숙공(忠肅公)의 시호(諡號)가 추증(追贈)되었고, 밀양(密陽) 덕남서원(德南書院), 청도(淸道) 용강서원(龍岡書院), 단성(丹城) 신계서원(新溪書院)에 입향(入享)되었다.

지난 1997년에 후손들이 송은선생(松隱先生) 육백주기(六百周忌) 추모사업 추진회를 창립하여 여러가지 사업을 추진할 제, 치현(治鉉) 군(君)이 보본재(報本齋) 연혁(沿革)에 관한 사적(事蹟)을 적어 나에게 기(記)를 청한다. 나는 일찍부터 박씨일문(朴氏一門)의 위선단침(爲先丹枕)이 지극함에 염탄(艶歎)한 바 오래 되었고, 또 여러차례 그들 위선문자(爲先文字)를 찬(撰)한 바 있으므로 이제 사양하지 않고 흔연(欣然)히 이 글을 써 자손(子孫)의 진간(眞懇)에 갚으려 한다.

1998년 무인(戊寅) 국추(菊秋)

문학박사 학술원회원 진성 이가원 찬(文學博士 學術院會員 眞城 李家源 撰)

# 16

# 보본재 중수기
# (報本齋 重修記)

박철현(朴轍鉉)

밀주(密州) 북쪽에 화악산(華嶽山)이 있으니, 산의 남쪽 소고야(所古夜) 간좌(艮坐) 둔덕에는 나의 선조 고려말의 충신[麗季忠臣 려개 충신] 충숙공(忠肅公) 송은선생(松隱先生)의 체백(體魄)[1]을 갈무리하였다. 그 아래로 활[弓 궁] 두어번 쏘면 닿을 곳에 재사(齋舍)를 짓고 「보본재(報本齋)」라 편액(扁額)하였으니 제향(祭享)을 위하는 곳이다.

세월이 오래되니 풍우의 환란을 이기지 못해 동우(棟宇)와 창벽(窓壁)이 무너지고 떨어져 수많은 운잉(雲仍)[2]들의 마음은 슬픔과 한스러움이 간절했는데, 금년 무인년(戊寅年)은 곧 송은선생(松隱先生)이 돌아가신지 육백주기(六百周期)라 지난 봄에 사방의 후손들이 재사(齋舍)에 모여 재사(齋舍) 및 동서재 중수(東西齋 重修), 원장 개축(垣墻 改築), 환경정리, 수호인거실(守護人居室), 장외신축, 대문신

1 체백(體魄): 땅에 묻은 시체.
2 운잉(雲仍): 잉손(仍孫)은 7대손, 운손(雲孫)은 8대손. 즉 먼 후손.

축, 신도비각 정비(神道碑閣 整理), 주차장 신설 등을 의논하여 모두가 한 마음으로 좋다하니 후손들 보본(報本)의 정성은 크고 또 깊었다.

지금 창상(滄桑)[3]이 여러 번 변하여 악어들이 물결치듯 고래들이 파도치듯 방탕(放蕩)하여 강상(綱常)[4]이 무너진지 이미 오래이나 이와 같은 중대한 일을 후손들의 위선(爲先)하는 마음과 멀리 미루어 감모(感慕)하는 뜻으로 하루 아침에 이룩하였다. 비오는 봄 날, 서리 내리는 가을철, 이 재사(齋舍)에 모여 이 묘(墓)에 제향(祭享)드림에 향을 사르고 슬퍼하며 감모(感慕)할 때 그 누군들 선조를 사모하는 마음이 없겠는가.

대저 상재(桑梓 고향 또는 산소)를 공경하고 족친을 사랑하며 집안을 화목하는 마음들이 유연(油然)[5]히 저절로 일어남은 오랜 세대의 음덕(蔭德)이 홍유(鴻猷)[6]한 바요, 그 음덕이 준사(蠢斯)[7]에게 끼친 것이니 아름답고 또 원대(遠大)하지 않는가. 주역(周易)에 동인[8]우종(同人于宗 모든 종친은 뜻이 같은 사람)이라 했으니 뜻이 같은 종친(宗親)의 정의(情誼)란 본디 선조가 같음이고 이 선조가 같다는 것은 바로 마음이 같다는 것인즉, 이는 한 집 사람이라는 것이며, 한 집안의 정분(情分)은 부자(父子)와 형제(兄弟)만한 것이 없다.

무릇 우리 한 할아버지의 후손들은 본래 부자형제에서 나왔다. 이

3 창상(滄桑): 창해가 변하여 뽕나무 밭이 된다는 말이니, 세월이 오래됨을 말함.

4 강상(綱常): 사람이 당연히 지켜야 할 도리. 즉 三강과 五상.

5 유연(油然): 저절로 일어나는 형세가 왕성한 것. 구름이 유연하게 피어난다.

6 홍유(鴻猷): 큰 도(道). 「사기유림열전」에 흥화치이(興化致理) 홍유극찬(鴻猷克贊)이라 했음.

7 준사(蠢斯): 자손을 낮추어서 이르는 말.

8 동인(同人): 동인은 뜻이 같은 사람. 즉 동지. 『역경(易經)』, 「동인괘(同人卦)」에 동인우야(同人于野) 형(亨), 이섭대천(利涉大川), 이군자정(利君子貞)이라 했다.

뒤로 위세(委蛻)[9]들은 전제(筌蹄)[10]가 아니더라도 본래가 부자 형제이니, 그 친족의 정의(情誼)는 돈독하고 또 후덕해야 할 것이다. 그리고 이 한 집안의 정분(情分)으로 보본(報本)하는 마음을 잊지 않는다면, 이 보본재(報本齋)는 오래도록 무너지지 않아서 하늘과 더불어 무궁할지니, 운잉(雲仍 후손들)은 힘쓰고 힘쓸지어다.

西紀 1998년 무인년(戊寅年) 만추절(晩秋節)
후손 철현 삼가 지음(後孫 轍鉉 謹撰)

## 報本齋 重修記(보본재 중수기)

密州之北 有華嶽山 山之南 所古夜 艮坐之原 吾先祖 麗季 忠臣 忠肅
밀주지북 유화악산 산지남 소고야 양좌지원 오선조 여계 충신 충숙

公 松隱先生 體魄之藏也 其下數弓之許 築齋舍 而扁額曰 報本齋 爲
공 송은선생 체백지장야 기하수궁지허 축재사 이편액왈 보본재 위

尸祝之所也 歲久年深 不勝風雨之患 棟宇窓壁 而頹落 不億雲孫 心窃
시축지소야 세구년심 불승풍우지환 동우창벽 이퇴락 불억운손 심절

慨恨 而今年戊寅 卽松隱先生歸土 六百周期也 前春四方雲仍 會合齋
개한 이금년무인 즉송은선생귀토 육백주기야 전춘사방운잉 회합재

9 위세(委蛻): 매미나 뱀이 벗은 허물. 즉 후손을 낮추어 말함.
10 전제(筌蹄): 전(筌)은 물고기를 잡는 통발, 제(蹄)는 토끼를 잡는 올무. 물고기와 토끼를 잡으려면 전제(筌蹄)가 필요하듯이 도(道)를 닦으려면 옛 사람의 글이 필요하다는 것. 따라서 목적을 달성하는 수단과 방법이 곧 전제이니, 같은 할아버지의 후손은 이 전제가 없어도 된다는 말.

舍 謀齋舍及 東西齋重修 垣牆改築 環境整理 守護人居室 墻外新築
사 모재사급 동서재중수 원장개축 환경정리 수호인거실 장외신축

大門新築 神道碑閣整備 駐車場新設 僉意攸同無岐 雲孫報本之誠 深
대문신축 신도비각정비 주차장신설 첨의유동무기 운손보본지성 심

且大矣 至今 滄桑累變 鰐浪鯨濤浩蕩 綱常旣滅已久矣 此重大事 不日
차대의 지금 창상누변 악랑경도호탕 강상기멸이구의 차중대사 불일

成之 雲孫爲先之心 追遠感慕之意也 春雨秋霜之節 萃是齋享是墓 其
성지 운손위선지심 추원감모지의야 춘우추상지절 췌시재향시묘 기

焄蒿悽愴之感 熟不有慕先之心哉 若夫桑梓之敬 花樹之情 孝悌之心
훈호처창지감 숙불유모선지심재 약부상재지경 화수지정 효제지심

油然自生 則其所以永世蔭於鴻猷 貽厥謀於蠢斯者 其不偉且遠哉 易曰
유연자생 즉기소이영세음어홍유 이궐모어준사자 기불위차원재 역왈

同人于宗 同宗之誼 本於同祖 同是祖 同是心 則便是 一室之人
동인우종 동종지의 본어동조 동시조 동시심 즉변시 일실지인

一室之情 莫若乎父子兄弟 凡我同祖之孫 一本於父子兄弟 俾後委蛻
일실지정 막약호부자형제 범아동조지손 일본어부자형제 비후위세

勿筌蹄 一本於父子兄弟 則其親族之誼也 敦且厚 而便是 一室之情 而
물전제 일본어부자형제 즉기친족지의야 돈차후 이변시 일실지정 이

報本之心不忘 則此齋之 悠久而不壞 與天無窮 而雲仍 勖之哉 勖之哉
보본지심불망 즉차재지 유구이불괴 여천무궁 이운잉 욱지재 욱지재

西紀 一九九八年 戊寅年 晩秋節
서기 일구구팔년 무인년 만추절

後孫 轍鉉 謹識
후손 철현 근지

# 17

# 새 영정 봉안문
# (新影幀 奉安文)

박철현(朴轍鉉)

규벽(奎璧)[1]의 영질(令質)[2]이시고,

성리학(性理學)의 종사(宗師 으뜸가는 스승)였습니다.

포은(圃隱 정몽주), 목은(牧隱 이색)과 도의(道義)가 깊으셨고,

서로 도와 학문(學問)을 닦았습니다.

학문(學問)은 염낙(濂洛)[3]을 소술(紹述)하였고,

제노(齊魯 제나라와 노나라)[4]의 유풍(遺風)을 지켰습니다.

부모에 효도하고 나라에 충성함을,

---

1 규벽(奎璧): 제후(諸侯)가 천자(天子)를 알현할 때 표지(標識)로 가지고 가는 구슬. 『시경(詩經)』의 여규여벽(如圭如璧)에서 나온 말.

2 영질(令質): 질(質)은 질박(質樸). 즉 자연 그대로의 매우 단순함. 한서(漢書)의 질박수정(質樸守正)에서 나왔음. 영(令)은 중서령(中書令)의 존칭.

3 염낙(濂洛): 송(宋)나라 때 염계(濂溪)에는 주돈이(周敦頤)가 살았고, 낙양(洛陽)에는 정호(程顥)와 정이(程頤) 두 형제가 살았는데 이분들이 모두 성리학(性理學)의 조종(祖宗)이었음.

4 제노(齊魯): 주(周)나라 무왕(武王)은 천하를 통일한 후, 사상보 태공망(강태공)을 첫번째로 영구(營丘)땅에 봉하여 제(齊)라 하고, 다음으로 아우 주공단(周公旦)에게 곡부 땅에 봉하여 노(魯)나라라 하였는데, 이 두 나라는 현인들이 많아서 그 풍속이 매우 아름다웠다.

오직 학행(學行)의 대의(大義)로 하시어,

세 조정(朝廷)을 두루 섬기면서,

나라에 충성(忠誠)을 다했습니다.

고려(高麗)에 운수(運數)가 다하여 왕통이 끊어짐에,

군신(君臣)간의 대의(大義)를 잡으시고,

죽음을 맹세하고 이조(李朝)에 신하되기를 거부하였고,

두 임금 섬길까 두려워했습니다.

삼강(三綱)[5]을 붙들어 세워서,

무너지는 파도 속에 굳건히 선 지주(砥柱)처럼 절조(節操)를 지켰습니다.

이조(李朝)의 벼슬을 사양하시고,

판서(判書)로 네 번, 좌규(左揆 좌의정)로 한 번, 다섯 차례나 불러도 나아가지 않았습니다.

절개 곧은 충신(忠臣)을 나라가 정표(旌表 선생을 칭찬하여 여러사람에게 알리는 것)하는 것은,

옛부터 있었던 일이라,

성조(聖朝 이조 정종)께서 그 충절 높이 보답하여,

아름다운 시호(諡號)[6] 충숙공(忠肅公)이라 내렸습니다.

성손(姓孫)집의 옛 편지상자에,

남기신 영정(影幀)이 계셨습니다.

천리(天理)는 끝까지 숨겨짐에 없어서,

환연(渙然 환히 빛나는 모양)히 세상에 나타났습니다.

---

5 삼강(三綱): 군신(君臣), 부자(父子), 부부(夫婦)의 도(道)로써 사람이 마땅히 지켜야 할 도리.

6 시호(諡號): 경상(卿相)과 현유(賢儒)들이 죽은 뒤에 그 행적(行蹟)을 칭송하여 임금이 추증하는 이름.

사림(士林)의 공의(公議)가 크게 일어나고,

유림(儒林)들이 곧 봉안(奉安)하였습니다.

창상(滄桑)[7]이 여러 번 변하여서,

남기신 영정(影幀)이 정결(精潔)하지 못했습니다.

영정(影幀)을 비로소 모사(摸寫)하니,

환연(渙然)히 새로워졌습니다.

이에 좋은 날을 가리어서,

공경히 새 영정(影幀)을 봉안(奉安)하옵니다.

영자(英姿 뛰어나고 늠름한 자태)하신 풍모(風貌)가 드러나시어,

추상(秋霜)같고 수정(水晶)같은 정충(貞忠)이 감도는 듯 하옵니다.

많은 선비들이 사당(祠堂)에 달려와서,

의형(儀形 몸가짐의 모습)을 받들어 뫼시니,

선생의 정령(精靈)이 이에 오르고 내리시어,

경해(謦咳 인기척, 즉 잔기침소리)가 이어지고,

양양(洋洋)히 계시는 듯 하오니,

이 옥(玉) 술잔을 흠향(歆饗)하시옵소서.

서기 1999년(己卯) 음 3월 초 2일

후손 철현 삼가 지음(後孫 轍鉉 謹識)

---

7 창상(滄桑): 창해가 변하여 상전이 되고, 상전이 변하여 창해가 된다는 창상지변(滄桑之變)의 준말로서 세월이 오래됨을 뜻함.

## 新影幀 奉安文(신영정 봉안문)

圭璧令質 理學宗師 圃牧深契 麗澤相資 紹述濂洛 風都齊魯 曰孝曰忠
규벽령질 이학종사 포목심계 여택상자 소술염낙 풍도제로 왈효왈충

惟學之大 三朝歷事 爲國盡忠 運移命絶 君臣大義 罔僕矢死 俾愧懷二
유학지대 삼조력사 위국진충 운이명절 군신대의 강복시사 비괴회이

扶植三綱 頹波砥柱 爵祿可辭 五徵不就 貞忠表旌 自前世然 聖朝崇報
부식삼강 퇴파지주 작록가사 오징불취 정충표정 자전세연 성조숭보

錫以嘉諡 姓孫古笥 遺像惟在 理無終祕 煥然出世 公議峻發 儒林是奉
석이가시 성손고사 유상유재 이무종비 환연출세 공의준발 유림시봉

滄桑累變 遺像不精 舊影載摸 煥然惟新 玆擇吉辰 敬奉新幀 英姿風發
창상루변 유상부정 구영재모 환연유신 자택길진 경봉신정 영자풍발

貞忠霜晶 多士駿奔 如奉儀形 陟降在玆 若承謦咳 洋洋如在 歆此洞斝
정충상정 다사준분 여봉의형 척강재자 약승경해 양양여재 흠차통가

西紀 一九九九年(己卯) 陰 三月 初 二日
서기 일구구구년(기묘) 음 삼월 초 이일

後孫 轍鉉 謹識
후손 철현 근지

# 18

# 육백주기 추모대제 고유문
# (六百周忌 追慕大祭 告由文)

박재동(朴在東)

학문(學問)은 염낙(濂洛)을 소구(遡求)하였고,
성리학(性理學)의 종사(宗師 으뜸가는 스승)였습니다.
남(南)으로 왜구(倭寇)를 치고, 북(北)으로 호적(胡狄)을 쳐,
공적(功績)이 역사(歷史)와 사장(詞章)에 빛났습니다.
고려(高麗)의 사직(社稷)이 무너짐에,
표연히 벼슬 버리고 고향(故鄕)에 돌아왔습니다.
태조(太祖 이성계)께서 등극(登極)하여,
다섯 차례나 불렀지만 일어나지 않으셨습니다.
일편단심(一片丹心)이 변하지 않으셨고,
피눈물이 가슴을 적시었습니다.
눈[雪 설] 속에서도 꿋꿋한 송죽(松竹)같이,
홀로 충절(忠節)을 지켰습니다.
여러 성손(姓孫)들이 성금(誠金)을 헌납(獻納)하고,

재사(齋舍)를 중수(重修)하여,
모든 법도(法度)가 새롭게 갖추워지고,
천석(泉石 산수의 경치)은 아름다운 빛을 더 했습니다.
행적(行蹟)을 거듭 천양(闡揚)하고자,
유문(遺文)을 다시 국역으로 간행하였습니다.
돌아가신지 육백주년을 맞아서,
모든 일들을 이미 완성하고,
감히 그 사유를 고(告)하오며,
겸하여 추향대제(秋享大祭)를 뫼십니다.
아름다운 향 냄새가 신비로우니,
양양(洋洋)히 계시는 듯 하옵니다.
삼가 청결한 술과 여러가지 제수로,
공경히 세사를 받드오니, 흠향(歆饗)하시옵소서.

서기 1998년(戊寅) 음 10월 초 4일
후손 재동 삼가 지음(後孫 在東 謹識)

## 六百周忌 追慕大祭 告由文(육백주기 추모대제 고유문)

學溯濂洛 理學宗師 南征北伐 功著史詞 麗社旣屋 飄然舊里 太祖龍興
학소염낙 이학종사 남정북벌 공저사사 려사기옥 표연구리 태조용흥

五徵不起 丹忱不貳 血淚霑臆 雪中松竹 獨保青色 諸孫獻誠 重修齋堂
오징불기 단침불이 혈루점억 설중송죽 독보청색 제손헌성 중수재당

百度俱新 泉石增光 欲闡盛蹟 重刊遺文 當忌六百 諸役已完 敢告厥由
백도구신 천석증광 욕천성적 중간유문 당기육백 제역이완 감고궐유

兼修歲事 焄蒿悽愴 洋洋如在 謹以淸酌庶羞 祗薦歲事 尙
겸수세사 훈호처창 양양여재 근이청작서수 지천세사 상

饗
향

西紀 一九九八年 戊寅年 陰十月 初四日
서기 일구구팔년 무인년 음십월 초사일

後孫 在東 謹識
후손 재동 근지

# 제6편

# 발문(跋文) 및 편집후기(編輯後記)

# 1

# 1935년 선암서원 발간본 발문(跋文)

야성 송준필(冶城 宋浚弼)

사람이 진실로 충효(忠孝) 대절(大節)이 있어서 백성에게 기강(紀綱)이 되고 백대(百代)에 풍성(風聲)이 된다면 그 노훈(勞勳)과 명열(名烈)은 참으로 빛나서 사람의 귀와 눈에 밝게 비친다.

문자(文字)의 남김이 적다하여 장육(藏六)[1]이 되지 않고 많다고 하여 협을(挾乙)[2]도 되지 않을 것이니, 문자가 전해지고 전해지지 않음은 별개의 일이다. 그리고 세대(世代)가 더욱 멀어지면 성향(聲響 울리어 나오는 소리)은 침몰(沈沒)되기 쉬우나, 다행히 그의 글을 얻어 읽으면 마치 그 사람을 다시 만나 보는 것 같아서 감격(感激)하여 흠모(欽慕)케 되는 바가 무궁(無窮)하다. 따라서 이와 같이 그 자손(子孫)들은 보다 널리 전파(傳播)하고자 한 번이 아닌 여러 번 문집(文集)을

1 장육(藏六): 거북의 별칭. 거북은 머리와 꼬리, 양손과 양발을 모두 껍데기 속에 감추므로 이런 별명이 붙었다. 불경『잡아함경(雜阿含經)』에 장육불출(藏六不出)이라 했다. 즉 일시 감추고 있음을 뜻함.

2 협을(挾乙): 양쪽 겨드랑이 밑에 을골(乙骨)을 갖고 있는 것. 을골은 범의 가슴 양쪽에 을(乙)자 모양의 뼈가 있다고 하는데, 사람도 을골을 가진 사람이 있다고 한다. 즉 비범한 사람의 뜻. ※ 전하는 글이 적다고 장육이 되지 않고 많다고 협을이 되지 않는다는 뜻은, 글이 적지만 영원히 감추어지는 것이 아니고, 많다고 해서 곧 협을처럼 될 수는 없다는 뜻.

간행(刊行)하는 것이다.

충숙공(忠肅公) 송은선생(松隱先生)은 두문동(杜門洞) 팔은(八隱)의 한 분이다. 공민조(恭愍朝)에 문과(文科)에 급제(及第)하여 벼슬길에 올라서 출입장상(出入將相 나가면 장수, 들어오면 재상)으로 충성을 다해 나라를 도왔다. 고려(高麗) 국운(國運)이 다하자 벼슬을 버리고 밀성(密城)으로 돌아와서 솔을 심어 시내 이름으로 하고 이로써 옛 도읍(都邑)을 표지(標識)하여 산수간(山水間)을 노닐면서 근심하고 울분한 뜻을 풀었다. 포은(圃隱)이 선죽교(善竹橋)에서 순국(殉國)했다는 소식을 듣고는 천리(千里) 밖에서 곡(哭)하고 글로써 제사(祭祀)했고, 두문동(杜門洞)에 들어가 그 지조(志操)를 지켜 선왕(先王 고려왕)에게 정성을 다했다.

태조(太祖 이태조)께서 평소에 공(公)을 아시고, 여러번 대총재(大冢宰 총재는 영상격. 대(大)는 높이는 말)[3]와 대승상(大丞相 승상은 재상격. 대(大)는 높이는 말)[4]으로 불렀으나 모두 나아가지 아니했다. 두견시(杜鵑詩)를 지어서 뜻을 보였는데 「촉국존망재이불(蜀國存亡在爾不 촉나라 흥망 너에게 무슨 관계랴) 성성제혈보수구(聲聲啼血報誰仇 누구 원수 갚으려고 피나게 우나) 천고지활미망객(天高地闊微茫客 높고 넓은 하늘 땅 길 잃은 사람) 월락잔화적막수(月落殘花寂寞愁 달 지고 꽃도 지니 수심만 적막하구나)」했다.

임종(臨終) 때에는 네 아드님에게 훈계(訓戒)하는 글을 남겼는데

---

3 대총재(大冢宰): 치관(治官)의 장(長)을 총재라 한다. 치관의 장이면 영의정이다. 『서경(書經)』, 「주관편(周官篇)」에 총재장방치(冢宰掌邦治), 통백관균사해(統百官均四海)라 했다. 그런데 대총재라 했으니 필자가 착오하신 것 같다. 송은선생은 영상으로 부르지는 않았다.

4 대승상(大丞相): 재상(宰相)이 승상이다. 승(丞)은 승(承), 상(相)은 임금의 뜻을 받들어 도운다[助 조]는 뜻이다. 『한서(漢書)』, 「백관공경표(百官公卿表)」에 승상진관(丞相秦官), 금인자수(金印紫綬), 장승천자(掌丞天子), 조리만기(助理萬機)라 했다.

오귀왕혼(吾歸王魂 나는 왕씨의 혼령을 따라가나) 여재이세(汝在李世 너희들은 이씨의 세상에 있게 되었다) 기위인신(旣爲人臣 이미 다른 사람의 신하가 되었으니) 충즉진명(忠則盡命 충성을 하려면 목숨이라도 바쳐라) 선천후천(先天後天 선천과 후천이라) 부자이시(父子異時 부자간이지만 시대가 다르다)」라 했다. 대개 이때는 구오(九五)[5]가 용비(龍飛)하여 만물(萬物)을 다 돌보시니 일세(一世)에 경륜(經綸)있는 선비들이 모두 몸을 잊고 새 왕조(王朝)에 귀화(歸化)하여 큰 공명(功名)을 세우고 큰 사업(事業)에 힘쓰고자 하였다. 그러나 홀로 선생은 궁벽진 산골에서 죽기를 맹세한 채 그 절개(節介)를 바꾸지 않고 오백년 강상(綱常 사람으로 마땅히 지켜야 하는 三강과 五상)의 소중(所重)함을 한 몸으로 맡았으니 어찌 그것이 아름답지 않는가.

선생은 젊어서 학문(學問)을 좋아하여 입지잠(立志箴), 지신잠(持身箴)같은 것을 후생(後生)들을 깨우치기 위하여 지었으나 당신이 성현(聖賢)의 뜻을 배우고자 한 것이었다. 포옹(圃翁 포은)을 좇아 교유(交遊)하면서 하도(河圖)·낙서(落書)[6], 성리(性理)의 설(說)을 듣고 익혀 깊이 생각하고 몸소 실천(實踐)하였고, 또 목은(牧隱), 야은(冶隱), 여러 현인(賢人)들과 더불어 근원(根源)을 끊임없이 강마(講磨)하며 서로 충의(忠義)를 면려(勉勵)하였다. 대개 공(公)의 탁절(卓節)은 천지(天地)를 버티고 해와 달을 꿰뚫었는데 비록 인(仁)과 의(義)의 바탕에서 나온 것이나, 그 학문(學問)을 강마(講磨 닦음)해서 배움[授 수]

5 구오(九五): 九는 양수(陽數), 五는 역괘(易卦)로 천자(天子)의 자리이다. 역(易)의 건괘(乾卦)에 구오비룡재천(九五飛龍在天), 이견대인(利見大人)이라 했다. 따라서 새로운 임금이 등극했다는 뜻으로 「구오용비」라 했음.

6 하도·낙서(河圖·洛書): 하도는 복희씨 때 황하(黃河)에서 나온 용마(龍馬)의 등에 나타난 그림으로 주로 주역의 역괘의 원리가 되었고, 낙서는 우왕이 치수할 때 낙수(落水)에서 나온 거북의 등에 쓰인 도서로 주로 홍범의 원리가 되었다.
※ 하도·낙서는 『주역』과 「홍범구주」의 근원이 되는 도서로 수리(數理)의 조상이 되었다.

에 힘입[力 력]음이 있었음을 또 상상(想像)으로 알 수 있다.

선생이 돌아가시고 변춘정(卞春亭)은 청시(請諡)를 했고, 황방촌(黃厖村)은 그의 묘표(墓表)를 지었다. 그리고 후대에 사림(士林)이 의논(議論)하여 덕남서원(德南書院), 용강서원(龍岡書院), 신계서원(新溪書院)에 모두 제향(祭享)하였고, 근년(近年)에 또 개성(開城)의 두문동(杜門洞)과 장성(長城)의 삼태리(三台里)에 사당(祠堂)을 세웠다. 외로이 그의 서책 담은 상자가 남았으나 여러 번 병화(兵火)를 겪으면서 없어지고 천백(千百)에 한 둘도 남은 것이 없었다. 지난번 헌묘(憲廟 헌종) 정유년(丁酉年 1837년)에 유집(遺集) 일권(一卷)을 간행(刊行)했는데 부록(附錄)한 문자(文字)가 거의 셋 중에 둘이었다. 이제 다시 그 제향(祭享)한 글과 찬술(贊述)한 문사(文辭)와 그리고 미처 간행(刊行)하지 못한 것을 수습(收拾)하여서 아울러 부록(附錄)하고 중인(重印 중간, 다시 간행하는 것)을 하려한다.

후손(後孫) 재시(在時 우당의 17世孫) 장보(章甫 선비)가 불녕(不佞 자기를 낮추어 일컫는 말)에게 정을(丁乙)[7]까지 부탁을 하고, 또 말하기를 발문(跋文)으로 해서 그 말미(末尾)에 부치면 좋겠다 했다. 불녕(不佞)같은 만생(晩生 선배에게 비하여 자기를 겸손하게 이르는 말)이 어찌 감히 대군자(大君子)의 일에 붓대[管 관]를 잡을 수 있겠는가마는 가만히 생각해보니 지금 종사(宗祠)는 폐지(廢止)되고 천하(天下)가 금수(禽獸)의 지경으로 달리고 있으며, 세상(世上)에 강개(慷慨)하고 충성된 뜻을 가진 선비들은 죽으려 해도 죽지 못하고, 황한(荒閒)하고

---

7 정을(丁乙): 중국 한(漢)나라 때는 밤을 갑(甲 오후 八시), 을(乙 오후 10시), 병(丙 오후 12시), 정(丁 오전 2시), 무(戊 오전 4시)로 구분하여 갑야에서 무야까지 오야(五夜)로 구분했다. 한구의(漢舊儀)에 「성중황문지오야(省中黃門持五夜), 오야자(五夜者), 갑야, 을야, 병야, 정야, 무야」라 했다. 즉 밤이 늦도록 사양하고 부탁하였다는 말이다.

적막(寂寞)한 끝[濱 빈]에서 저회(低回)[8]하며 은인(隱忍)[9]하고 있으니 선생의 글을 읽으면 유연(悠然 성질이 침착함)해져서 정신(精神)에 깨달음[會 회]이 있지 않겠는가.

고금(古今)을 부앙(俯仰 굽어보고 우러러 봄)하니 그윽히 그 감개(感慨)의 정을 이기지 못하여 공경히 이와 같이 써서 우러러 존경(尊敬)하고 사모(思慕)하는 뜻을 부친다.

전몽[10] 대연헌[11] 춘분절에(旃蒙 大淵獻 春分節)

야성 송준필[12] 삼가 씀(冶城 宋浚弼 謹識)

---

8 저회(低回): 몸을 굽히고 머리를 돌린다는 뜻으로 마음에 느낀 바가 있어 떠나지 않고 왔다 갔다 함을 말한다. 『초사구장(楚辭九章)』에 저회이유(低回夷猶), 숙북고혜(宿北古兮)라 했다. 저회(低徊)로도 쓴다.

9 은인(隱忍): 꾹 참고 견디어 내는 것. 『사기(史記)』, 「오자서전(伍子胥傳)」에 고은인취공명(故隱忍就功名), 비렬장부(非烈丈夫), 숙능감차재(孰能敢此哉)라 했다.

10 전몽(旃蒙): 십간(10干) 중에 을간(乙干)이다. 박아(博雅)에 갑을위간(甲乙爲幹), 간자(幹者), 일지신야(日之神也)라 하고, 인묘(寅卯) 위지(爲枝), 지자(枝者) 월지령야(月之靈也)라 했다.

11 대연헌(大淵獻): 해세(亥歲)의 이칭이다. 따라서 전몽 대연헌은 을해년(乙亥年)으로 서기 1935年이다.

12 송준필(宋浚弼): 1869(고종 6년)~1943. 도학자. 본관은 야성(冶城). 자는 순좌(舜佐), 호는 공산(恭山). 경상도 성주 출신. 기선(祺善)의 아들이다. 만년에는 김천에서 살았다. 주요 저술로 성리학에 관한 『대산서절요(大山書節要)』, 『사물잠집설(四勿箴集說)』 등이 있으며, 예학에 관한 『육례수략(六禮修略)』, 수양론 및 윤리서로 『오선생미언(五先生微言)』, 『정학입문(正學入門)』이 있고, 역사서로 『속속자치통감강목(續續資治通鑑綱目)』이 있으며, 문집으로 『공산집(恭山集)』 등 비중 높은 많은 역작을 남겼다.

## 松隱先生 文集 跋文(송은선생 문집 발문)

人苟有忠孝大節 綱紀於民人 風聲於百代 則其勞勳名烈 固已赫赫然 照
인구유충효대절 강기어민인 풍성어백대 즉기로훈명렬 고이혁혁연 조

人耳目矣 文字之遺少 不爲藏六 多不爲峽乙 而傳與不傳 特餘事耳 然
인이목의 문자지유소 불위장육 다불위협을 이전여불전 특여사이 연

世代愈遠 聲響易沈 幸得其文而讀之 則如復見其人 所以感發欣慕者 爲
세대유원 성향이침 행득기문이독지 즉여부견기인 소이감발흔모자 위

無窮焉 此其孝子慈孫之欲 廣其傳 而屢刊不一刊也 忠肅公松隱先生 杜
무궁언 차기효자자손지욕 광기전 이루간불이간야 충숙공송은선생 두

門洞八隱之一也 恭愍朝擢黃甲登仕 出入將相 盡忠輔國 及麗運訖 解官
문동팔은지일야 공민조탁황갑등사 출입장상 진충보국 급려운흘 해관

歸密城 種松名溪 以識舊都 因徜徉山水間 以紓憂憤之意 聞圃隱 善竹
귀밀성 종송명계 이식구도 인상양산수간 이서우분지의 문포은 선죽

之報 千里哭臨文以侑之 入杜門洞 守其志 以獻于先王 太祖素知公 屢
지보 천리곡림문이유지 입두문동 수기지 이헌우선왕 태조소지공 루

以大冢宰 大丞相 徵皆不就 作杜鵑詩 以見志曰 蜀國存亡在爾不 聲聲
이대총재 대승상 징개불취 작두견시 이견지왈 촉국존망재이불 성성

啼血報誰仇 天高地闊微茫客 月落花殘寂寞愁 臨終遺戒四子曰 吾歸王
제혈보수구 천고지활미망객 월락화잔적막수 임종유계사자왈 오귀왕

魂 汝在李世 旣爲人臣 忠則盡命 先天後天 父子異時 蓋是時 九五龍飛
혼 여재이세 기위인신 충즉진명 선천후천 부자이시 개시시 구오용비

萬物咸覩 一世經綸之士 皆欲忘身歸化 立大功名 辦大事業 而獨先生矢
만물함도 일세경윤지사 개욕망신귀화 입대공명 판대사업 이독선생시

死窮山 不貳其節 身任五百年綱常之重 何其韙矣 先生少好學 如立志箴
사궁산 불이기절 신임오백년강상지중 하기위의 선생소호학 여입지잠

持身箴 皆後生時作 而已有學聖賢之志 及從圃翁遊 習聞河洛性理之說
지신잠 개후생시작 이이유학성현지지 급종포옹유 습문하락성리지설

覃思而實體之 又與牧隱冶隱諸賢 源源講磨 互勉以忠義 蓋公卓節之柱
담사이실체지 우여목은야은제현 원원강마 호면이충의 개공탁절지주

天地 貫日月 雖出於仁義之性 而其有學問講授之力 又可以想得也 先生
천지 관일월 수출어인의지성 이기유학문강수지력 우가이상득야 선생

旣歿下春亭爲之請諡 黃尾村題其墓 而後以士林之議 德南龍岡新溪 皆
기몰하춘정위지청시 황미촌제기묘 이후이사림지의 덕남용강신계 개

尸祝之 近又立祠於開城之杜門洞 及長城之三台里 獨其巾衍之遺 屢經
시축지 근우입사어개성지두문동 급장성지삼태리 독기건연지유 누경

兵燹蕩然 不能一二於千百矣 往在憲廟丁酉刊遺集一卷 而附錄文字殆三
병선탕연 불능일이어천백의 왕재헌묘정유간유집일권 이부록문자태삼

之二焉 今復收拾其侑享贊述之辭 未及刊者並附而 重印之 後孫在時甫
지이언 금부수습기유향찬술지사 미급간자병부이 중인지 후손재시보

屬不佞而丁乙之 且曰 宜有以跋其尾也 不佞晩生何敢執管於大君子之役
촉불녕이정을지차왈의유이발기미야불녕만생하감집관어대군자지역

哉 竊惟今宗祊廢 而天下駸駸於禽獸之域矣 世有慷慨忠志之士 求死不
재 절유금종팽폐 이천하침침어금수지역의 세유강개충지지사 구사불

得 而低回隱忍於荒閒寂寞之濱 讀先生之書 而悠然有神會者否 俯仰今
득 이저회은인어황한적막지빈 독선생지서 이유연유신회자부 부앙금

古 竊不勝其感慨之情 敬書此 以寓高山之思云爾
고 절불승기감개지정 경서차 이우고산지사운이

旃蒙大淵獻 春分節

전몽대연헌 춘분절

冶城 宋浚弼 謹識

야성 송준필 근지

## 2

# 1977년 국역 송은선생 문집 국역필사본 발문 및 편집후기

### 1) 발문

오호(於乎)라, 이는 선조 송은선생 문집 국역본이다.

백 수십 년 전에 발간된 원집(原集)을 알기 쉬운 국문(國文)으로 옮겨 우리들 자손과 일반에게 선생의 충효(忠孝)와 도의정신(道義精神)과 문학을 널리 알 수 있게 한 이 숙원의 국역사업(國譯事業)을 경하하여 마지 않습니다.

선생은 29세때 자신의 몸을 닦으시고 후손들을 훈계하려 지은 입지·지신잠과 네 분 아드님에게 남긴 「나는 왕씨의 혼령에게로 돌아가거니와 너희들은 이씨의 세상에 있다(吾歸王魂 汝在李世). 이미 남의 신하로 되거든 충성을 힘껏 하라(旣爲人臣 忠則竭力). 선천·후천에 부자간의 시대가 다르다(先天後天 父子異時)」라는 유서는 진실로 성현의 온오(蘊奧)한 학문을 궁구하지 않았으면 그 경지에 이르렀겠는가 할 정도로 너무나 유명한 유훈(遺訓)이었으며, 고려 공민왕 때부터 삼조(三朝)를 내리 섬겨 벼슬이 예부시랑 겸 중서령에 이르렀으며 장상(將相)의 재목(材木)이라 불리었고 고려가 망하자 이태조(李太祖)가 도읍을 한양으로 정하고 공조판서에서 좌의정에 이르기까지 다섯 번이나 선생을 불렀으나 맹오(盲聱)로 핑계하여 끝내 응하지 않았으며 두견시(杜鵑詩)를 읊었고 네 분 아드님은 유언한지 10년이 지나서야 늦게 관계에 진출하였다.

선생은 평소 포목야도(圃牧冶陶) 제현과 도의(道義)로 사귀어 창수(唱酬)하였으며 포은이 죽기를 작정하던 날 선생을 붙들고 울며 말하기를 「나를 알아주는 자는 오직 천익과 이색, 길재뿐이다(知我者乃天翊穡再也云)」하였고 정종(定宗)의 사제문(賜祭文)으로 선생의 곧은 충성과 우뚝한 절조를 능히 상고(想考)할 수 있으며 선생의 화상을 야은이 찬(贊)하기를 「강상을 붙들어 심어서 천년 세월에 우뚝하다(扶植綱常 特立千載). 덕스러운 얼굴이여 이학의 으뜸이었다(猗歟德容 理學之宗)」라 했으며 또 춘정(春亭)이 찬(贊)하기를 「천년의 으뜸이고 백세의 스승이다(千載之宗 百世之師). 학문은 염낙을 따랐고 문도는 추로를 이루었다(學遡濂洛 門成鄒魯). 천성의 좋은 덕은 이학의 조종이다(秉彝好德 理學之宗)」라 하였음은 선생의 심오한 문학과 덕을 여실히 표현한 절구(絶句)라 하겠다.

이번에도 약간 증보(增補)하였으나 실전(失傳)된 선생의 문헌이 아직도 많으리라 생각하나 찾을 수 없는게 더욱 애석할 따름이다.

그리고 송은선생의 충절(忠節)과 효우(孝友)는 말할 것 없거니와 한 집에 네 분 아드님과 네 분 며느리 여덟 분이 정려(旌閭)되었음은 우리 나라 역사상 유례가 드문 일이라. 우리 자손들은 물론 많은 일반인이 읽게 되어 선생의 충효절의(忠孝節義)를 더욱 빛내고 거울 삼아 주신다면 더 바랄 바 없는 보람이라 하겠습니다.

정묘(1977)년 9월

後孫 순탁(淳卓) 희병(熙秉) 광진(筐鎭) 래찬(來贊) 謹識

## 2) 발문

오호(於乎)라, 이는 백선조(伯先祖) 송은선생의 문집역본이라.

원집(原集)은 발간한지 백 수십 년이 되었으나 이를 후진들의 이해를 용이하게 하고 널리 일반에게 선생의 애국정신과 문학을 깊이 복용(腹庸)케 하는 획기적 사업이 이번의 이 장거(壯擧)라 하겠다.

선생은 두문동 72현(賢)이며 고려말 팔은의 한 분이다.

송경지(松京誌) 팔은집(八隱集)에 송은 맹오편(松隱 盲聱篇)이 있는데 거기에서 선생은 포목야도 등의 옷소매를 붙잡고 통곡해 가로되「시국이 이미 이와 같음은 천운이다(時已若此天也). 누구를 원망하며 누구를 탓하랴(誰怨誰咎 自古及今). 하늘엔 두 해가 없고 신하에겐 두 임금이 없다(天無二日 臣無二君)」라 하였으며, 고려가 망하자 선생은 중제(仲弟) 전객령(典客令) 천경공(天卿公)과 같이 고향 송계에 돌아와 숨었으며 계제(季弟) 순찰사(巡察使) 문경공(文卿公)은 과천에 물러 앉았다.

영두견시(詠杜鵑詩)에「촉국 존망 네게야 무슨 관계랴(蜀國存亡在爾不). 누구 원수 갚으려고 피나게 우나(聲聲啼血報誰仇). 높고 넓은 하늘 땅 길 잃은 사람(天高地濶微芒客). 달 지고 꽃도 지고 적막한 생각(月落花殘寂莫愁)」라 했으니 이것은 선생의 애국정신과 문학의 오묘한 참뜻을 단적으로 잘 나타낸 절구(絶句)라 하겠다.

선생의 유소(遺所)인 청도 용강사, 밀양 모선재, 산청 신계사, 거제 송령사에서는 지금도 춘추 제향(春秋 祭享)을 받들고 있으며, 특히 영정의 원본이 청도에 보관중이라 하니 크나큰 다행이 아닐 수 없다.

부디 이 간행역본이 수많은 자손이나 일반인에게 널리 읽게 되어 오늘날 고조(高潮)되어 나오는 충효정신 앙양정책(忠孝精神 昂揚政策)과 아울러 선생의 위대한 정신을 더욱 빛내고 거울 삼아 주시면 이상 더 없는 다행이며 이 간행사를 마음속으로 축하해 마지 않는다.

정묘(1977)년 9월

전객령 송와선생 주손 박동홍(典客令 松窩先生 胄孫 朴東洪)

순찰사 송재선생 주손 박종락(巡察使 松齋先生 胄孫 朴鍾樂) 謹識

### 3) 편집후기(編輯後記)

고가세족(故家世族)의 선대문자(先代文字)는 거의 읽기 어려운 한문으로 되어 있어서 후손들이 조상의 문헌(文獻)을 한 번 읽고 싶은 생각이 있어도 감히 엄두를 내지 못하는 실정이다. 더욱이 한문교육이 거의 폐지되다시피 된 오늘날, 머지않아 귀중한 선대문헌은 한 푼의 값어치도 없는 휴지가 될 우려마저 없지 않으므로 많은 자손이 누구나 다 송은 선조의 문집을 읽어서 쉽게 이해할 수 있도록 국문으로 옮겨 후손만대에 전승(傳承)하고자 모든 구애(拘礙)를 무릅쓰고 국역본(國譯本) 간행에 착수하여 시편(詩篇)은 노산 이은상 박사(蘆山 李殷相 博士)에게, 문편(文篇)은 성균관대학교 교수 이우성 박사(成均館大學校 敎授 李佑成 博士)에게 청탁하는 한편 선생의 문집에 수록되어 있지 않은 사적(事績)을 더욱 탐구하고자 국립도서관과 각 대학도서관의 사서실을 찾아 연유될 만한 옛 사기(史記)와 문헌(文獻) 등을 열람하였으나 아무런 성과를 얻지 못하였고 화해사전(華海師全)의 기록에 따라 원범 양공(元范 兩公)이 설단치향(設壇致享)하였다는 치악산정(雉岳山頂)을 답사하였으나 원천석 장군(元天錫將軍)의 재사(齋舍)와 묘갈비(墓碣碑)가 있을 뿐 선생의 사적으로는 아무런 흔적조차 찾아볼 수 없었다.

문집을 발간한 이후로 다만 청도 밀양 두 곳에서 탐색하여 온 문적(文蹟) 「밀양 신호(新湖) 희만가 소장(熙萬家 所藏)의 송은선생이 용헌 이원의 시에 차운(次韻)한 시와 포은이 밀양 박중서에게 준 시 그리고 서울 순석가 소장(淳碩家 所藏)의 유서(遺書)중 결(缺)된 구절(句節)과 두문동서원 봉안문(杜門洞書院 奉安文)」을 증보 간행(增補

刊行)하였으며 문집 원문은 그대로 실은 것이니 이 국역본이야 말로 우리 송은 후손(松隱 後孫)의 전세지보(傳世之寶)라 아니할 수 없는 즉 가호(家戶)마다 이를 받들어 읽어 충효 절의(忠孝 節義)의 가통(家統)을 이어 진기(振起)하는 것이 우리 문호(門戶)를 더욱 빛내는 일이라 할 것입니다.

그리고 우리의 숙원이던 자손만대에 전승할 국역본 완성을 족종(族從) 여러 분과 더불어 경하하여 마지 않으며 이 국역본 간행에 즈음하여 재정적 뒷받침을 한 병규(秉奎 일본거주) 수기(壽基 서울거주) 종구(鍾久 서울거주) 세 족종과 인쇄원본을 서사(書寫)한 장규(璋奎) 족종의 그 투철한 숭조정신(崇祖精神)을 높이 찬양함과 아울러 국역(國譯)을 담당하신 노산 이은상 박사와 교수 이우성 박사에게 심심한 사의를 표하면서 편집후기에 갈음합니다.

정묘(1977)년 9월 상순

後孫 순기(淳基) 석기(碩基) 호기(浩基) 謹識

3

# 2025년 국역 송은선생 문집 중간본 발문

박익(朴翊) 송은선생께서 벼슬을 버리고 개경에서 밀양으로 내려오면서 둘째아들 박소(朴昭) 인당(忍堂)공이 변계량, 변중량 형제들과 교유하면서 덕대산(622m)에서 뻗어내려 온 능선 아랫마을 구령동에서 구령동약(龜齡洞約)을 만들어 유교적 이상향을 꿈꾸었으며, 새로운 터전을 마련하였다는 의미에서 본인의 세거지를 "신촌(모선동), 새터"라고 명명하였던 것으로 이해됩니다. 맏아들인 감찰공 맹번이 창원 사촌으로 옮기고 둘째아들 별시위공 중번이 새터를 이어받았습니다.

별시위공의 손자이자 효순(孝順, 교수공)의 아들인 수견(守堅)은 점필재(佔畢齋)의 문하에서 공부하였으며, 호는 모선재(慕先齋)였습니다. 그는 어머니가 돌아가시자 집을 지어 삼년간 시묘(侍墓)를 행하며 지극한 효성을 다했는데, 그의 효심이 매우 정성스럽고 독실하였습니다. 관직으로 참봉(參奉)에 제수되었으나 부임하지 않았고, 후세 사람들은 그의 효성에 감복하여 그 일대의 산천과 마을을 모두 '모선'이라 부르게 되었습니다. 모선재의 아들 환(芄)은 현감이 되었고, 그의 아들 승륜(承綸)은 호조참판으로 증직되었습니다. 참판공에게는 두 아들이 있었는데, 맏아들 이겸(以謙)은 임진왜란 때 원종공신으로 공조참의에 증직되었으며, 둘째 아들 이눌(以訥) 역시 원종공신으로 가선대부에 올랐습니다.

1598년 임진왜란 말기에 이눌(以訥, 동지중추부사공)은 큰 집의 장조카 휘 범 부군(範 府君)을 위해 새터에 종택을 마련하였습니다. 그때부터 새터는 이겸 참의공의 후손들이 대대로 살아온 세거지가 되었습니다. 이곳에 덕계공 휘 증엽께서 종제 휘 증욱과 뜻을 합하여, 조선 영조 때에 참의공 이겸으로부터 4대(이겸-범-문경-의중)의 묘제를 봉향하기 위한 체천별묘(遞遷別廟)와 재숙소(齋宿所)를 창건하였는데, 이것이 신계재의 시작입니다. 이후 1868년(고종 5년) 대원군의 서원철폐령으로 송은 선조를 모시던 덕남서원이 훼철되자, 그 강당 5칸과 영정각 3칸을 그대로 옮겨와 옛 신계재를 헐고 지금의 신계재를 새로 지었습니다.

한때 밀양군 초동면 새터(신기)는 밀성 박씨 집성촌이었으나, 1960년대 이후 산업화와 도시화의 영향으로 후손 대부분이 부산·대구·서울 등 대도시로 이주하였습니다. 그중 서울에 정착한 후손들이 1980년 5월 '재경 밀성박씨 신기 화수회'를 발족하였고, 매년 모여 인사를 나누고 식사를 함께하며 친목을 이어왔습니다. 코로나 시기를 제외하고 2025년 5월까지 44회째 지속되고 있습니다. 그러나 부모 세대는 이미 작고하시거나 고령으로 참석이 어려워졌고, 열성 회원도 줄어들어 앞으로 화수회를 어떻게 운영해 나가야 할지 걱정이 큰 상황입니다. 또한 요즘은 조상 제사를 지내는 가정이 점점 줄어드는 현실입니다. 아들이 없이 딸만 있거나, 아들이 해외에 거주하는 경우가 많아 앞으로 제사를 누가 이어갈지 우려됩니다. 아들이 있다 하더라도 손자가 없거나, 학업을 이유로 제사에 참석하지 못한 경우가 많아 부모가 돌아가신 후에도 부모 제사와 조부모 제사를 자손이 제대로 지낼 수 있을지 의문이 듭니다.

이러한 상황에서 현 화수회장[鉉文]이 송은선생 문집을 중간(重刊)하는 일은 매우 큰 의미가 있습니다. 문집을 읽음으로써 우리 집안이 신라 말 밀성대군의 후손이자 명문가라는 사실을 깨닫고, 후손들이 자부심을 가지며 조상을 기리는 마음을 새길 수 있기 때문입니다.

송은선생은 고려 말의 충신으로, 이태조가 다섯 차례나 좌의정 등으로 불렀으나 끝내 응하지 않은 높은 절의와 도덕을 지니셨습니다.

또한 고려 말 3은(포은 정몽주, 목은 이색, 야은 길재)과 주고받은 시가 비록 많이 전하지는 않지만, 선생의 고결한 뜻과 굳은 절개가 담겨 있어 널리 알릴 가치가 있다고 생각됩니다.

또 선생의 네 아들 우당, 인당, 아당, 졸당은 모두 훌륭하여 세상에서는 '한 가문의 네 봉황'이라 불렀습니다. 선생의 묘에 남은 벽화는 고려 말과 조선 초의 벽화가 드문 현실에서 역사적 가치가 매우 큽니다. 더불어 후손들도 크게 번창하여 소요당 하담, 모선재 수견 등의 행적이 두드러졌으며, 임진왜란 때 의병으로 활약한 열네 분의 의사(義士) 등 자랑스러운 일들이 많았습니다.

이번에 발간되는 『국역 송은 박익선생 문집』은 세로 배열을 가로 배열로 바꾸고, 옛 문장을 현대어로 풀었으며, 한문 문장에는 띄어쓰기를 적용하고 한글 토를 달아 읽기 쉽게 만들었습니다. 교정을 무려 10여 번이나 거치고 1년의 시간이 걸려 완성하였으니, 現 화수회장의 노고가 크다고 하겠습니다.

특히 이번 국역본은 회장의 선친[璋奎]께서 세필로 정성껏 필사하신 초간본의 뒤를 이어 그 아들이 중간본을 내게 되었습니다. 작고하신 장규어른께서도 중간본 발간을 매우 기뻐하시리라 믿습니다. 또한 금년 5월 화수회에서 회장은 앞으로 화수회의 미래를 이끌 젊은 세대 중 운영위원을 선발하여 차후 회장단을 양성하겠다는 계획을 발표했습니다. 이는 반드시 실현되어야 하며 화수회원 모두가 적극 협력하였으면 합니다.

2025년 11월

재경 밀성박씨 역대 신기 화수회장

송은선생 21세손 종성(鍾成)[1], 종일(鍾一)[2], 종윤(鍾潤)[3] 謹識

---

1 종성(鍾成): 2012~2015년 재경 신기 화수회장

2 종일(鍾一): 2016~2019년 재경 신기 화수회장

3 종윤(鍾潤): 2020~2024년 재경 신기 화수회장